La Tragédie du président

Scènes de la vie politique

(1986-2006)

DU MÊME AUTEUR

L'Américain, Gallimard, 2004 ; Folio, 2006.

L'Abatteur, Gallimard, 2003 ; Folio, 2006.

Mort d'un berger, Gallimard, 2002 ; Folio, 2004.

Le Sieur Dieu, Grasset, 1998 ; Livre de Poche, 2000.

François Mitterrand, une vie, Le Seuil, 1996 ; Points, 1997.

Le Vieil Homme et la mort, Gallimard, 1996 ; Folio, 1997.

La Souille, Grasset, 1995 ; Livre de Poche, 1997.

La Fin d'une époque, Fayard, 1993 ; Points, 1994.

L'Affreux, Grasset, 1992 ; Livre de Poche, 1994.

Le Président, Le Seuil, 1990 ; Points, 1991.

Jacques Chirac, Le Seuil, 1987 ; Points, 1995.

Monsieur Adrien, Le Seuil, 1982 ; Points, 1991.

François Mitterrand ou la tentation de l'histoire, Le Seuil, 1977 ; Points, 1990.

Franz-Olivier Giesbert

La Tragédie du président

Scènes de la vie politique
(1986-2006)

Flammarion

ISBN : 2-08-068948-7

« Ressemblons-leur :
c'est le moyen d'avoir la paix. »
Julien Green

On ne se méfie jamais assez des journalistes. Pour n'avoir pas à courir derrière une mémoire qui ne cesse de me fuir, je prends des notes. C'est ainsi que, depuis plus de quinze ans, j'ai consigné sur des cahiers à spirale la plupart de mes conversations avec Jacques Chirac.

En 1987, un an avant son deuxième échec à l'élection présidentielle, j'avais publié une longue biographie de cet homme qui, de loin, paraît si court. Je n'étais pas sûr, pourtant, de l'avoir percé. Après sa défaite face à François Mitterrand, j'ai continué à travailler sur lui, convaincu que j'étais qu'il accéderait un jour à l'Élysée.

Alors que son règne arrive à son couchant, il m'a semblé qu'il était temps de vider mes carnets. Je ne les avais pas écrits pour qu'ils restent à rancir au fond d'un tiroir mais parce que le métier qui mène mes pas consiste à faire la lumière sur tout. Telle est sa grandeur et sa misère. Si l'on veut garder sa part d'ombre, il ne faut pas fréquenter les journalistes.

Ceci n'est donc pas une biographie au sens propre mais plutôt l'histoire d'une tragédie personnelle, devenue, sur la fin, une tragédie nationale. Après avoir conduit sa vie au son des trompettes, Jacques Chirac s'est transformé, l'âge

9

venu, en incarnation du déclin français et de l'impuissance des pouvoirs publics.

C'est cette histoire que j'ai voulu raconter. Une histoire bien française, sur fond de rodomontades et de renoncements. Jacques Chirac avait pourtant tout pour lui. La compétence. L'esprit de décision. Un vrai charisme aussi. Si son chemin a souvent croisé celui des Français, c'est parce qu'il ne se la joue pas et aime les gens, surtout quand ils sont de peu, ou de rien. Une anecdote le résume mieux que tout. Quand il sortit de l'École nationale d'administration, l'huissier ne se contenta pas de donner le nom du premier, comme le voulait l'usage, mais clama de sa voix de stentor : « Monsieur Rouvillois est major. Monsieur Chirac, seizième[1]. »

Tout Chirac est là : l'huissier était devenu son copain. De même, lorsqu'il se sépara de Jean-Pierre Raffarin, ce Premier ministre qu'il usa jusqu'à l'os, son premier geste, avant toute chose, fut de l'emmener dans le bureau mitoyen du sien « embrasser les secrétaires ». C'est là, avec Bernadette, qu'ils se firent leurs adieux.

La France est un pays monarchique et plutôt crédule où, pour être considéré, il faut afficher des airs profonds, les yeux plissés, le menton césarien, en observant des silences éloquents. Sans oublier de creuser la distance avec le petit personnel. Chirac n'est pas de ce genre-là. Il n'a pas le sens des hiérarchies sociales. Il y a du bon Samaritain en lui. C'est ce qui le rachètera toujours.

Quant au reste, c'est un politicien qui, pour arriver à ses fins, a beaucoup trompé, tué et menti. Sans doute aura-t-il été, avec François Mitterrand, l'un des plus grands menteurs de la Ve République. Je me souviens qu'un jour de 1986, alors que je préparais ma première biographie de lui, il

---

1. Au classement général de la promotion « Vauban », en 1959, Chirac est arrivé 16e, et 11e au classement de sa section « administration économique et financière ».

10

démentit, en me regardant droit dans les yeux, avoir jamais dîné avec Mitterrand avant l'élection présidentielle de 1981, une rencontre qui aurait symbolisé sa « trahison » contre Giscard. « Je vous jure que c'est faux », avait-il proclamé, avec l'autorité de l'innocence. J'avais quelques éléments qui m'indiquaient le contraire, je me permis d'insister.

Nous étions debout face à face dans son grand bureau de l'Hôtel de Ville. Selon ma méthode, j'étais revenu sur la question, l'air de rien, façon lieutenant Colombo (« À propos... »), juste avant de prendre congé de lui. Il se rapprocha de moi, me fixa et je sentis son souffle quand il reprit : « Je vous donne ma parole d'honneur que cette histoire de dîner est une affabulation. » Sur quoi, il me tendit sa main pour que je tape dedans. À cet instant, je sus qu'il mentait. Je n'ai pas attendu Corneille pour savoir qu'« un menteur est toujours prodigue de serments ». Un grand menteur, à plus forte raison.

Son habitude du mensonge et son culte du secret en font un personnage malaisé à cerner. Pour ne pas tomber dans les panneaux qu'il dresse toujours devant lui, afin d'embrouiller son monde, il faut une longue pratique. La mienne a commencé en 1972. Depuis, je ne l'ai pas quitté d'une semelle. Je l'ai entendu chanter *Les Bateliers de la Volga* en russe alors qu'il roulait pompette et à pleins gaz sur une petite route du Var, entre Ramatuelle et Saint-Tropez. Je l'ai raccompagné beurré à sa voiture, une nuit, à Paris, du côté des Champs-Élysées. Je ne me suis cependant jamais laissé prendre par ce personnage de noceur hâbleur qu'il interprétait volontiers jadis.

Il y a trop de masochisme en lui. Il est même un cas d'école d'aliénation à la politique. Son bureau est sa geôle. Ses journées sont à en mourir, qui ne laissent jamais de place à l'imprévu, sauf pendant les campagnes électorales où il retrouve l'exubérance un peu forcée des détenus en permission judiciaire. Esclave de son métier, il s'est cloîtré. La plupart du temps en conduite automatique, il égrène des phrases toutes faites et des formules passe-partout. Il ne porte avec lui aucune transcendance ni aucun désir, à part celui de rester au centre de la scène.

Moins retors qu'on ne le pense et plus cultivé qu'on le dit, ce n'est pas un homme médiocre. S'il ne croit pas forcément ce qu'il dit, il croit toujours à ce qu'il fait et le fait avec soin.

D'une méticulosité enfantine, il ne laisse rien au hasard. Avec lui, tout est toujours classé, les dossiers comme les gens. Pour preuve, il vouvoie systématiquement tous ceux qui ont été ses collaborateurs, comme Juppé ou Villepin, et tutoie tous les autres, comme Seguin, Fillon, Perben ou Barnier. Pas de dérogation. À part Sarkozy et Raffarin qu'il tutoie mais qui, malgré ses demandes répétées, persistent à le vouvoyer.

N'étaient son sens de l'organisation et son professionnalisme pointilleux, il ne serait sans doute pas resté si longtemps aux affaires. Depuis son entrée au cabinet de Georges Pompidou à Matignon, en 1962, il n'a plus jamais quitté les lambris des palais officiels. Il restera un cas dans l'histoire de France. Une incongruité et un record de longévité. Deux fois Premier ministre (1974-1976 et 1986-1988), il aura gouverné le pays pendant quatre ans avant d'être appelé à le présider pour douze ans.

À force de vivre en concubinage avec la République, il a fini, dans une de ces dernières transfigurations, par se confondre avec elle, ce qui, vu leur état respectif, n'est un compliment ni pour elle ni pour lui. C'est pourquoi l'histoire de cet homme est aussi devenue l'histoire de la France, une histoire dont la morale semble sortie du *Chantecler* d'Edmond Rostand :

« Sache donc cette triste et rassurante chose
Que nul, coq du matin ou rossignol du soir,
N'a tout à fait le chant qu'il rêverait d'avoir ! »

1

Le conservateur des hypothèques

« Ne soyez ni obstinés dans le maintien
de ce qui s'écroule, ni trop pressés dans l'établissement
de ce qui semble s'annoncer. »
Benjamin Constant

Il y a une malédiction Chirac. Une sorte d'inaptitude à gouverner qui l'amène tôt ou tard à dresser le pays contre lui. Un mélange de prudence, d'audace et de gaucherie qui lui permet de tenir le coup pendant six mois, rarement plus, avant de sombrer dans l'immobilisme, cette maladie française. Chaque fois qu'il arrive au pouvoir, c'est la même chose. Il commence en fanfare comme Bonaparte au pont d'Arcole avant de finir dans la camomille comme le bon président Coty, au crépuscule de la IVe République.

Un des vieux connaisseurs de la chose chiraquienne observe, non sans perfidie [1] : « Si vous regardez bien la vie de Chirac, c'est un homme d'un naturel gai et chaleureux, qui n'a connu que très peu de moments de bonheur. À la mairie de Paris, sans doute, dans les premières années. Au pouvoir aussi, mais jamais longtemps. Il n'est lui-même qu'en campagne électorale : on part tôt le matin et on rigole avant de s'écrouler de fatigue, tard dans la nuit, sur son lit.

---

1. Entretien avec l'auteur, le 16 juin 2005.

13

Il faut toujours qu'il coure, car il fuit quelque chose. Un vide, une angoisse, je ne sais quoi. Il est trop mal dans sa peau pour rester en place. » (Valéry Giscard d'Estaing)

Dire que le pouvoir ennuie Chirac serait exagéré. Mais il est à l'évidence plus doué pour sa conquête que pour sa gestion quotidienne. Entre deux campagnes, il se languit, seul en son palais, à signer des parapheurs, ou dans des réunions mortelles où son perfectionnisme de pinailleur byzantin a fini par lasser ses conseillers les mieux disposés. Gouverner semble souvent pour lui une sorte de punition. À son aise dans l'action et le torrent de la vie, il n'est finalement en paix avec lui-même que s'il a pu s'en retrancher.

À tous égards, Chirac fait penser au duc d'Orléans tel qu'il apparaît dans le portrait qu'en a dressé Saint-Simon : « Un des malheurs de ce prince était d'être incapable de suite dans rien, jusqu'à une espèce d'insensibilité qui le rendait sans fiel dans les plus mortelles offenses et les plus dangereuses [...]. Il était timide à l'excès, il le sentait et il en avait tant de honte qu'il affectait tout le contraire jusqu'à s'en piquer. Mais la vérité était [...] qu'on n'obtenait rien de lui, ni grâce ni justice, qu'en l'arrachant par crainte dont il était infiniment susceptible, ou par une extrême importunité. Il tâchait de s'en délivrer par des paroles, puis par des promesses, dont sa facilité le rendait prodigue, mais qui avait de meilleures serres le faisait tenir. De là tant de manquements de paroles [...]. Rien [...] ne lui nuisait davantage que cette opinion qu'il s'était faite de savoir tromper tout le monde. On ne le croyait plus lors même qu'il parlait de la meilleure foi[1]. »

Symétrie saisissante. Tout Chirac est là, dans cet amalgame d'inconstance, d'indifférence, de pudeurs et de rétractations. Sans doute n'était-il pas fait pour ce monde de

_____

1. « Caractère du duc d'Orléans », *Mémoires*, 1715, La Pléiade, tome V.

brutes qu'est la politique. Il s'est donc protégé et, pour ce faire, a inventé un personnage derrière lequel il s'est réfugié, sinon enfermé. Cet homme-là a toujours répugné à se montrer sous son vrai jour.

On peut le comprendre. Avatar, en plus rustique et moins fidèle, de Mitterrand, Chirac est une imposture. De même que le premier était un homme de droite qui incarnait la gauche, il est un homme de gauche qui incarne la droite, et c'est à peine une caricature. Mais, contrairement à son prédécesseur, il ne sait pas donner le change. Dans ses rôles de composition, il en fait toujours trop, ou pas assez. Il joue faux.

Jadis, « Facho-Chirac », décrit par de bons éditorialistes comme un bonapartiste autoritaire, partait, en privé, dans des envolées en faveur de l'autogestion : « Il y a quelque chose à tirer du modèle yougoslave de Tito », répétait-il ainsi, dans les années soixante-dix, avec la conviction du néophyte. Longtemps, il s'est bien gardé de laisser paraître, en public, la réalité de son tiers-mondisme ou de son anti-américanisme. Depuis son accession à la présidence, il se lâche plus volontiers.

Qui n'a pas entendu, par exemple, Chirac évoquer le modèle américain en tête-à-tête, ne peut comprendre la vraie nature de l'homme qui, pendant plus de trente ans, aura roulé sa meule sur la France. Même si le président se contrôle, diplomatie oblige, l'Amérique lui donne des boutons. De retour d'un voyage outre-Atlantique, il dira un jour : « Plus satisfait et imbu de lui-même que ce pays, on ne fait pas. Pourtant, ça n'est pas joli joli ce qu'on voit quand on se promène dans les villes américaines. À une certaine heure du soir, des cartons se mettent en place partout sur les trottoirs : ce sont les pauvres qui se couchent. Pour moi, voyez-vous, c'est ça le libéralisme : des cartons pour les pauvres et rien d'autre[1]. »

---

1. Entretien avec l'auteur, le 29 juin 1997.

15

Telle est bien la raison du malentendu avec la France et, surtout, la droite : même s'il a longtemps fait semblant, avec plus ou moins de bonheur, cet homme est à rebours de Reagan, Thatcher et tous les libéraux de la fin du XXᵉ siècle, auxquels on l'a si souvent comparé. Il est d'avant et, paradoxalement, d'après aussi : archaïque et moderne.

Qu'il soit devenu l'incarnation vivante du déclin français, c'est peut-être injuste. Mais en cas de procès, il ne serait pas le seul sur le banc. Tout le monde s'y est mis, dans le pays, et depuis longtemps. Les politiciens qui ne pensent qu'à la prochaine élection. Les syndicats qui ne veulent pas se laisser doubler. Les Français, surtout, qui ont toujours un faible pour les marchands d'illusions.

Autant dire que la dégringolade économique de la vieille Gaule est un travail collectif. Mais Chirac y a sa part, une grande part. Après tant d'années de présidence, il s'est transformé peu à peu en gardien de musée ou en conservateur des hypothèques, comme on voudra. Apparemment convaincu, comme Lao-Tseu, que « ce qui est mou triomphe de ce qui est dur » et que « ce qui est faible triomphe de ce qui est fort », il a fini par faire corps avec le « modèle social français ».

Pendant la campagne du référendum raté sur la Constitution européenne, il n'a cessé, par exemple, de célébrer ce « modèle social » dont le monde entier rêverait. Jamais le chef de l'État ne transigera là-dessus. Le lendemain du scrutin, le 30 mai 2005, il a ainsi avec Nicolas Sarkozy une conversation de fond qui résume parfaitement la tragédie chiraquienne.

C'est encore un de ces entretiens où le président explique à Sarkozy qu'il ne peut décidément pas le nommer à Matignon pour toutes sortes de raisons dont la moindre n'est pas sa crainte qu'il n'horripile le pays en cherchant à le réformer. Discussion désormais classique entre eux. Elle s'anime, soudain, quand elle roule sur la question du « modèle social ». Résumons-la.

Nicolas Sarkozy : « Pour moi, un modèle social donne un emploi à chacun. Ce n'est pas le cas du modèle social français. Les Français font tous la même analyse que moi, il n'y a que vous qui ne la faites pas. Il faut réformer ce pays, je ne lâcherai jamais là-dessus. »

Jacques Chirac : « Tout ça, c'est bien beau mais tu sais bien qu'on ne peut pas remettre en question les acquis sociaux. »

Nicolas Sarkozy : « On peut réformer le modèle social sans remettre en question les acquis sociaux. Encore faut-il savoir ce qu'on entend par acquis social. »

Jacques Chirac : « Je ne vois pas où tu veux en venir. Un acquis est un acquis. »

Nicolas Sarkozy : « Non, justement. L'indemnisation du chômage est un acquis social. Le remboursement des dépenses-maladie aussi. Mais n'en est pas un, à mes yeux, le droit de n'avoir aucune activité quand on touche le minimum social. Ou encore la possibilité, quand on est au chômage, de refuser un emploi au bout de trois propositions. Moi, je n'appelle pas ça un acquis, mais une lâcheté. »

Troublant face-à-face. On dirait un entretien entre Mitterrand et Chirac, au siècle précédent. Avec Chirac dans le rôle de Mitterrand et Sarkozy dans celui de Chirac. C'était il y a vingt ans, exactement. Tant il est vrai que le présent est du passé qui recommence.

2

Le « ninisme », nouvelle idéologie française

> « Celui qui a fait un naufrage
> tremble devant des flots tranquilles. »
> Ovide

« Chirac a souvent peur. De l'eau qui dort. Du peuple quand il a l'air tranquille. Il ne veut pas déranger, il redoute les manifestations, c'est comme s'il avait le trouillomètre à zéro. »

C'est Nicolas Sarkozy qui parle ainsi [1] et il n'a certes pas tort à en juger par le bilan du règne chiraquien. Tous ces projets, sitôt sortis, déjà remballés. Toutes ces belles paroles jamais suivies d'effet. Toutes ces reculades.

Sans doute l'homme d'État ne doit-il pas craindre d'esquiver ou de changer de pied. François Mitterrand fut expert en la matière. Mais Jacques Chirac a tendance à se faire un monde de la moindre réformette qui lui est proposée.

L'âge aidant, ça ne s'est pas arrangé. À l'image de la France qu'il incarne depuis si longtemps, il s'est crispé sur le statu quo. Que sa lucidité reste intacte et lui permette d'identifier les changements qui s'imposent au pays, cela ne change rien à l'affaire. Toujours à s'alambiquer l'esprit

---

1. Entretien avec l'auteur, le 14 juillet 2005.

et à chercher la petite bête, il s'est résolu à n'avoir plus qu'un seul programme : « J'y suis, j'y reste ! »

C'est l'expérience qui a dicté sa conduite. Chirac est un grand brûlé de la politique. Un survivant qui, à peine entré en agonie, programme déjà, avec la sérénité de l'habitude, sa prochaine résurrection. Il connaît ses défauts, le moindre n'étant pas l'emballement. Pour des personnages comme Balladur qui l'ont, ensuite, humilié et piétiné. Pour des réformes qui ont levé des armées de manifestants contre lui avant qu'il ne batte, d'urgence, en retraite.

Alors, il se contrôle.

L'ancien garde des Sceaux Jacques Toubon, qui est probablement l'un des meilleurs experts ès-chiraquisme, a son avis sur la question. Entré au cabinet de Jacques Chirac, ministre chargé des relations avec le Parlement, en 1971, il a tout vécu avec lui, les victoires et les déroutes, sans jamais se départir d'une loyauté à toute épreuve, qui faisait dire à son patron : « Si je le lui demandais, Toubon se jetterait par la fenêtre. » Loyauté dont il n'a évidemment pas été récompensé, le chef de l'État oubliant toujours tout, comme dirait le Coran, excepté d'être ingrat.

Écoutons Toubon : « Chirac est comme le quotidien *Le Parisien* qui, un matin, s'inquiète du trou de la Sécurité sociale et, quelques jours plus tard, de la réduction des dépenses de santé. À juste titre, dans les deux cas, cela va de soi. En fait, il est incroyablement représentatif des Français. Avec leurs aspirations, leurs contradictions et leur pusillanimité. Chaque fois que je lui dis qu'il faut bouger, il répond : "Il n'y a que des coups à prendre. On ne peut pas violer les gens." Peut-être a-t-il raison et peut-être se paierait-on, s'il m'écoutait, une grève de six mois des services publics. Mais enfin, il ne semble même pas tenté par l'idée d'essayer. C'est parce que le pays ressent ça qu'il a été élu deux fois à la présidence. Sinon il n'aurait sans doute pas eu ce destin [1]. »

---

1. Entretien avec l'auteur, le 25 août 2004.

Chirac a failli tout perdre, à deux reprises, à cause de ce qu'il appelle la « rue ». Avant décembre 1995, sorte de mai 1968 de poche et symptôme de la névrose sociale française, où il avançait masqué derrière Juppé, il lui a fallu endurer décembre 1986 qui a dressé toute la jeunesse du pays contre lui. Deux crises, deux leçons qui le marqueront à jamais.

La première fut sûrement la plus rude. S'il fallait donner un nom à cette mollesse débonnaire et craintive qui le paralyse, ce serait le « syndrome Oussekine ». Chirac n'en guérira jamais, qui lui doit sa première mort politique. Toute la suite découle de là, ses scrupules et ses atermoiements.

Chirac échaudé craint l'eau froide.

Retour en arrière. La scène se passe à 1 h 30 du matin, dans la nuit du 5 au 6 décembre 1986, pendant la première cohabitation, alors que Jacques Chirac est Premier ministre de François Mitterrand. La manifestation des lycéens et des étudiants contre la loi Devaquet n'en finit pas de se dissoudre. À l'œuvre, ce sont les « casseurs », désormais, tandis que les traînards déambulent en respirant à grandes goulées les odeurs de gaz et de brûlé qui flottent sur le Quartier latin.

C'est excitant : pour un peu, on se croirait en mai 1968. Une barricade a été dressée en haut du boulevard Saint-Michel et des poubelles flambent ici ou là, sur les trottoirs. Les forces de l'ordre, qui ont été bombardées de pierres et de projectiles divers toute la soirée, se sont enfin mises en marche pour « dégager le terrain ». En appui, le préfet de police de Paris a lâché le « Peloton voltigeur motocycliste » (PVM), son arme secrète.

Le PVM a pour objet de « nettoyer » les petites rues où s'engouffrent, avant de se reformer plus loin, les queues de manifestations. Chaque unité est composée d'un motard de la brigade motocycliste qui conduit l'engin, et d'un moniteur d'éducation physique de l'école des gardiens de la paix, qui tient une matraque d'un mètre dix. Jusqu'à présent, les voltigeurs motocyclistes, créés dans la foulée de mai 1968, ont toujours fait merveille. Ils n'ont qu'un défaut. Ils ont tendance à taper sur tout ce qui bouge. Badauds, « casseurs », riverains, ils ne font pas la différence, à quoi bon.

Cette nuit-là, ils sont à cran. C'est leur première vraie sortie. Pourtant, il y a une manifestation tous les jours ou presque, en ce mois de décembre. Les étudiants sont très remontés contre la loi Devaquet, du nom du ministre des Universités de Jacques Chirac, un texte qui prolonge la loi Savary et institue notamment une orientation sélective. Les lycéens ne sont pas en reste. Ils se sont mobilisés contre la réforme de René Monory, le ministre de l'Éducation nationale, qui entend aménager les rythmes scolaires et faire évoluer le baccalauréat.

C'est une lame de fond. Après les manifestations qui ont rassemblé 500 000 jeunes à travers toute la France, le 27 novembre, Serge July écrit dans *Libération*[1] : « L'avertissement est sérieux. Il signifie que le gouvernement n'a pas licence pour imposer, même de manière symbolique, son programme "libéral". "Ici, c'est pas l'Amérique", scandent de nombreux manifestants. [...] Attention à l'overdose de libéral-amateurisme. »

Quelque chose est en marche, rien ne l'arrêtera. Une révolution, un petit soir, une démangeaison enfantine, on ne sait, mais ça monte. C'est ainsi que les policiers sont dans tous leurs états et notamment le tandem du PVM qui, cette nuit-là, remonte la rue Monsieur-le-Prince sur sa moto. À la hauteur du numéro vingt, les deux hommes s'arrêtent et s'engouffrent dans l'immeuble à la poursuite d'un jeune homme de vingt-deux ans qui vient d'y chercher refuge.

1. Le 28 novembre 1986.

Les deux policiers lui passent, dans le sas d'entrée, une grosse raclée à coups de matraque et de pied, qui le laissera sans vie. Sans doute n'ont-ils pas eu l'intention de lui donner la mort, comme le dira le jugement qui, trois ans plus tard, les condamnera à des peines de prison avec sursis. Mais ils sont tombés sur un jeune homme qui souffrait d'une grave insuffisance rénale et qui, de plus, était sous dialyse. Il n'a pas survécu aux traumatismes provoqués au thorax et à l'abdomen.

Malik Oussekine devient aussitôt le symbole et le martyr du mouvement des jeunes. Il est vrai qu'il avait le bon profil. Une enfance pauvre, sept frères et sœurs, un père hémiplégique, retourné au pays, en Algérie. Un parcours scolaire difficile, à cause de ses troubles rénaux. Une rage de vaincre pour « gagner beaucoup d'argent, comme son frère ». Avec ça, « pacifiste » et disant aimer l'ordre. Tout le contraire d'un excité. Le gendre idéal. Il venait de s'inscrire à l'École supérieure des professions immobilières à Paris.

L'émotion est à son comble dans le pays. Le 8 décembre, François Mitterrand, accompagné par Élie Wiesel, prix Nobel de la paix, se rend au domicile de la famille pour lui exprimer sa solidarité. À peine battu aux élections législatives de 1986, le voici remis en selle. Le chef de l'État a tiré de ce mouvement un immense parti. Quant à Jacques Chirac, il est, lui, encalminé. Arrivé au pouvoir quelques mois plus tôt, il est déjà condamné, sinon à l'abandonner, du moins à décréter la « pause ».

Le lendemain du drame, Alain Devaquet avait démissionné, après que René Monory eut annoncé, la veille, à la télévision, qu'il prenait en charge le dossier de la réforme universitaire et ajournait les mesures contestées par les étudiants. Mais ce n'était pas assez. Le 8 décembre, alors que les étudiants et les syndicats appellent à une grève générale, le Premier ministre annonce que le gouvernement retire l'ensemble du projet Devaquet.

Qui a parlé de réforme ? René Monory, qui dit avoir toujours été l'homme des « non-réformes », engage une large consultation avant de mettre en place, dans « une amorce de prospective », un comité national chargé de « réfléchir » à l'évolution de l'université. Défense de rire. Il enfume, il embrouille, mais ne cache même pas son jeu. Comme le note Jacques Julliard dans *Le Nouvel Observateur* [1] : « Le politique est aujourd'hui incapable de gérer le long terme. [...] Il est anormal qu'une réforme universitaire effectivement conforme au programme que le pays est censé avoir ratifié en mai dernier fasse en décembre l'objet d'un rejet franc et massif [.,.]. Les trois semaines qui viennent de s'écouler ont accusé de façon dramatique le décalage qui existe désormais entre les procédures politiques ordinaires et les grands phénomènes collectifs d'opinion. »

Chirac se le tiendra pour dit et rabaissera le menton pendant les mois qui suivent. Sans doute a-t-il compris qu'il vient de perdre l'élection présidentielle, mais il n'a sûrement aucune idée encore de l'ampleur de sa défaite.

Il faut des années pour changer une image. Chirac a beau en rabattre, il continue, peut-être à cause de son énergie pétaradante, à paraître comme un diviseur ou un empêcheur de tourner en rond. Et, pour la campagne présidentielle, le chef de l'État mettra au point une stratégie de haute volée, qui enfermera son Premier ministre dans le camp des réformateurs sectaires et des dérangeurs intolérants. Du grand art.

Le 22 mars 1988, quand Mitterrand annonce sa candidature à l'élection présidentielle, il se présente d'abord en homme de rassemblement, soucieux d'« éviter les germes

---

1. Le 12 décembre 1986.

de division » et de préserver « la paix civile ». Il annonce, dans la foulée, qu'il n'entend pas se lancer « dans une bataille sur de nouvelles nationalisations », mais qu'il souhaite en finir avec « la contagion des privatisations » : « Ni l'une ni l'autre de ces réformes ne peut être d'actualité. »

C'est le moment, c'est l'instant. François Mitterrand vient d'inventer le « ninisme ».

Le programme de Mitterrand tient désormais en quelques mots : ni privatisations ni nationalisations. Ou bien, si l'on préfère : ni socialisme ni libéralisme. Dans sa *Lettre à tous les Français* qu'il publie quelques semaines avant le scrutin, le président sortant écrit :

« Le public et le privé ne peuvent être dissociés car l'économie française est mixte par nature. »

Il refuse donc d'opposer les deux secteurs comme le fait la droite, et prend de la hauteur par rapport aux débats idéologiques en cours, car tout est dans tout et réciproquement.

« Vous connaissez la querelle du "tout État" et du "moins d'État". Éloignons-nous des excès de langage habituels à ces sortes de controverses. Il y eut des périodes où il fallait lutter contre le "tout État" envahissant, ennemi des différences, ignorant l'âme des choses et des gens. Il est aussi des périodes – où nous sommes – où il convient de se méfier du "moins d'État" qui glisse au "pas d'État du tout", alibi des affaires qui ne supportent pas la lumière du jour, invitation aux razzias officielles sur le patrimoine national. »

Tel est le nouveau Mitterrand. Une sorte de Salomon bénisseur qui fait des réponses de Normand et tient un discours mi-chèvre mi-chou. Le prince de l'équivoque est devenu le roi du couci-couça. Avec ce pathos, il va faire un malheur.

Le moins ironique de cette histoire n'est pas que Chirac se soit approprié, ensuite, cette stratégie mitterrandienne, entre le zist et le zest, qui lui a permis de durer si longtemps, comme si elle correspondait au fond de l'air du pays. En attendant, cette année-là, il la combat, sabre au clair et jugulaire au menton.

Avec quelques arguments. En annonçant qu'il mettra fin au « ballet » des privatisations et des nationalisations s'il est élu, Mitterrand prétend figer pendant sept ans, le temps de son mandat présidentiel, la frontière entre les secteurs privé et public. Comme si l'on pouvait geler des structures économiques en mouvement sur le marché mondial. Cela ne tient pas et, bien sûr, une fois réélu, le président ne tiendra pas cet engagement.

Mais qu'importe. Il faut savoir tourner le feuillet. L'essentiel est d'être élu. Ensuite, comme d'habitude, il avisera...

3

Le roi des Aulnes

« L'homme qui mange son pain ne s'inquiète pas de la satisfaction qu'éprouve, ou n'éprouve pas, le pain d'être mangé. »
Michel Tournier

On a tout dit sur Chirac. À juste titre. Un coup travailliste, le lendemain bonapartiste avant de tourner libéral, puis social-modéré, il aura fait tout le spectre politique, et dans les deux sens. C'est Triplepatte. Jamais là où on l'attend, toujours en recherche, pas fini.

On a souvent mis cette propension herculéenne à virer de bord sur le compte d'une rouerie qui pourtant n'est pas son fort. Non, c'est l'instinct, plutôt que le cynisme, qui l'emmène d'un bout à l'autre du champ politique, au gré du vent qu'il vient de humer. Cet homme donne le tournis.

Après avoir été, dans les années soixante-dix, le chantre du travaillisme, à la Harold Wilson, qui a laissé le Royaume-Uni en ruines, il a défendu la cause du libéralisme façon Reagan, dans les années quatre-vingt, avant de militer pour un étatisme tempéré, dans les années quatre-vingt-dix, et de finir en avatar de Mitterrand comme petit père de la nation, à l'aube du nouveau siècle.

C'est beaucoup pour un seul homme. Mais celui-là est gargantuesque et protéiforme. Il ne sait pas toujours où il va, mais il y va, la narine palpitante, les bras en avant, l'œil à l'affût. Il fait penser à l'ogre de Charles Perrault qui « flairait à droite, à gauche, disant qu'il sentait la chair fraîche ».

Telle est la vraie nature de Jacques Chirac : c'est un ogre. Il engloutit tout avec la même gloutonnerie. Les hommes, les femmes, les idées, les kilomètres, les amours, les défaites ou les plats canailles. Tout, dans sa vie, est rythmé par le même cycle : ingestion, digestion, rejet. Il ne garde rien. Même pas ses amis. « La faim est un infidèle », dit un proverbe arabe.

Qui n'a pas vécu une journée avec lui passe à côté de la vraie nature de Chirac. Du matin au soir, il est tourmenté par un vertige compulsif qu'il comble en s'empiffrant, comme s'il avait à nourrir une armée de ténias. Jamais il ne semble repu.

Récapitulons. Après s'être levé, vers 7 heures du matin, il se gorge de tartines beurrées avec du miel ou de la confiture. De quoi soutenir un siège. Mais sur le coup de 10 h 30, il a toujours un petit creux. Alors, il remet ça et casse la croûte, comme les cantonniers de son enfance, avec des sandwichs au pâté et au saucisson. Sans oublier les cornichons.

À 13 heures, il a encore la dent. Le déjeuner sera complet ou ne sera pas. À sa panse qui crie famine, il ne fera grâce de rien. Ni de pain, ni de fromage, ni de dessert. « Il faut que ça me cale », dit ce grand gosier. C'est pourquoi il affectionne particulièrement les plats à l'ancienne comme la tête de veau ravigote.

À 16 h 30, il a de nouveau les crocs. C'est l'heure du goûter. Avec des sandwichs au pâté et au saucisson, comme d'habitude. Ainsi dévore-t-il, en plus des repas, l'équivalent de deux baguettes et demie. Sans parler des biscuits qu'il grignote entre-temps.

Après ça, on se dit qu'il devrait en avoir jusqu'au goulet, les dents de derrière baignant dans le beurre et la charcuterie. Mais non. Le dîner est aussi consistant que le déjeuner. Chirac nettoie les plats et ne saute ni le fromage ni le dessert. S'il rentre tard, il avalera encore une omelette d'au moins quatre œufs.

Le tout aura été arrosé de ses cinq ou six bières quotidiennes. Ne crachant pas non plus sur les punchs, il a parfois du vent dans les voiles. Mais quand il est pompette, il cuve toujours avec une grande dignité. N'était son visage tuméfié des lendemains de goguette, il pourrait faire illusion. Chirac est un phénomène sorti de l'œuvre de Rabelais qui écrivait, entre autres : « Le grand Dieu a fait les planètes et nous avons fait les plats nets. »

« Je n'ai pas le choix, constate Chirac. Je suis condamné à bouffer sans arrêt. Quand j'ai faim, ce qui m'arrive plusieurs fois par jour, je deviens agressif et même hargneux. Alors, j'essaie de fermer ma gueule le temps qu'il faut et puis je vais manger un morceau vite fait pour retrouver ma bonne humeur. »

« L'homme est ce qu'il mange », disait Feuerbach. La faim de Chirac est peut-être biologique. Elle est aussi existentielle, voire métaphysique. Elle entend dévorer le monde entier. Rares sont les personnages publics qui, dans l'Histoire de France, auront fait une telle consommation de sandwichs, de concepts, de campagnes électorales ou de chargés de mission. Il les mastique, les digère et les évacue, tant il est vrai que tout s'en va toujours par le bas, sur cette terre.

En 1988, après vingt ans de carrière politique, Chirac a déjà laissé pas mal de monde sur le bas-côté. Des amis, des collègues, des conseillers, comme Pierre Juillet ou Marie-France Garaud. Il va trop vite pour s'arrêter. « C'est une bicyclette, a observé l'académicien Maurice Druon, qui fut un proche. Il ne tient debout que quand il roule. »

Il est pressé. Souvent, l'amitié est une perte de temps. Quand elle ne devient pas un boulet. Il faut donc qu'elle soit utile. C'est ainsi qu'elle se pratique, depuis la nuit des temps, dans les lieux de pouvoir. Contrairement à Mitterrand, Chirac a rarement dérogé à cette règle. Rien ne résume mieux sa conception des rapports humains que cette formule de Nicolas Sarkozy : « Avec lui, on n'est toujours qu'un ennemi ou un esclave. »

Il n'y a pas de troisième voie. C'est l'un ou l'autre. Le proche est corvéable à merci. Si Chirac a le moindre doute sur sa loyauté, il est mis à l'écart et, bientôt, effacé. Cette année-là et les suivantes, les rebuts et les cimetières du chiraquisme se rempliront, à la pelle, de ses fidèles déchus.

Explication de Jacques Toubon : « Chirac, quand il t'a trouvé la bête de somme, il te la pousse, il te la presse, jusqu'à l'épuisement total. Après, il passe à autre chose. C'est ainsi qu'il a fonctionné pendant cinquante ans et ça explique pourquoi il n'a pas conservé le même cercle d'amis, contrairement à Mitterrand ou à Giscard. Au contraire, il le renouvelle en permanence. »

Chirac est un phénix qui a besoin, pour renaître, de sang frais. Il en consomme beaucoup et la liste est longue des collaborateurs à qui il a demandé de se faire hara-kiri, en gardant le sourire, qui plus est, afin de laisser place nette pour les nouvelles générations ou ses dernières toquades.

Avant l'élection présidentielle de 1988, certains sont encore là, auprès de lui, mais leur compte est déjà bon. Après Alain Devaquet, ministre délégué à la Recherche et à l'Enseignement supérieur, en 1986, dont il a dit si longtemps qu'il était « nobélisable » et qui sera donné en pâture aux manifestants lycéens, viendra le tour de Denise Esnous, sa secrétaire particulière qui fut aussi celle de Georges Pompidou, un puits de secrets au caractère bien trempé.

Plus tard, Chirac en éliminera des tas d'autres qui avaient cru, les enfants, faire partie du saint des saints : Jean-Pierre Bechter, le condottiere de Corrèze, Denis Baudouin, son homme de communication, Camille Cabana, l'ancien ministre des Privatisations, ou encore Michèle Barzach, la madone de l'anti-lepénisme, dont il fut si proche. C'est qu'avec lui, tout est périssable. L'amitié. La reconnaissance. L'amour.

Il n'est pas du genre, par exemple, à garder le fil avec les anciennes femmes de sa vie. À une ou deux exceptions près, quand il a rompu, c'était pour toujours. Elles ont disparu à jamais de son champ de vision.

Il y a du Léviathan en lui. Du Barbe-Bleue aussi. C'est sur des générations enfouies et des visages recouverts par des pelletées de terre qu'il continue à tailler imperturbablement sa route. On aurait tort de voir de la cruauté dans son comportement. Non, il est juste fataliste et darwinien. Qu'on ne compte pas sur lui pour sauver un collaborateur dès lors qu'il est en train de couler politiquement. Si besoin, il lui donnera même le coup de grâce.

Mais si le même collaborateur tombe malade, il sera toujours là. « Quand quelqu'un est dans la détresse, il réagit toujours au quart de tour, dit son vieil ami François Pinault. Il va se démener, trouver le meilleur chirurgien dans le meilleur hôpital, et il prendra régulièrement de ses nouvelles. » Tout le monde a droit au même traitement, ses relations comme les gens de peu.

Un autre de ses vieux amis, qu'il a nommé à la présidence du Conseil constitutionnel, Pierre Mazeaud, abonde dans le même sens : « J'ai toujours considéré qu'il n'était pas un grand homme d'État. Je le lui ai souvent dit. Mais c'est un type qui a du cœur, chose excessivement rare en politique. Il a même un excès de gentillesse qui l'éloigne des contingences [1]. »

À la veille de sa deuxième campagne présidentielle, les Français n'ont pas encore vu le Chirac débonnaire et humain percer sous la brute. Il n'a pas assez souffert. Il ne s'est pas suffisamment dévoilé. Ce n'est pas encore son tour. Pour l'heure, ils ne voient avancer qu'un avatar du roi

---

1. Entretien avec l'auteur, le 17 janvier 2005.

des Aulnes, un monstre ogresque, inassouvi de pouvoir et de gloire, auquel il faudra sans doute dire, comme dans les Évangiles, si jamais il l'emporte : « Malheur à vous qui êtes repus maintenant, car vous aurez faim ! »

4

Chute de cheval

« L'excès de sommeil fatigue. »
Homère

Il court, il court, mais la France ne le sait pas. Elle le regarde d'un œil condescendant, le Premier ministre de François Mitterrand. Il a beau tout faire, il ne semble pas à la hauteur. Trop imprévisible. Trop agité aussi. Même quand il vient accueillir les otages du Liban à leur descente d'avion, il y a dans son visage quelque chose de fiévreux qui trouble le pays.

Cet homme est un remue-ménage ambulant. Les pieds lui démangent. Il a souvent ses nerfs comme on avait jadis ses vapeurs. Il n'inspire donc pas confiance. Ni aux médias mais, depuis le temps, il a l'habitude. Ni, surtout, aux Français qui se demandent, comme jadis Marie-France Garaud, si on ne lui a pas taillé « des habits trop grands pour lui ».

Le 24 avril 1988, son score au premier tour est calamiteux : 19,95 % des suffrages. Pour un Premier ministre, il est difficile de faire pire. « C'est normal, commente André Giraud, le ministre de la Défense. À chaque fois que le gouvernement faisait quelque chose de mal, c'était malgré Mitterrand. Et à chaque fois que cela se passait bien, c'était grâce à lui. »

Sans doute la cohabitation est-elle pour quelque chose dans la contre-performance du maire de Paris. Mais elle ne peut en être la seule cause. Le caractère « inachevé » de Chirac a joué et, plus encore, l'attrait du « ninisme » mitterrandien, assurance tout risque pour le maintien du statu quo. Surtout, que rien ne bouge. « La tranquillité est le lait de la vieillesse », disait Thomas Jefferson. Ce cher et vieux pays a décidé de le boire jusqu'à plus soif. Il entend rester à la coule, abrité des vents du monde.

Le « ninisme » de Mitterrand est apparu bien plus reposant pour les Français que la politique des coups de Chirac mâtinée d'un libéralisme qui fait peur, ou que la stratégie de vérité de Barre, une stratégie altière d'homme d'État, qui lui a interdit l'accès au second tour.

Le 8 mai, au second tour de l'élection présidentielle, Jacques Chirac n'est pas seulement battu. Il est ridiculisé. Avec 45,98 % des voix contre 54,02 % à François Mitterrand, il subit ce qui sera le pire camouflet de sa carrière.

« C'est terrible pour papa », commente Claude Chirac, éplorée. « Les Français n'aiment pas mon mari », constate Bernadette effondrée. Ce soir-là, auprès des siens ou de ses amis politiques, le Premier ministre ne laisse rien paraître de son désarroi. Pas l'ombre d'une larme dans sa voix. Il serre les dents. C'est un homme qui sait encaisser.

Le lendemain, Jacques Chirac invite Charles Pasqua à déjeuner et laisse tomber, avant le hors-d'œuvre :

« Il y a longtemps que tu me dis ça. Eh bien, je vais enfin t'écouter. Je vais quitter la présidence du RPR. À ma place, je voudrais qu'on mette Balladur avec deux vice-présidents, Messmer et toi.

— Ça ne me paraît pas possible, s'étrangle Pasqua. Tu ne peux pas faire élire Balladur par les militants.

— Toi, tu peux.

— Non. Le mouvement ne peut accepter qu'un chef charismatique. »

Édouard Balladur se joint aux deux hommes quand arrive le café et Charles Pasqua explique ses réticences au numéro deux du gouvernement sortant :

« Il faut dire les choses clairement : le mouvement a besoin de quelqu'un qui l'entraîne. Édouard, vous n'avez pas ce profil. »

Balladur se tourne alors vers Chirac et lui dit :

« En ce cas, vous n'avez qu'à mettre Charles à la présidence.

— C'est impossible, objecte Pasqua.

— Pourquoi ?

— Parce que je suis trop à droite, pardi ! »

Charles Pasqua reproche à Jacques Chirac la stratégie « centriste » qu'il a adoptée au lendemain des élections municipales de 1983. Il est convaincu qu'elle a ouvert un espace politique à Jean-Marie Le Pen. Si quelqu'un doit se dévouer pour porter haut le flambeau de la droite dure au sein du RPR, c'est bien lui. Il n'y a pas à tortiller, il a tout pour ça, Charles Pasqua. La crédibilité. Le talent. La faconde. Outre que son accession à la présidence du mouvement affolerait son aile gauche, au risque de provoquer une scission, elle ne lui permettrait plus de continuer à marauder dans les eaux sales du Front national. Il ne faut donc plus y penser.

« Soit », conclut Chirac.

Le Premier ministre sortant ne prolonge pas la conversation. Il n'a guère envie de parler, depuis la tragédie du second tour. Il se sent coupable de n'avoir pas trouvé les mots justes, pendant la campagne, mais il en veut aussi aux Français de s'être laissé endormir par la berceuse du « ninisme ».

Un éditorial cinglant et prophétique résume bien son état d'esprit. Un éditorial indémodable de Claude Imbert, qui pourra toujours resservir, car il vise le Mitterrand d'aujourd'hui aussi bien que le Chirac de demain, le vainqueur de l'élection présidentielle de 1995 ou de celle de 2002.

« Il est une réalité, écrit Imbert [1], que tous les somnifères, toutes les défausses détestables de la campagne ne peuvent dissimuler : "La France ne va pas bien. Notre pays est l'homme malade de l'Europe. Et malade de la maladie de l'époque, entendez : malade dans sa tête. Malade, d'abord, des mensonges par omission, malade d'ignorer la dégradation mesurable, patente, de sa puissance économique, malade de la clochardisation de son enseignement et de sa justice, malade de son vieillissement démographique, malade de ses dépenses sociales au point que l'accroissement récurrent des prélèvements obligatoires intervient chaque année comme le symptôme fatal d'une implacable paralysie." »

Il ne faudra pas compter sur Chirac pour guérir la France. Il a retenu du scrutin de 1988 que les recettes classiques de la démagogie électorale ne suffisent plus. Il s'attachera désormais à rassurer les Français et à ne pas troubler leur digestion. Il « ninisera ».

---

1. *Le Point*, le 9 mai 1988.

5

L'affront fait à Le Pen

> « Il reste toujours assez de force à chacun
> pour accomplir ce dont il est convaincu. »
> Goethe

« Il faut que tu rencontres Le Pen. »

La suggestion a d'abord été soufflée *pianissimo* au Premier ministre, puis *rinforzando* : elle est revenue si souvent à ses oreilles, et de plus en plus fort, qu'il s'est décidé enfin. Pas le cœur léger, bien sûr, parce qu'il a « ce type en horreur ». Mais s'il faut en passer par là pour l'emporter le 8 mai, Chirac n'est pas du genre à faire sa mijaurée.

Pendant quelques semaines, le Premier ministre a cru qu'il pouvait battre Mitterrand. À une condition : qu'au second tour, il parvienne à rassembler toute la droite, Front national compris. C'était aussi la thèse de Pasqua qui, à sa manière, tente, ces temps-ci, de jeter des ponts avec l'extrême droite.

Quand Chirac l'accuse d'en faire trop pour séduire l'extrême droite, il répond toujours, en haussant les épaules : « Arrête. Moi, j'ai résisté contre les nazis avec les communistes. » Pasqua est convaincu que la victoire de son champion passe par une droitisation de sa campagne et que le Premier ministre, en écoutant trop Balladur, a fini par se couper du peuple. Il croit aussi qu'il est possible de faire un accord avec Le Pen.

Écoutons-le : « À l'époque, je savais que Le Pen était un potache attardé mais j'avais encore des illusions sur lui. Je ne le voyais pas s'entêter pour toujours dans une opposition systématique. Je pensais qu'il jouerait, un jour, le jeu. Je ne comprenais pas qu'il voulait juste des députés et le fric qui va avec[1]. »

Pierre Guillain de Bénouville se leurre autant que Charles Pasqua. Député RPR de Paris, cette grande figure de la Résistance est à la fois l'homme de confiance de l'avionneur Marcel Dassault, l'ami de François Mitterrand avec qui il a usé ses fonds de culotte sur les bancs du collège Saint-Paul d'Angoulême, et l'ange gardien de Jacques Chirac dont il ne doute pas du « destin national ». Esprit éclectique, il aime jouer les utilités et les entremetteurs. Il organise donc la première rencontre entre le Premier ministre et Jean-Marie Le Pen, une autre de ses vieilles relations.

Rendez-vous est pris chez lui, près des Champs-Élysées, un mois avant le premier tour[2]. Chirac et Le Pen ont un échange de vues courtois. Pas un mot plus haut que l'autre. Les deux hommes rivalisent même de politesses. S'il ne sort rien de cet entretien, on pourrait croire que tout est en place pour un accord avant le second tour.

Est-ce si absurde ? Après tout, Chirac avait défendu le principe d'une alliance avec le FN. C'était cinq ans auparavant, le 12 septembre 1983 exactement, au lendemain des élections municipales partielles de Dreux où la liste RPR l'avait emporté après avoir passé un accord avec le FN. « Ceux qui ont fait alliance avec les communistes,

---

1. Entretien avec l'auteur, le 10 juin 2003.
2. Cf. *L'Homme qui ne s'aimait pas*, d'Éric Zemmour, Balland, 2002.

avait-il dit, sont définitivement disqualifiés pour donner des leçons en matière de droits de l'homme et de règles de démocratie. »

Le 18 septembre, Chirac avait même insisté : « Je n'aurais pas du tout été gêné de voter au second tour pour la liste RPR-FN. Cela n'a aucune espèce d'importance d'avoir quatre pèlerins du FN à Dreux, comparé aux quatre ministres communistes au Conseil des ministres. » Si des occasions de ce genre se présentaient de nouveau, ajoutait-il, il trouverait « tout à fait naturel » que fusionnent les listes RPR et FN.

Assurance renforcée par l'appui sans nuance que lui avait apporté Raymond Aron, le grand penseur de la droite, dans un article resté célèbre de *L'Express*[1], où il refusait de prendre au sérieux « la menace fasciste », brandie par la gauche : « La seule internationale de style fasciste, dans les années quatre-vingt, elle est rouge et non pas brune, ce qui ne rend pas innocents Doriot hier ou Le Pen aujourd'hui. »

Depuis l'épisode de Dreux, Chirac a pris ses distances avec le FN. Il l'a même frappé d'ostracisme. Jusqu'à désigner lui-même, après les élections législatives de 1986, les députés RPR qui, dans l'hémicycle du Palais-Bourbon, feraient tampon avec la trentaine d'élus de l'extrême droite. C'est ce qu'il appelait le « cordon sanitaire ».

Après le premier tour de l'élection présidentielle de 1988, Pasqua plaide de nouveau, avec force, pour la politique de la main tendue avec le FN. À ses yeux, c'est la seule chance de l'emporter pour Chirac qui n'a pas dépassé la barre des 20 % alors que Mitterrand caracole à 34 %. À son tour, il décide donc de monter une rencontre entre le Premier ministre et le président du Front national.

---

1. Le 16 septembre 1983.

« Le Pen est un type de parole qui sait garder le silence, dit Pasqua. Je l'avais déjà rencontré deux fois, il n'en avait pas parlé. J'ai donc pris le risque. »

Cette rencontre s'est déroulée chez un ami de Charles Pasqua, un armateur, qui est domicilié avenue Foch. Elle se passe beaucoup moins bien que l'autre.

Cette fois, Jacques Chirac n'est pas à l'aise. Il bat tout le temps du pied et n'arrête pas de fumer. Il fait preuve, surtout, d'une inflexible intransigeance.

« Je ne pourrais vous donner satisfaction ni sur la politique d'immigration ni sur le reste, dit-il d'entrée de jeu.

— Si vous refusez de faire des concessions, comment voulez-vous que j'appelle à voter pour vous ? demande Le Pen.

— Je ne souhaite pas d'appel.

— Mais sans le moindre geste de votre part, je ne peux rien faire pour vous », insiste Le Pen.

Pas de réponse. Apparemment, Chirac se fiche pas mal d'obtenir le soutien du Front national. C'est en tout cas la version de Le Pen, mais on ne voit pas pourquoi on devrait la mettre en question.

À la sortie, le président du Front national est perplexe. Il est convaincu que Chirac a décidé de perdre. « Toute cette histoire est très étrange, dit aujourd'hui Le Pen[1]. Alors que je ne lui avais rien demandé, il est venu me signifier une fin de non-recevoir. Il aurait pu me dire : "M. Le Pen, on va s'arranger, faites-moi confiance, je suis un patriote, j'ai été, comme vous, officier en Algérie." Mais non. Au lieu de ça, il a tout de suite fermé la discussion en affirmant : "Il n'y a pas d'accord possible entre nous." Avec le temps, j'ai acquis la conviction qu'il s'était rendu à cette rencontre pour s'assurer que je ne ferais pas voter pour lui. Ou, si j'en avais eu l'intention, m'en dissuader. »

———————

1. Entretien avec l'auteur, le 14 octobre 2005.

C'est ainsi que Le Pen croit que le président et son Premier ministre auraient passé un pacte en 1988. Il n'emploie même pas le conditionnel. « Un jour, assure-t-il, Mitterrand a dit à Chirac : "Vous savez que j'ai un cancer de la prostate, je suis très malade, je n'en ai plus que pour quelques mois. Laissez-moi me faire réélire. Après, je vous préparerai le terrain. De tous, vous êtes celui dont je suis le plus proche, vous pourrez compter sur moi." Ce n'est quand même pas un hasard si tous ses proches ont, ensuite, fait le jeu de Chirac. Là où le scénario a cloché, c'est que Mitterrand a tenu bien plus longtemps que prévu [1]. »

Scénario rocambolesque qui met au jour l'état d'incompréhension entre Chirac et Le Pen. Les deux hommes sont à mille lieues l'un de l'autre et le président du Front national ne peut concevoir que le Premier ministre ait décidé de couper tous les liens avec lui alors même que Charles Pasqua cherche à les renouer.

Le 1er mai 1988, une semaine avant le second tour, Jean-Marie Le Pen a tout de même indiqué sa préférence : « Non, non, non, pas une voix pour François Mitterrand. » Après quoi, il a ajouté : « Ceux pour qui le plus important, et c'est vrai que c'est ce qui compte, c'est d'éviter Mitterrand et le socialisme, ceux-là voteront pour le candidat résiduel. »

Le lendemain, dans *Valeurs actuelles*, Charles Pasqua a déclaré, comme en écho : « Sur l'essentiel, le Front national se réclame des mêmes préoccupations, des mêmes valeurs que la majorité. » Il assurera plus tard qu'il était « en service commandé ».

Soit. Mais le « candidat résiduel » n'a pas apprécié les appels du pied répétés de Charles Pasqua aux électeurs lepénistes. Rétrospectivement du moins. Le soir du second tour, après avoir pris connaissance des résultats, dans l'hôtel particulier que son état-major a loué pour la campagne, dans le 7e arrondissement de Paris, près de Matignon, Jacques

---

1. Entretien avec l'auteur, le 14 octobre 2005.

Chirac marmonne quelques propos insignifiants aux uns et aux autres avant de foncer vers Charles Pasqua et de lui jeter, avec un mauvais sourire : « Tu vois où tes conneries m'ont mené... »

6

Grosse fatigue

Malraux disait qu'il faut soixante ans pour faire un homme. Jacques Chirac a cinquante-sept ans et son personnage n'est toujours pas achevé. C'est sans doute pourquoi il n'arrive pas à s'aimer.

Il ne se déteste pas, non, il se méprise. Le maire de Paris a le sentiment d'avoir gâché sa vie et s'en ouvre volontiers à ses visiteurs avec une tristesse qui tourne souvent à l'autodénigrement.

« J'ai tout raté, dit-il un soir de déprime [1]. Professionnellement, mon échec est patent. Quant à ma vie personnelle, c'est un naufrage. Il y a trente ans que je sacrifie ma famille pour devenir président de la République. Eh bien, j'ai échoué sur les deux tableaux. Je ne suis pas président et j'ai perdu ma famille.

— Perdu ?

— Oui, perdu. Je ne crois pas que je la retrouverai jamais. Je l'ai toujours fait passer après ma carrière politique. »

---

1. Entretien avec l'auteur, le 15 septembre 1988.

Jacques Chirac a arrêté de fumer : ça ne lui remonte pas le moral. Pour mettre sa volonté à l'épreuve, il laisse toujours un paquet de cigarettes sur son bureau et un autre sur sa table de chevet. Il tient bon mais il prend du poids. Il a beau remonter ses pantalons et serrer sa ceinture, son ventre se déploie royalement dessous, une autre raison de s'apitoyer sur soi.

Il a envie de tout envoyer dinguer, même sa mairie de Paris. « Je me suis fait avoir comme un bleu par François Mitterrand, dit-il, le même soir, à l'auteur. Je ne suis pas assez calculateur ni assez hypocrite pour devenir un homme politique de haut niveau. Il me manque quelque chose que je n'aurai jamais, ce mélange de vice et d'assurance qui fait les grands destins. Je crois que je vais entrer dans le privé. »

Il se verrait bien à la tête d'une banque ou d'une entreprise industrielle. « Motiver, mobiliser, développer, je sais faire, insiste-t-il. Je ne me débrouillerai pas plus mal que d'autres. » Il aimerait mieux travailler dans une société qui ait, d'une manière ou d'une autre, à faire avec les arts, une société de vente aux enchères, par exemple, mais bon, il ne fera pas la fine bouche.

En attendant, ses proches se font du mouron pour lui. Pierre Mazeaud, le compagnon des bons et des mauvais jours, se souvient l'avoir entendu répéter sans arrêt, avec un air de chien battu, au cours de l'été 1988 : « J'en ai marre, trop marre. » Mais si Jacques Chirac voulait abandonner la politique, ajoute son vieil ami, « il était bien obligé de reconnaître qu'il ne savait rien faire d'autre ».

Alain Juppé se rappelle pareillement que le maire de Paris était complètement désarçonné. « Il avait perdu son répondant, dit-il. Pendant plusieurs mois, il m'a semblé qu'il était prêt à se laisser manger vivant. La politique ayant, comme la nature, horreur du vide, les ambitions s'aiguisaient. En tant que secrétaire général du RPR, j'étais l'objet des premières attaques de ses ennemis. C'est à peine s'il me défendait[1]. »

Charles Pasqua l'entend souvent tenir des discours du genre : « On n'y arrivera jamais. Au train où vont les choses, Le Pen finira sans doute un jour par faire 30 % et, alors, la droite sera condamnée à rester l'opposition.

— Arrête ton char, coupe Pasqua. Regarde combien de fois Mitterrand s'est présenté avant d'être élu[2]. »

À cette époque, Jacques Chirac peut rester prostré des heures dans son bureau. Le reste du temps, l'habitude aidant, il continue de prodiguer, avec le même sourire commercial, les promesses, les poignées de main ou les baisers aux enfants. Mais il n'y croit plus. « Les Français ne m'aiment pas, observe-t-il. Je leur fais peur. Et puis ils ne me trouvent pas suffisamment humain. Je ne vois pas pourquoi je devrais continuer à m'accrocher comme ça. Quand je pense à toutes ces heures perdues à courir partout en rabâchant les mêmes choses alors que j'aurais pu les passer à cultiver mes jardins secrets, ça me fiche le bourdon[3]. »

Quand on lui demande qui il voit pour le remplacer s'il décidait de prendre du champ, Jacques Chirac répond sans hésiter :

« Édouard Balladur. On peut raconter ce qu'on veut, c'est un homme d'État. Il fera très bien l'affaire, vous savez. La France ne perdra pas au change. »

A-t-il parlé de ses intentions au premier intéressé ? Évidemment. De temps en temps, il a glissé, en incidente, à son dauphin, des formules du genre : « Après moi, ce sera vous. » Ou encore : « S'il m'arrive quelque chose, vous serez tout désigné pour prendre la suite. » Autant dire que c'est Jacques Chirac qui lui a mis le vélo dans la tête.

1. Entretien avec l'auteur, le 4 avril 2005.
2. Entretien avec l'auteur, le 10 juin 2003.
3. Entretien avec l'auteur, le 15 septembre 1988.

Un vélo, le mot est faible. N'ayant jamais considéré que la défaite de Chirac était la sienne, Balladur ne se sent plus, depuis. D'autant qu'il est couvé par le maire de Paris qui est devenu à la fois son mentor politique et son attaché de presse, téléphonant, par exemple, aux directeurs de journaux pour que soit bien présenté, avec appel en première page, s'il vous plaît, le dernier article d'Édouard : « Ne le faites pas pour moi, s'excuse, grandiloquent, le maire de Paris. Faites-le pour la France. »

Sous la pluie des éloges, Édouard Balladur se rengorge, activité où il excelle et qui est sans doute celle qu'il préfère entre toutes. Il se rengorge, spécule, espère et conjecture.

S'il songe à Balladur pour lui succéder, c'est bien la preuve que Chirac a compris les leçons du scrutin. La France est fatiguée de tout. Des réformes, des débats, des polémiques. Après la fausse révolution de 1981 et la pseudo-restauration de 1986, elle n'aspire qu'à la tranquillité sous la houlette d'un rassembleur, pas d'un bretteur.

Il fallait au pays un père peinard, façon IIIe République, et François Mitterrand s'est dévoué pour jouer le rôle. Robert Badinter, mitterrandiste historique, a tout dit quand il observe, à l'époque : « François Mitterrand a gagné parce qu'il a su, le mieux, exprimer la France peureuse et frileuse, celle qui a peur de l'avenir et de l'étranger[1]. »

Il s'agit, désormais, de ne pas faire de vagues. De ce point de vue, Balladur est l'homme de la situation. Il sait reposer son monde avec ses manières compassées et ses discours écrits à l'eau tiède. Sa placidité en impose. Avec lui, jamais de gaffes ni d'esclandres. Il a, de surcroît, de l'allure et de la culture. Toujours disponible, il passe mieux auprès des médias bien-pensants que son fougueux patron. Il sait les courtiser et les flatter comme ils aiment. Il devient rapidement leur coqueluche. Il est dans l'air du temps.

---

1. Entretien avec l'auteur, le 30 mai 1988.

Chirac n'en prend pas ombrage. Il est convaincu que Balladur peut, le jour venu, prendre son relais mais que, d'ici là, il n'a rien à en craindre. Le saurait-il, il ne s'offusquerait pas que, derrière son dos, l'autre l'appelle « ce garçon » et, parfois même, « ce pauvre garçon » avec une moue apitoyée ou dédaigneuse. Il ne doute pas que son ancien ministre de l'Économie soit sous son charme, sinon son ascendant.

S'il est vrai qu'il faut beaucoup de naïveté pour faire de grandes choses, Chirac devrait être appelé à un immense destin. Il se prend pour le soleil. Il n'est que la planète, et encore. Il fait ainsi avec Balladur l'erreur qui vient de lui être fatale avec Mitterrand. Il croit ce que l'autre dit. Il est sûr de son emprise sur lui. Cet homme souffre, en vérité, d'une sorte d'inaptitude à voir le mal ou à imaginer qu'on puisse lui résister.

Avec Mitterrand, Chirac reconnaît être tombé de haut : « Je croyais avoir des relations confiantes avec lui jusqu'à notre accrochage à propos de l'affaire Gordji, lors du débat télévisé entre les deux tours de l'élection présidentielle. Ce jour-là, il m'a menti effrontément en me regardant, qui plus est, dans les yeux. Ce fut une révélation. Tout mon univers s'est effondré d'un coup. J'ai compris que j'avais été abusé pendant les deux années de cohabitation[1]. »

Avec Balladur, plus dure encore sera la chute...

----

1. Entretien avec l'auteur, le 15 septembre 1988

7

La jeune fille au masque de fer

*« On se suicide toujours contre quelqu'un et même
quand ça n'est pas vrai, il le croit. »*
Jehan Dieu de la Viguerie

Certains jours, il règne un climat très lourd à l'Hôtel de Ville. Parfois, Bernadette Chirac éclate en sanglots : « Je n'en peux plus. » Ou bien son mari laisse tomber avec un voile de tristesse dans le regard : « C'est trop dur. Je ne souhaite à personne de vivre ça. Pas même à mon pire ennemi. »

Depuis des années, ils vivent un drame familial qui, en dépit des écarts répétés du maire de Paris, a resserré leurs liens : Laurence, leur fille aînée, souffre d'anorexie. Évidemment, comme toutes les adolescentes ou jeunes femmes atteintes de cette maladie, elle est plus vive et sensible que la moyenne. Le portrait craché de son père avec les yeux de sa mère.

Définition de l'anorexie mentale selon le *Larousse* : « Affection psychiatrique touchant surtout le nourrisson et l'adolescente, caractérisée par un refus plus ou moins systématique de s'alimenter. » Laurence ne mange pas et ses parents ont tout tenté pour qu'elle retrouve l'appétit. Les psychologues les plus renommés. Les établissements les plus cotés. Sans succès.

À en croire les Chirac, c'est une méningite qui a provoqué cette anorexie mentale. Au début des années soixante-dix, tandis que Bernadette passait les vacances avec ses deux filles en Corse, Laurence, alors âgée de quinze ans, s'est plaint de maux de tête. Après que les médecins eurent diagnostiqué une méningite, elle fut rapatriée en avion sanitaire à l'hôpital de la Pitié-Salpêtrière où elle subit une ponction lombaire. Officiellement, tout a commencé là.

Selon les spécialistes, l'anorexique a un rapport particulier avec le père. Possessive, elle le tourmente, elle le persécute, elle le « sadise ». Jacques Chirac, qui a tôt fait de culpabiliser, se sent responsable et, comme d'habitude, prend l'affaire en charge. Il est conscient de n'avoir pas été assez présent, ce maître de maison dont la grande phrase fut si longtemps, d'après Bernadette : « Je file[1] ! »

Longtemps, Jacques Chirac s'imposera de venir déjeuner chaque jour avec Laurence, comme les médecins le lui ont recommandé. Tant pis pour les repas officiels. Il arrivera en retard et mangera une deuxième fois, ce qui n'est pas pour le gêner. Rien n'y fait. Les tentatives de suicide et les hospitalisations se succèdent.

« Au début de la maladie de Laurence, a dit un jour Bernadette Chirac[2], nous avons cherché des structures en France, en Europe et même aux États-Unis. Il n'y avait que des structures fermées dans lesquelles l'adolescent n'avait aucun contact avec sa famille ou ses amis. Nous-mêmes, nous pouvions téléphoner pour avoir des nouvelles mais nous ne pouvions pas parler avec notre fille. »

Entre deux rechutes, Laurence tente de revenir à la vie et au monde. Elle poursuit des études de médecine et, après

---

1. *Conversation*, de Bernadette Chirac, avec Patrick de Carolis, Plon, 2001.

2. Le 5 décembre 2004, dans un entretien télévisé avec Marc-Olivier Fogiel.

l'avoir rencontré deux ou trois fois, entretient une correspondance nourrie avec le journaliste Patrick Poivre d'Arvor qui se dit frappé par son « mal-être » et son intelligence. Mais rien ne semble en mesure de l'empêcher de dévaler la pente qui l'emmène. Bernadette Chirac reconnaît ainsi avoir été, avec son mari, au cours des années quatre-vingt, « dans un terrible désert affectif et moral ».

À partir de 1987, alors que son père est Premier ministre, la rumeur commence à courir, dans Paris, que Laurence est morte et qu'elle a été enterrée dans la clandestinité. Les Chirac reçoivent même des lettres de condoléances. Ils sont meurtris, furieux et désemparés. « Je ne vois pas comment réagir, grogne Jacques Chirac. Je ne vais quand même pas faire un communiqué pour dire qu'elle est vivante ! » D'autant que le meilleur moyen d'accréditer la rumeur, en France, est de la démentir officiellement.

En attendant, Laurence continue de glisser. Certes, elle est suivie par l'un des plus grands psychiatres français, Louis Bertagna. Certes, son père lui a trouvé un stage dans le service du professeur Lejeune, une des grandes figures de la médecine française, spécialiste des trisomiques, ami de Jean-Paul II et adversaire de l'avortement. Mais le 13 avril, la maladie reprend le dessus : pendant que les Chirac sont en vacances en Thaïlande, leur fille aînée saute du quatrième étage de son appartement parisien pour s'écraser dans une cour intérieure. Bilan : les pieds éclatés et deux points de compression dans le cerveau.

Quelques heures plus tard, le téléphone sonne sur le bureau d'un des patrons de la communication de la mairie de Paris, Bernard Niquet. C'est Jacques Chirac, depuis la Thaïlande. « Laurence s'est jetée par la fenêtre, annonce-t-il à son collaborateur. On va l'opérer et elle va s'en sortir. Mais les journalistes vont vous appeler car l'affaire est devenue publique, et je voudrais que vous leur disiez la vérité : qu'elle souffre d'anorexie. »

Depuis, Laurence Chirac est sortie de la chaise roulante où sa défenestration l'avait condamnée à passer plusieurs mois. Après une quinzaine de tentatives de suicide, pour la plupart assez sérieuses, elle tente d'avoir une vie normale, dans son rez-de-chaussée de la rue Saint-Dominique. Elle reçoit souvent la visite de sa mère qui continue de la porter avec une obstination qui force le respect.

Rien ne peut ébranler cette cabocharde de Bernadette, si volontiers revêche. « En toutes circonstances, elle fait front, dit Bernard Niquet qui fut longtemps conseiller technique à l'Élysée auprès d'elle. C'est une guerrière [1]. »

Sans doute pour la protéger contre elle-même, Laurence a été effacée des photos de famille. Mis à part la cérémonie de la passation des pouvoirs et d'intronisation de Jacques Chirac à l'Élysée, le 17 mai 1995, elle n'est jamais apparue dans une manifestation officielle. C'est « l'absente ».

Nouvelle version du « masque de fer » que l'on éloigne des regards, Laurence est la mauvaise conscience d'un couple qui a tout sacrifié à la politique. C'est son martyre, son chagrin et puis aussi une autre raison de battre sa coulpe. Tant il est vrai que Jacques et Bernadette Chirac sont des pénitents qui semblent toujours attendre la rémission d'un péché originel.

C'est la tragédie de Laurence qui explique la force du lien entre Claude et son père. Il a trop peur de faillir une deuxième fois...

---

1. Entretien avec l'auteur, le 5 octobre 2005.

8

Claude et Nicolas

« La fille restée sous le toit paternel
est cause d'insomnie pour son père. »
Saint Jean Chrysostome

Ce n'est pas un hasard si, quelque temps après la défenestration de Laurence, le 13 avril 1990, Jacques Chirac
annonce à Jean-Eudes Rabut, son chef de cabinet à la mairie
de Paris, que Claude va rejoindre l'Hôtel de Ville : « Elle
s'occupera de mes déplacements avec vous. »

Jean-Eudes Rabut fait tandem avec Michel Roussin, le
directeur de cabinet du maire de Paris. Un tandem de joyeux
lurons, efficaces et d'une loyauté à toute épreuve. Il
demande donc à Jacques Chirac s'il a prévenu son alter
ego. « Faites-le », répond l'autre qui n'a jamais aimé
annoncer les mauvaises nouvelles.

Quand Rabut prévient Roussin, ce dernier laisse tomber :
« Fils, on est morts ! » C'est en effet le début de la fin pour
le duo de l'Hôtel de Ville. « Nos rapports avec Claude ont
tout de suite été très cordiaux, se souvient Rabut. En apparence, tout allait bien. Sauf que chaque fois que j'entrais
dans son bureau, elle était au téléphone en train de pester
contre un "connard". Avec elle, on aurait dit que tout le

monde était un "connard". J'en suis vite venu à penser que j'entrais dans cette catégorie[1]. »

Jacques Chirac est conscient des défauts de sa fille, trop possessive avec lui et trop cassante avec les autres, mais il prendra toujours son parti contre les conseillers qui s'opposeront à elle. À Pierre Charron, son attaché de presse à la mairie, qui est venu lui dire : « C'est moi ou elle », il répondra sans hésiter : « J'ai besoin de ma fille. Ce n'est pas négociable. »

Il la surveille comme le lait sur le feu. Il lui arrive bien de la rabrouer en public ou de critiquer, en petit comité, ce qu'il appelle sa « rigidité ». Mais il est bien décidé à ne pas la laisser tomber. Il a, de surcroît, confiance en son instinct. Il lui a donné deux précepteurs : le publicitaire Jean-Michel Goudard pour la communication, et l'étoile montante du RPR, Nicolas Sarkozy, pour les questions politiques. Ils sont tous deux dithyrambiques sur ses capacités.

Claude est, comme Laurence au demeurant, très intelligente. Elle a tout de suite compris qu'il faut écarter de sa vue les courtisans qui se jettent à ses pieds en agitant leurs encensoirs : le flatteur est toujours un inutile qui prend des assurances. On ne perd rien à s'en séparer. On gagne même du temps.

Dans le flatteur, elle voit toujours, au surplus, un traître en puissance. Il est vrai que la lèche aigrit la langue. Il est vrai aussi que Claude voit des traîtres partout. Jusque parmi les vieux fidèles du maire de Paris. Le cardinal de Retz a dit un jour qu'« on est plus souvent dupé par la défiance que par la confiance ». Mais elle se fiche pas mal que ses soupçons la trompent. Pour protéger son père de lui-même, elle a pris son contre-pied sur à peu près tout. Il est crédule, elle sera suspicieuse. Il est coulant, elle sera raide. Il est ouvert, elle l'enfermera.

---

1. Entretien avec l'auteur, le 18 octobre 2005.

Elle obtient une victoire décisive quand est remerciée Denise Esnous, la secrétaire particulière de son père après avoir été celle de Georges Pompidou. Une grande dame et une forte tête. Après son départ, Claude aura l'œil et la main sur l'agenda de Jacques Chirac où elle biffera ou rajoutera des noms, au petit bonheur de ses foucades.

« Cette situation n'est pas saine, susurre Bernadette à qui veut l'entendre. Une fille ne doit pas travailler avec son père. » Sauf que Claude n'est pas une fille mais un fils, le fils que Jacques Chirac n'a pas eu. « Son petit homme », comme le dira Pierre Mazeaud [1], un ami de la famille. La preuve : elle lui a donné un descendant qui porte son nom, Martin Chirac, né le 21 mars 1996, d'une union éphémère avec l'ancien champion de judo, Thierry Rey.

On ne saura jamais lequel des deux a le plus besoin de l'autre. Quand le père repêche Claude après le suicide manqué de l'aînée, elle est au plus bas. En manque d'affection, d'amour, de tout. Il y a des années qu'elle lui lance des appels au secours. Quelque temps après avoir annoncé à ses parents qu'elle renonçait à terminer Sciences po, elle écrit, à l'occasion de la fête des Pères, un article plein d'humour pour *Madame Figaro* [2] : « J'avais cinq ans quand papa s'est lancé dans la politique. Je ne me souviens pas d'avoir passé un dimanche entier en sa compagnie. »

Elle n'a jamais été heureuse avec les hommes. C'est ce qui la rend si fragile. Après une longue histoire à intermittences avec l'acteur Vincent Lindon, elle aura un mari qui se suicidera après moins d'un an de mariage, puis un géniteur qui prendra ses cliques et ses claques, trois mois seulement après la naissance de leur enfant. Du coup, son père a fini par devenir son point fixe. Tout, en dernier ressort, la ramène toujours à lui.

---

1. *Le Roman d'un président*, volume 2 : *Le Miraculé*, de Nicolas Domenach et Maurice Szafran, Plon, 2000.
2. Le 14 juin 1986.

Elle a besoin de lui, ça crève les yeux, mais il a aussi besoin d'elle. Il a trop peur que sa cadette flanche à son tour et puis, alors qu'il est si fourbu, après tant d'années à ramer, elle lui insuffle tout ce qui, souvent, lui manque. De l'énergie. De la volonté. De la confiance en soi. Qui n'a pas vu Jacques Chirac chercher le regard de sa fille, dans ses moments de doute ou d'abandon, n'a rien compris à leur relation. Elle est celle qui rallume le feu en lui chaque fois qu'il s'éteint. Elle croit en lui qui y croit si peu.

Nicolas Sarkozy n'a sans doute pas tout à fait tort quand il laisse tomber : « Il n'y a pas de mystère dans leur relation. C'est bien simple : elle n'aime que lui et il n'aime qu'elle[1]. » Il est d'autant plus fondé à le dire qu'il connaît aussi bien l'un que l'autre.

Si Chirac avait eu un fils, ç'aurait dû être Sarkozy. Le petit Nicolas est entré dans la vie de Jacques Chirac à la fin des années soixante-dix. Le maire de Paris s'est de suite reconnu en ce jeune homme agité d'un désir de conquête et de pouvoir qu'il semblait incapable de satisfaire. Un coup de foudre. Il l'a tout de suite adopté, puis couvé.

Dans *Le Miraculé*[2] de Nicolas Domenach et Maurice Szafran, Nicolas Sarkozy déclare : « Je connais Chirac depuis juillet 1975 où, pour la première fois, il m'a reçu en tête-à-tête. Il m'a dit : "Tu es doué pour la politique. Viens avec moi." » Il est venu...

Un vieux connaisseur de la chose chiraquienne, Bernard Bled, secrétaire général du conseil de Paris de 1981 à 1995, est formel : « Toute sa vie, Chirac a recherché des fils. Chronologiquement, Sarkozy fut le premier. Après qu'il lui a tapé dans l'œil, en 1975, ils ne se sont plus quittés. On

---

1. *Chirac ou le démon du pouvoir*, de Raphaëlle Bacqué, Albin Michel, 2002.

2. *Le Roman d'un président*, volume 2 : *Le Miraculé*, de Nicolas Domenach et Maurice Szafran, Plon, 2000.

le voyait souvent, à l'Hôtel de Ville. On sentait bien qu'il n'était pas du genre à jouer les utilités. Ce n'était pas un collaborateur, non, mais quelqu'un qui existait par lui-même. Une sorte de fils de la famille qui gardait son quant-à-soi [1]. »

Nicolas Sarkozy dément : « Chirac n'est pas mon père. Je n'ai pas eu avec lui le plus petit commencement d'esquisse de lien filial. Il ne m'a jamais rien donné et, en retour, c'est vrai, je ne lui ai jamais rien donné non plus. J'ai tout conquis moi-même, quitte, parfois, à le trouver sur mon chemin. En 1983, quand je me suis présenté à la mairie de Neuilly, il m'a fait convoquer par Pons qui m'a demandé, de sa part, de laisser la place à Pasqua. Je lui ai fait un bras d'honneur avant de répondre : "Si Chirac a quelque chose à me dire, qu'il le fasse lui-même. Je serai candidat." Même chose aux législatives de 1988. Chirac a soutenu Florence d'Harcourt contre moi [2]. »

Soit. Mais il y a, encore aujourd'hui, trop de passion entre Chirac et Sarkozy pour que leurs relations aient été seulement formelles pendant la petite vingtaine d'années où ils se sont fréquentés. Quoi qu'ils en disent, ces deux-là se sont aimés. Ils se sont même trop aimés pour ne point se haïr quand l'amitié s'en est allée.

En ce temps-là, Chirac avait deux fils. Le fils rêvé, avec Juppé : un profil d'homme d'État, toujours un peu distant, voire constipé. Le fils adopté, avec Sarkozy : une sorte de double, très politique, moins dénué de convictions que lui mais avec autant de culot. Entre les deux, son cœur balançait.

C'est pourquoi, comme le dit Bernard Bled, il a été « atteint au cœur » quand, quelques années plus tard, Nicolas Sarkozy a choisi Édouard Balladur contre lui. Pareillement pour Claude Chirac dont Nicolas Sarkozy fut

---

1. Entretien avec l'auteur, le 30 septembre 2005.
2. Entretien avec l'auteur, le 4 octobre 2005.

longtemps l'ami intime. « Je n'ai jamais été sa maîtresse », a-t-elle dit, un jour, à la journaliste Béatrice Gurrey[1]. En tout cas, il fut son maître en politique.

Leur rupture sera d'une violence inouïe, digne des Atrides. Des années durant, elle parlera de lui sur le ton d'Atrée déblatérant contre son frère Thyeste, avec une haine obsessionnelle. Dans ce cas d'espèce, on n'est assurément plus dans le registre politique.

Le 4 septembre 1993, alors qu'Édouard Balladur est à son apogée, Nicolas Sarkozy, ministre du Budget, passera devant Claude Chirac sans la saluer à l'université d'été des jeunes du RPR organisée à Strasbourg. « Il ne m'a pas fait un signe, éructera-t-elle. Pas un sourire ou un petit geste de la main, rien. Alors qu'on a travaillé si longtemps ensemble ! »

Mais l'a-t-il seulement vue ? En dépit des apparences, Sarkozy reste un affectif. Il a préféré lâcher Chirac avant qu'il ne le lâche puisque, selon lui, « il lâche toujours tout le monde »...

---

1. *Le Rebelle et le roi*, de Béatrice Gurrey, Albin Michel, 2004.

9

Les comploteurs de la pleine lune

« L'ambition individuelle est une passion enfantine. »
Charles de Gaulle

Il encaisse. Il a toujours su encaisser. Le 18 juin 1988, lors de la cérémonie traditionnelle du Mont-Valérien pour célébrer le discours du général de Gaulle, François Mitterrand passe devant Jacques Chirac sans s'arrêter. Détournant le regard, le chef de l'État ne salue pas, fût-ce d'un petit mouvement de tête, le maire de Paris qui ravale l'humiliation sans un mot, avec son habituel sourire faux. Il ne bronche ni ne cille.

Michel Rocard, le nouveau Premier ministre, arrive dans la foulée. Il serre, lui, chaleureusement la main de Jacques Chirac. Les deux hommes communient dans la même détestation du président. Lors de la passation de pouvoir, le maire de Paris avait même donné ce conseil définitif à son successeur à Matignon : « Méfie-toi de Mitterrand quand il est gentil. C'est qu'il prépare un mauvais coup. » Depuis, ils se sont souvent téléphoné, notamment pour évoquer les manœuvres du « vieux ».

Jacques Chirac compatit : « Michel s'est fait avoir comme un enfant lors de la formation du gouvernement. Il ne tient pas les gens. Par exemple, Pierre Joxe, son ministre

57

de l'Intérieur, a rayé d'un trait de plume un projet d'école de gendarmerie à Eygletons, en Corrèze. Michel a essayé de m'arranger le coup. Eh bien, il n'a rien pu faire. Ces derniers temps, il a un peu les foies parce que le président est adorable avec lui. Il a bien raison de s'inquiéter, croyez-en mon expérience [1]. »

L'amitié entre les deux hommes sera toutefois ébranlée quelques mois plus tard, par une sortie de Michel Rocard, lors d'un débat parlementaire contre les « factieux » de l'opposition. Rien de grave. Il faisait juste un peu chaud dans l'hémicycle. Mais le maire de Paris est indigné et blessé : « Factieux, moi ? Après avoir fait un rempart de mon corps contre le Front national, cette invention des socialistes ! À l'heure qu'il est, je serais peut-être président si j'avais pactisé avec l'extrême droite. J'ai passé ma vie à la combattre. Jamais un compromis, rien. On ne peut pas en dire autant de Mitterrand. Je n'adresserai plus la parole à Michel tant qu'il ne m'aura pas présenté ses excuses [2]. »

Au lendemain de cette rupture, Chirac ne croise plus guère de regards amis au Palais-Bourbon. Sauf, bien sûr, ceux de sa garde rapprochée qui, ces temps-ci, se réduit comme peau de chagrin.

De ses affidés, Charles Pasqua est le premier à prendre le large. Il ne croit plus en Jacques Chirac. Il ne souffre plus, surtout, d'être toujours relégué au rang de soutier mal aimé. De recruteur de « gros bras ». D'orateur amusant, juste bon à chauffer les salles. D'organisateur de la « claque » aux assises du parti gaulliste. De bouffon officiel, enfin, à qui le maire de Paris demande, en fin de dîner, de raconter des histoires drôles : « Allez Charles, encore une, avant qu'on parte se coucher... »

_____

1. Entretien avec l'auteur, le 15 septembre 1988.
2. Entretien avec l'auteur, le 3 juin 1990.

Il est à peu près convaincu que Chirac lui a « manqué » quand il a voulu prendre la mairie de Neuilly, après la mort de son maire, Achille Peretti, en 1983. On ne lui ôtera jamais de la tête que l'avocat de vingt-huit ans, Nicolas Sarkozy, qui la lui a soufflée, bénéficiait, en sous-main, du soutien chiraquien. Alors quoi, Pasqua n'était-il pas assez chic ou trop sulfureux pour la banlieue bourgeoise de Paris ?

Il ne pardonne pas davantage à Chirac de l'avoir fait doubler, à l'Intérieur, dans le gouvernement de cohabitation, par son ancien directeur de cabinet, Robert Pandraud, sacré ministre-bis, officiellement chargé de la Sécurité mais en réalité appelé à le contrôler, sinon à le surveiller, comme si Pasqua n'était pas suffisamment fiable pour occuper, seul, le bureau de Cambacérès.

Il est blessé, au surplus, de n'être pas consulté sur les grands dossiers. Ou bien à peine, juste pour la forme, avec une sorte de politesse condescendante. « Chirac, dit Pasqua, a fini par considérer que le RPR est sa chose. Nous, on reste accrochés à des idées gaullistes. C'est pour elles qu'on milite, pas pour lui. »

Charles Pasqua a donc décidé de jouer sa propre carte. Pour preuve, il cite souvent un propos que lui aurait tenu George Bush senior, le nouveau président des États-Unis, qui a succédé à Ronald Reagan dont il fut huit ans le vice-président : « En Amérique, vous pourriez être président. » Pourquoi pas en France ?

L'offensive de Pasqua prend Jacques Chirac par surprise. « Je ne l'ai pas vue venir, commentera le maire de Paris. Peut-être parce que je n'ai pas voulu la voir venir. J'avais pour Charles un affection très ancienne. Je voyais bien qu'il grognait un peu, mais comme tous les grognards, ça n'avait pas l'air bien grave. Un matin, j'arrive au bureau et je trouve une lettre de lui m'expliquant pourquoi il va présenter une motion devant les militants. Je suis furieux. Il aurait quand même pu m'en parler avant. Il avait été associé à toutes les

59

décisions du secrétaire général. Jamais Juppé qu'il conteste tant n'avait pris une initiative sans le consulter. En plus de ça, je comprends qu'il veut m'enfariner comme un bleu quand j'apprends qu'il s'est associé, pour ce texte, à Seguin, ce dont il s'était bien gardé de m'informer. Leur stratégie est limpide. Il s'agit de dégommer Juppé qui m'est fidèle et de me transformer en président-potiche qui inaugurera les chrysanthèmes du RPR. Mille excuses, je ne serai pas Coty. Mais pour qui me prennent-ils, ces deux-là ? Croient-ils vraiment que je n'ai pas vu la ficelle ? Je n'ai pas maintenu si longtemps le parti gaulliste hors de l'eau pour me faire dépouiller comme ça, au coin d'un bois [1]. »

Maintenant que Pasqua et Seguin veulent lui retirer son plat, Chirac, d'un coup, a retrouvé la faim. Les deux hommes lui ont rendu, paradoxalement, un fier service. Ils l'ont sorti de la léthargie dans laquelle il s'enfonçait depuis le fiasco de l'élection présidentielle.

C'est un tandem redoutable qui, avec Pasqua, couvre la droite du parti gaulliste et, avec Seguin, sa gauche. Pour ne rien arranger, ce sont aussi, comme le note Chirac, « les deux meilleurs orateurs du RPR ». Les seuls que les militants viennent écouter alors qu'ils se contentent d'entendre les autres.

Dans leur déclaration commune, le 9 janvier 1990, Pasqua et Seguin appellent à un retour aux sources gaulliennes et préconisent un nouveau rassemblement d'une majorité de Français, « fiers des valeurs de la nation française, confiants dans sa pérennité et son destin, décidés à la rétablir dans sa mission européenne et universelle ».

« Ils ont mal mené leur affaire, observe Chirac. Ils ont bien essayé de m'endormir avec leurs lettres qui se terminaient par des formules du genre : "Très respectueusement et très fidèlement." Mais ils ne se sont pas donné assez de mal. Ils étaient trop pressés, que voulez-vous. J'ai tout de

---

1. Entretien avec l'auteur, le 3 juin 1990.

suite senti l'odeur de la poudre et c'est une odeur qui me revigore. Soudain, j'étais comme un cheval qu'on a cinglé. »

Il reprend la route et fait campagne dans le parti en tenant aux militants un discours qui n'est pas si différent de ceux du tandem Pasqua-Seguin. Mais il n'est pas question de débats d'idées. C'est une querelle d'hommes. De présidentiables plus précisément.

À droite, en ce temps-là, tout le monde ou presque se croit présidentiable. La nouvelle génération s'insurge et s'en prend aux anciens avec un programme que l'on peut résumer en une phrase : « Ôte-toi de là que je m'y mette. » C'est ce qu'on appelle le mouvement des « rénovateurs » où s'affichent tous les espoirs de l'opposition : Michel Barnier, député de la Savoie, Dominique Baudis, maire de Toulouse, Bernard Bosson, maire d'Annecy, ou encore François Fillon, député de la Sarthe. « Douze salopards », comme dans le film. Mais trop d'ambitions tuent l'ambition. À peine née, la révolte des jeunes vieux loups s'est perdue dans les sables.

Restent Charles Pasqua et Philippe Seguin qui, pour l'heure, se font la courte échelle avec, dans la tête, l'idée de s'entretuer, le jour venu. Michel Noir, le maire de Lyon, qui laisse tomber, depuis son mètre quatre-vingt-dix-sept, des oracles que la presse recueille dévotement. À l'UDF, enfin, Valéry Giscard d'Estaing et François Léotard qui s'activent. Partout, la « présidentialite » fait des ravages.

« C'est normal, commente Jacques Chirac, philosophe. La pleine lune est une période bizarre où tout le monde pète les plombs. Les commissariats se remplissent alors de dingues qui se prennent pour Jeanne d'Arc ou Napoléon Bonaparte. Y en a même qui prétendent marcher sur l'eau. L'opposition vit sa pleine lune. »

10

La révélation de Maastricht

« Rien n'est jamais perdu tant qu'il reste
quelque chose à trouver. »
Pierre Dac

Européen, Chirac ? En petit comité, il l'a toujours été. N'était sa déplorable charge contre le « parti de l'étranger » et l'« inféodation de la France » en 1978, c'est même l'une des rares questions sur laquelle il n'aura jamais varié. Il n'a simplement pas le feu sacré, comme Mitterrand ou Giscard.

Il l'a d'ailleurs reconnu un jour quand il a dit : « Je ne suis pas un euromilitant, je suis un europragmatique [...]. Je ne fais pas de théorie sur l'Europe. Je ne dis pas : voilà ce qu'il faut qu'elle soit. Je dis : elle sera. Et il faut faire en sorte qu'elle soit le mieux possible[1]. »

Tel est le Chirac européen : flou, vaseux et fataliste. « Il ne connaît rien à l'Europe, constate Giscard. C'en est touchant. » Le plus souvent, c'est vrai, Chirac se contente de reprendre les imprécations du général de Gaulle contre la commission de Bruxelles : elles lui permettent de faire des numéros d'estrade très appréciés des militants souverainistes du RPR.

---

1. Entretien au *New York Times*, le 22 septembre 2003.

Mais il n'a jamais manqué aucun rendez-vous avec l'Europe. Aussi, quand François Mitterrand annonce, en juin 1992, qu'il demandera la ratification du traité de Maastricht par référendum, la position de Chirac ne fait aucun doute. Il dira oui à l'institution de la monnaie unique, prévue par le texte, et l'annonce, d'entrée de jeu, à sa garde rapprochée.

« Bravo l'artiste ! » Comme après chaque initiative du président, le chœur des panégyristes salue son habileté manœuvrière. Mitterrand ne va-t-il pas, à l'occasion du débat européen, raviver les querelles de l'opposition et peut-être même provoquer son implosion ? Ce référendum n'est-il pas l'amorce d'une reconquête de l'opinion avant les élections législatives de l'année suivante ?

C'est bien joué, à en juger par l'ire de Chirac contre le chef d'État : « Mitterrand s'est lancé dans cette affaire avec des arrière-pensées politiciennes bien supérieures à la composante visionnaire. Maintenant, il va falloir faire avec ça [1]. » Sur le référendum, le président du RPR s'en tiendra à sa tactique habituelle dès que le ferment européen vient mettre de la discorde dans son mouvement : laisser faire, laisser dire, avant de reprendre la main.

Alain Juppé, Bernard Pons ou Jacques Toubon, tous trois dans le saint des saints, ont droit au même discours. Il faut, surtout, ne pas polémiquer. Ne donner prise à rien. Laisser sonner les clairons du nationalisme. Garder ses nerfs sous les grêlons des souverainistes. C'est la stratégie de la tranchée : on s'enterre et on attend.

Pons se souvient : « Comme chaque fois qu'il était minoritaire dans le mouvement, et là, il était ultra-minoritaire, Chirac m'a dit : "Tu ne te dévoiles pas, tu ne fais pas de déclarations, rien. On donne la parole aux autres. Qu'ils se défoulent ! Qu'ils s'épuisent ! Nous, on n'interviendra qu'à la fin." Tout au long de cette affaire, il m'a donné le

_____
1. Entretien avec l'auteur, le 12 septembre 1992.

sentiment de savoir où il allait. Contrairement à ce qu'on croit, c'est quelqu'un qui sait jouer avec le temps. »

Il ne doute pas que Pasqua et Seguin vont se laisser porter par le vent qui monte contre le traité de Maastricht, au sein du RPR. Mais il est décidé à faire face. Un jour, il dit à son ancien ministre de l'Intérieur :

« Tu ne peux pas être contre Maastricht.

— Pourquoi ça ? demande Pasqua.

— Parce que tu es un homme d'État et que tu ne peux pas être contre les Allemands.

— Ça m'est déjà arrivé, figure-toi. Quand j'étais résistant, pendant l'Occupation. »

Le 4 juillet 1992, quelques heures avant de se déclarer officiellement pour le oui, Jacques Chirac reçoit un coup de téléphone de Marie-France Garaud avec qui il est fâché depuis si longtemps déjà, depuis cet appel de Cochin contre le « parti de l'étranger » qui lui a été extorqué sur un lit d'hôpital. Elle lui annonce que Pierre Juillet veut le rencontrer de toute urgence. Le misanthrope de la Creuse, son ancien mentor, est un anti-européen fanatique.

« Je vous vois venir, répond Chirac. On a des positions diamétralement opposées. Ce n'est pas la peine qu'il perde son temps, ni moi le mien.

— Il est à côté de moi. Je vous le passe. »

Alors, Pierre Juillet qui fut l'alter ego de Georges Pompidou, dans son cabinet de l'Élysée, avant de se mettre au service de Jacques Chirac et de son « destin national », se lance dans une de ces péroraisons solennelles dont il a le secret :

« Jacques, vous avez une responsabilité historique. Le résultat du référendum dépend de vous. De vous seul. Vous savez bien que tout se joue sur un fil. Si vous appelez à voter oui, et que ce mauvais traité est adopté, ce sera votre faute. De grâce, réfléchissez.

— C'est tout réfléchi, Pierre. Je voterai oui et le confirmerai ce soir. »

« Le soir, se souvient Chirac, quand j'ai annoncé à quelques centaines de cadres RPR venus m'applaudir que j'allais voter oui à Maastricht, j'ai été hué. C'était la première fois que ça m'arrivait. »

Dans les trois semaines qui précèdent le scrutin, Chirac prend fait et cause pour le oui, avec des arguments qu'il utilisera, treize ans plus tard, pendant la campagne du référendum sur la Constitution européenne. Plus l'issue semble incertaine, plus il se déchaîne.

Le 27 août 1992, il déclare : « Si le non l'emporte, l'Europe sera cassée [...]. Nous n'avons pas le droit de déstabiliser l'Europe, nous n'avons pas le droit d'isoler la France et d'en faire, en quelque sorte, le mouton noir de l'Europe [...]. Les Français ne doivent pas avoir peur et ceux qui défendent le non jouent essentiellement sur la peur. »

Le 11 septembre, il remet ça : « Si la France répond "non", c'est une interruption du processus de construction européenne qu'il faut attendre. Si nous disons "non", la France s'affaiblira définitivement. Dès que nous ouvrirons la bouche, on nous dira : "Vous avez dit 'non'. Taisez-vous." [...] Ne déstabilisons pas le choix qu'a fait l'Allemagne par un coup de tête des Français. »

De Chirac, on a dit souvent, non sans raison, qu'il se prenait pour le vent mais n'était que la girouette. Pour la première fois depuis longtemps, il n'est plus ce politicien à la vue basse qui court après ses électeurs. Au contraire, il les affronte et les raisonne. En se mettant au service de ses convictions, il a peut-être gagné là ses premiers galons de vrai présidentiable.

Le 20 septembre 1992, le « oui » l'emporte d'un cheveu. C'est une victoire de l'Europe et de l'axe franco-allemand qui a accouché de la monnaie unique. Mais c'est aussi une victoire de Chirac. Sur lui-même.

S'il est vrai, comme le dit Mitterrand, que tout candidat sérieux à la présidence doit embrasser la cause européenne, il vient de prendre une sérieuse option pour l'Élysée. Au demeurant, il ne pense plus qu'à ça. Quelques semaines après le référendum, Jacques Toubon vient lui faire part, en bon soldat, de ses inquiétudes sur Paris : « Il était de plus en plus éloigné de sa ville. Il ne la sentait pas. Je lui ai dit qu'on courait de gros risques avec l'arrivée de nouvelles populations et que, d'ailleurs, ça n'embrayait plus[1]. »

Alors, Chirac, pour s'excuser d'avoir la tête ailleurs : « N'importe comment, quoi qu'il arrive, je serai candidat à la présidence. Si je suis élu, tant mieux. Si je suis battu, tant pis, je resterai à la mairie de Paris et je ferai des voyages. »

---

1. Entretien avec l'auteur, le 25 août 2004.

11

Giscard, le retour

« Si vous voulez vivre longtemps, vivez vieux. »
Erik Satie

Giscard a soixante-quatre ans. Après être tombé de haut
en 1981, il a grimpé à nouveau tous les échelons. Conseiller
général du Puy-de-Dôme en 1982, député en 1984, président du conseil régional d'Auvergne en 1986, président de
l'UDF en 1988. À la tête de la deuxième formation de la
droite, tous les espoirs lui sont désormais permis.

Telle est la France : elle prend les mêmes et recommence.
Avec Chirac dans le rôle de l'éternel rival, Giscard retrouve
son costume dans la pièce tragi-comique interrompue par
l'élection présidentielle de 1981. L'ancien président est, à
l'évidence, un personnage de Corneille. Parfois, il paraphrase Chimène dans *Le Cid* : « Va, je ne te hais point. »
Mais quelque chose dit qu'il tourne dans sa tête les paroles
de Cléopâtre dans *Rodogune* : « Tombe sur moi le ciel,
pourvu que je me venge ! »

On peut sourire de cette obstination giscardienne à
reprendre son rang, le premier s'entend. La démarche de
VGE peut aussi paraître pathétique, tant il revient de loin.
Mais force est de constater que l'homme exerce encore son

67

pouvoir de fascination. Il a toujours ce regard qui transperce et un ou deux coups d'avance.

On peut sourire aussi de ce remariage après divorce entre Chirac et Giscard. « Nous n'allons pas jouer Plic et Ploc », prévient le maire de Paris, tout fier d'étaler sa culture en bandes dessinées. Il jure qu'ils ne sont pas davantage Liz Taylor et Richard Burton, les acteurs mythiques de *Qui a peur de Virginia Woolf ?* qui se déchiraient entre deux retrouvailles. On le croit bien volontiers. Les deux hommes font davantage penser à deux éclopés qui marchent, bras dessus, bras dessous, pour ne pas tomber, en s'efforçant de ne pas emmêler leurs béquilles.

Politiquement, on ne voit pas bien ce qui les sépare. Giscard est peut-être plus libéral et Chirac moins européen. Et encore, le maire de Paris n'a plus grand-chose à voir avec le bonapartiste souverainiste qu'il fut, un moment, dans les années soixante-dix. C'était il y a si longtemps.

Entre ces deux chevaux de retour, les discussions portent avant tout sur la réorganisation de la droite dans une confédération qui regroupe l'UDF et le RPR : l'Union pour la France (UPF). Ils mettent sur pied un laborieux système de primaires pour aboutir à une candidature unique à la prochaine élection présidentielle. Ils préparent aussi avec soin les investitures pour les législatives à venir. Pour ce faire, ils se téléphonent et déjeunent souvent ensemble.

Le ridicule ne tuant pas, les deux hommes se portent comme des charmes, qui posent volontiers ensemble avec des sourires éclatants, devant les photographes. Pour un peu, on dirait des photos de mariage. Encore qu'ils se gardent bien de se donner l'accolade : ça réveillerait de vieilles blessures.

C'est sans doute en pensant à eux, entre autres, que Michel Charasse, conseiller politique à l'Élysée et l'un des hommes les plus proches de Mitterrand, raconte cette histoire, en se tenant les côtes :

« Un curé va à l'église. En chemin, il entend "cui-cui". Il se penche. C'est un oiseau qui a l'aile cassée. Comme il fait froid, le curé le pose au milieu d'une bouse chaude. L'oiseau continue quand même à faire "cui-cui". Un renard passe et le mange. Première morale de l'histoire : un mec qui te met dans la merde ne te veut pas forcément du mal. Deuxième morale : un mec qui te sort de la merde ne te veut pas forcément du bien. Troisième morale : quand tu es dans la merde, tais-toi. »

Mais Chirac et Giscard se gardent bien de suivre le précepte de Charasse. Ils causent, ils causent, c'est tout ce qu'ils savent faire. Ils accordent des interviews kilométriques au *Monde* ou au *Figaro*. Ils donnent leur avis sur n'importe quel sujet. Ils veillent, surtout, à ce que personne ne vienne troubler leur dernier face-à-face. Ni Noir, ni Léotard. Ni Seguin, ni Pasqua.

C'est Chirac qui a fait le premier pas et remis Giscard dans le jeu. Il aurait suffi que le maire de Paris s'y opposât et l'ancien président n'aurait jamais pu prendre la tête de liste de la droite aux élections européennes de 1989, qui l'ont remis en selle.

Là-dessus, ses amis se perdent en conjectures. Denis Baudouin, son conseiller de presse à l'époque, un homme d'une grande finesse, a sa théorie : « Jacques culpabilisait pour 1981. Même s'il prétendait le contraire, il s'en voulait, en son for intérieur, d'avoir contribué à faire battre Giscard. La tête de liste aux européennes qu'il lui a offerte sur un plateau, c'était, pour lui, le moyen de se racheter une conscience. »

Remonté sur scène avec l'aide de Chirac, Giscard s'y déploie avec un mélange d'aisance et d'alacrité jusqu'à redevenir, en 1990, un présidentiable crédible, au grand dam de Seguin qui ironise : « En 1974, les Français voulaient un jeune président, c'était Giscard. La prochaine fois, ils voudront un vieux, ce sera Giscard. »

L'ancien président a compris que le peuple de droite ne veut plus de guerre fratricide. Il prétend, pour reprendre sa formule, avoir « jeté la rancune à la rivière ». Depuis lors, il ne cessera de jurer, croix de bois, croix de fer, n'avoir jamais éprouvé de haine envers Chirac :

« C'est quelqu'un qui ne m'intéresse pas. De Gaulle m'a fasciné. Helmut Schmidt, je l'ai aimé. Chirac, il n'a jamais occupé mon esprit. Je n'y pense pas. Je sais bien que ça n'est pas ce que croit l'opinion mais elle a sur moi des idées toutes faites que la presse amplifie. Quand vous êtes un homme public, vous avez à côté de vous un être fabriqué qui n'est pas vous mais qu'on fait passer pour vous. Eh bien, désolé, ce personnage plein de ressentiment n'a rien à voir avec moi[1]. »

Chirac n'aime pas parler de Giscard. À l'époque, il veut faire croire, contre toute vraisemblance, que leurs relations sont dépassionnées, sinon adultes :

« On ne s'engueule jamais. Sur la forme, nos rapports sont même excellents. Je n'ai pas de problèmes avec lui, bien qu'il me semble qu'il a, lui, quelques problèmes avec moi.

— Pourquoi ?

— Peut-être parce qu'il est plus susceptible, plus engagé. Moi, je prends toujours de la distance par rapport aux choses[2]. »

En prend-il encore quand il voit monter régulièrement la cote de Giscard dans les sondages ? On a peine à le croire, même s'il est vrai qu'il a, depuis peu, allumé un contre-feu : c'est Édouard Balladur.

Après que Raymond Barre a fait tant d'ombre à VGE pendant la première partie de l'ère mitterrandienne, voilà qu'un hors-venu, pur produit du parti gaulliste, occupe tout

---

1. Entretien avec l'auteur, le 16 juin 2005.
2. Entretien avec l'auteur, le 6 juillet 1993.

son espace politique, celui de la droite européenne, libérale et orléaniste. Giscard est dans la situation du commerçant à qui on veut voler pour la deuxième fois son fonds de commerce. D'où son ire.

En poussant Balladur à Matignon, Chirac a plusieurs objectifs dont le moindre n'est pas d'empêcher Giscard de se présenter à l'élection présidentielle. En l'asphyxiant. En lui confisquant ses thèmes. À l'époque, le maire de Paris s'en est ouvert à l'auteur, lors d'un entretien qui, à bien des égards, reste prophétique :

« Pourquoi Giscard fait-il une fixation contre Balladur ? Parce qu'il veut être Premier ministre, si nous gagnons, comme prévu, les législatives. Son plan est simple : installé à Matignon, il se fera élire président dans la foulée, parce qu'il est sûr de faire alors une bouchée des autres candidats, moi compris. Mais il se dit que si Balladur, très proche de l'UDF, devient Premier ministre, il lui sera plus difficile d'être candidat. En tout cas, plus difficile que pour moi. J'aurai une légitimité qu'il n'aura pas. Franchement, que nous soyons tous les deux candidats, ce serait le scénario de l'horreur. On atteindrait les sommets du ridicule, et je pèse mes mots : ça n'aurait pour résultat que de provoquer des candidatures supplémentaires et on se retrouverait à la fin avec Le Pen au second tour. Il faut tout faire pour empêcher ça. C'est toute l'utilité du scénario Balladur. »

Un scénario que refusent la plupart des caciques du RPR, comme Charles Pasqua qui lui répète : « Si tu ne vas pas à Matignon, c'est Balladur qui sera candidat à la présidence. » Ou bien comme Philippe Seguin qui lui dit un jour : « Si tu laisses Balladur y aller, il sera charmant au téléphone, le lendemain de sa nomination. La deuxième fois que tu l'appelleras, il te fera attendre avant de te prendre. La troisième fois, il te fera dire qu'il n'est pas là... »

12

L'escabeau de Balladur

*« La gratitude, comme le lait, tourne à l'aigre,
si le vase qui le contient n'est pas scrupuleusement propre. »*
Rémy de Gourmont

On le dirait sorti d'une page des *Mémoires* de Saint-Simon, tant il fait Grand Siècle. La plupart du temps, il traîne ce mélange d'ennui et de léger dépit, si bien porté par la France d'en haut, qui se traduit par un visage marmoréen, une bouche en cul de poule et des yeux éteints. Et puis, soudain, après un bon mot, la bouche s'étire entre ses joues rougissantes, tandis que son regard pétille et que son corps est traversé de secousses. Édouard Balladur rit volontiers, et de bon cœur.

On a beau avoir une haute idée de soi, on n'en est pas moins homme. Balladur aime les blagues et le bon vin, mais ce sont là sans doute ses seuls points communs avec Chirac. Ils déjeunent ou dînent souvent ensemble, en couple, bien que leurs femmes ne s'entendent pas, dans une ambiance guindée, au milieu des anges qui passent. On se demande ce qui peut bien les porter l'un vers l'autre.

L'intérêt, sans doute. Leur amitié est utilitariste, comme la plupart des amitiés politiques où l'on jette le vieux compère au rebut après qu'il a bien servi, quand il ne lui reste plus de jus. Chirac en sait quelque chose, qui a déjà expédié tant des siens dans les poubelles de l'Histoire. Les deux hommes vivent dans un univers où les individus sont des marchepieds grâce auxquels on finit par accéder, un jour, aux sommets. Ils sont l'instrument l'un de l'autre. Le levier, l'escabeau.

D'un naturel apparemment doux et affable, Balladur est pourvu d'une vanité dont il ne cesse de repousser les bornes. C'est son point faible. Chirac le sait. Voilà pourquoi il le flatte sans arrêt, avec une colossale finesse. Mais il a beau en faire des tonnes, ce n'est jamais assez, et il lui arrive parfois, de surcroît, de commettre des erreurs. Le maire de Paris reste pathologiquement rustique. Il n'a pas le sens de l'étiquette. Ce qu'on appelle, sous les lambris, de l'éducation.

Robert Hersant, le patron du *Figaro*, se souvient l'avoir vu demander un jour à Balladur d'aller chercher un dossier à son secrétariat. Tête de Balladur. Avant d'obtempérer, il fusilla du regard ce maître tyrannique et désinvolte qui, devant témoin, le traitait comme un laquais, un moins que rien, puisque c'est ainsi, étant donné son échelle de valeurs, qu'il ressentait la chose.

C'est avec des vétilles de ce genre que grandira le ressentiment de Balladur contre Chirac. Des rendez-vous annulés. Des petites humiliations sans importance qui lui sont restées en travers du gosier où elles ont ranci des mois durant. Le maire de Paris va trop vite. Il n'a pas le temps d'être toujours aux petits soins de son ami Édouard.

Chirac s'est bien rendu compte que quelque chose clochait quand Balladur a cessé de venir aux réunions de préparation des discours du président du RPR. Des réunions qui constituent une des grandes institutions du chiraquisme puisque s'y retrouvent toutes ses éminences. C'est aussi une corvée interminable où l'on coupe les cheveux en quatre au point de passer une heure, parfois, sur une formule, voire un mot. « Un cauchemar », dit Juppé. « Tout ce bavardage insignifiant m'accable, explique un jour Balladur à Chirac.

73

Envoyez-moi vos discours et je vous dirai ce que j'en pense. »

Le maire de Paris s'est dit que Balladur boudait et que ça lui passerait avant que ça le reprenne. « Il n'a pas un caractère facile, commente-t-il à l'époque. Il est très susceptible mais il faut le comprendre, ça n'est pas n'importe qui non plus. »

Il ne doute pas que Balladur sera toujours confit de gratitude à son égard. N'a-t-il pas été le sortir du trou noir où il macérait, avec ses vieilles rancunes, pour en faire un ministre d'État en 1986 et, si les législatives sont gagnées, un Premier ministre en 1993 ? Ça ne s'oublie pas. L'ami Édouard saura s'en souvenir.

Édouard Balladur écrit pour les journaux de longs pensums sur la cohabitation. Il est devenu son théoricien, son idéologue aussi. Il a du style, des convictions et une pensée claire, même si elle sent souvent la verveine.

Contrairement à Chirac, il publie régulièrement des livres de bonne facture qu'il écrit lui-même, chose rare dans ce milieu, d'une plume académique qui coule de source : après *Patience et longueur de temps*, viendront *Douze lettres aux Français trop tranquilles*, *Des modes et des convictions* et *Dictionnaire de la réforme*. « Il fait les textes, ironise le maire de Paris, moi, je devrais faire les dessins. »

Il fréquente volontiers les grands patrons que Chirac ne peut pas supporter, qui dit d'eux, entre autres gracieusetés : « Ce sont des graines de pétainistes. Ils sont toujours pour l'abdication et la dévaluation. » Le bureau de Balladur, boulevard Saint-Germain, ressemble, certains jours, à une succursale du patronat français.

C'est l'anti-Chirac. Un conservateur bon teint, sûr de son importance, pour qui l'égalitarisme ambiant de la société est une forme de vulgarité et qui rassure tout le monde par sa grande retenue. À droite, au centre et même, parfois, à gauche.

Tel est le Premier ministre que le président du RPR entend donner à la France, si la droite l'emporte aux législatives de 1993. À tous ceux qui, dans son entourage, lui disent qu'il ne doit pas esquiver Matignon en cas de victoire, Chirac répond : « J'ai déjà donné. »

À Jérôme Monod, son vieux complice, il explique :

« J'ai déjà été deux fois à Matignon. Je n'y ai pas réussi.

— Mais c'est à toi d'y aller, proteste Monod. Tu ne peux pas faire confiance comme ça aux autres.

— J'ai décidé. Ce sera Balladur. Il n'y a que des mauvais coups à prendre à Matignon. »

Il est convaincu qu'un Premier ministre ne peut être élu président de la République et que, de surcroît, il n'a ni l'adresse ni la délicatesse nécessaire pour cohabiter une nouvelle fois avec François Mitterrand. Alors, va pour Balladur.

Chirac est sûr de son coup :

« Je ne vois pas comment ça ne pourrait pas marcher entre nous. On a des relations très anciennes et très solides : ça ne se balaye pas d'un revers de la main. En plus de ça, on s'est bien mis d'accord sur la répartition des tâches. Pas de mélange des genres ni de double commande. Je sais ce que c'est, le travail à Matignon. Je ne me mêlerai pas des affaires du gouvernement. Il ne saurait y avoir deux Premiers ministres car on ne prend pas les grandes décisions à deux. Je soutiendrai son action, sans mettre mon soutien sur un trébuchet. Et quand j'aurai quelque chose de désagréable sur le cœur, eh bien, j'irai le lui dire tête à tête [1]. »

C'est le discours que Chirac sert à tous ceux qui émettent des doutes sur sa stratégie. Rien ne le fera vaciller et il célèbre sans cesse la loyauté de son glorieux chambellan, qu'il connaît mieux que personne. Non, il ne s'est jamais laissé embobiner par ses manières de rat de cour. Il en convient bien volontiers, ce n'est pas ce qu'il préfère chez

1. Entretien avec l'auteur, le 23 février 1993.

lui. Mais le maire de Paris « sent » les gens, que voulez-vous. Il lit même dans leurs pensées, à la façon des « sorciers de Corrèze ». Chez Balladur, il n'a jamais entrevu que de la tranquillité d'esprit et une allégeance totale, au demeurant bien naturelle. Comment pourrait-il lui résister, après tout ce qu'il a fait pour lui ?

Peu à peu, la solution Balladur s'impose. Jusque dans les esprits les plus rétifs. Même Pasqua qui lui était si hostile commence à se faire une raison. Il est vrai que l'ancien ministre d'État y a mis du sien. Il l'a respectueusement écouté et lui a proposé un grand ministère à sa mesure, la Défense ou l'Intérieur. La considération ne coûte pas cher et, parfois, peut rapporter gros.

Trois semaines avant les élections législatives, Balladur dit à Chirac : « J'aimerais que vous me disiez votre conception du rôle du Premier ministre parce qu'après votre élection à la présidence de la République, je compte bien que vous me gardiez à Matignon. »

Et Chirac de répondre en détail avant d'ajouter qu'il a bien l'intention de le conserver à son poste, s'il accède à l'Élysée.

Quelques jours plus tard, Chirac dit à Balladur :

« Vous savez, Édouard, il est tout à fait possible que vous deveniez très populaire, à Matignon. En ce cas, vous apparaîtrez comme le candidat naturel de la droite à l'élection présidentielle et je devrai m'incliner. »

Balladur le coupe :

« Retirez ce que vous venez de dire. »

Une pause, puis :

« Ne soyez pas insultant. Il y a un contrat entre nous. Je le respecterai. »

Tout, ensuite, découle sans doute de là. Nicolas Bazire en est en tout cas convaincu. Ancien élève de l'ENA recyclé dans l'industrie, c'est l'homme qui aura été le plus proche d'Édouard Balladur. Une tour de contrôle dotée d'un œil de laser. « On peut penser que c'étaient des propos en l'air, observe Bazire, et que Chirac les a tenus sans y prêter trop attention, presque par politesse, un peu comme on promet le mariage à une vieille maîtresse, mais ils ont fait leur travail et, à la longue, libéré Balladur... »

13

La fin d'une époque

« Quand le chêne est tombé, chacun se fait bûcheron. »
Ménandre

Et la France ? Raymond Barre a trouvé, comme souvent, le mot juste : « C'est une queue de comète. » Elle clignote encore dans le ciel du monde mais on a peur pour elle. On se dit qu'au train où vont les choses, elle finira par s'effacer pour de bon, tôt ou tard.

Une ombre crépusculaire recouvre le pays. La presse, qui aime les grands mots, parle de déclin, de dépression ou de crise de régime. C'est, au principal, une fin de règne. Le cancer du président est avancé et François Mitterrand a, de surcroît, perdu la main. Après avoir usé Michel Rocard puis Édith Cresson à Matignon, il s'est trouvé dans l'obligation de nommer Pierre Bérégovoy Premier ministre.

C'était le seul qui restait. Le plus mauvais à l'exception de tous les autres. La dernière carte. Mais il n'a rien d'un as. François Mitterrand ne l'aime pas. Pour preuve, le nouveau Premier ministre est l'une des rares personnalités socialistes à n'avoir jamais été invitée dans sa résidence secondaire de Latché, dans les Landes. Le chef de l'État lui reproche d'avoir porté les derniers coups contre Édith Cresson, sa favorite déchue. De n'avoir jamais cessé d'intriguer comme jadis Louvois, jusqu'à la chute programmée de sa Mme de Maintenon. D'avoir, enfin, trahi à peu près tout le monde avant de le servir. Mendès France, Savary, Mollet, Mauroy, la liste est longue des hommes qu'il a poignardés pour passer, ensuite, à l'ennemi. À quand son tour ?

C'est le Balladur du pauvre. Il en a le goitre, la pompe et les politesses. En fin de législature, il ne peut rien faire mais c'est encore ce qu'il fait de mieux. Après avoir joué la gauche de la gauche en 1981, Bérégovoy est devenu le socialiste préféré des chefs d'entreprises, au grand dam de Chirac. « Moralement, dit le maire de Paris [1], les patrons français sont vraiment des pauvres types. Ils me font pitié, avec leur sébile, toujours à mendier des subventions en rasant les murs. Ils ne veulent jamais d'ennui avec le gouvernement. Surtout quand il est socialiste. Observez-les avec ce malheureux Bérégovoy. Ils sont tous à plat ventre devant lui, les yeux enamourés, parce qu'il les invite à déjeuner. Je suis fier que le RPR soit le seul parti qu'ils ne financent pas. »

On se frotte les yeux mais oui, Chirac joue, à cette époque, les vierges aux mains pures. C'est en effet sur les socialistes que tombent, en masse, les « affaires ». Un pilonnage permanent. Un jour, la justice épingle Henri Emmanuelli qui, en tant que trésorier du PS, aurait couvert un système de fausses factures et de racket des grandes surfaces. Une autre fois, elle s'en prend au Premier ministre lui-même, accusé d'avoir dissimulé au fisc un soi-disant prêt de Roger-Patrice Pelat, l'ami affairiste du président.

La décomposition qui affecte le pays n'est pas seulement politique, sociale ou économique. Elle est aussi morale. Laurent Joffrin, le directeur de la rédaction du *Nouvel Observateur*, a tout dit quand il dénonce, dans *La*

---

1. Entretien avec l'auteur, le 30 mars 1991.

Régression française[1], « une monarchie élective trop habile, entourée d'une cour étourdie d'intrigues et d'honneurs », sous laquelle prospèrent « la politique féodale », « le paradis des initiés » et « la société incivile ».

La droite peut-elle reprendre le monopole de la morale que la gauche s'était appropriée pendant la première cohabitation (1986-1988) ? Les Français savent bien que les socialistes ne sont pas plus corrompus que les autres. Même si, comme le prétendait Tocqueville, « dans les États aristocratiques, les gouvernants sont peu accessibles à la corruption et n'ont qu'un goût très modéré pour l'argent, tandis que le contraire arrive chez les peuples démocratiques[2]. »

Une rumeur monte dans le pays, comme un vieil écho des heures noires de la IIIᵉ République : « Tous pourris ! » Et c'est tout juste si la bonne presse ne répète pas, parfois, les affreux refrains d'antan contre la « démocrassouille » pour reprendre la formule de Charles Péguy.

Sale temps pour réformer. Avant Balladur et tant d'autres, Pierre Bérégovoy est donc devenu l'homme qui recule plus vite que son ombre. Du dernier Premier ministre de François Mitterrand, on peut dire comme jadis Aristide Briand de son collègue Louis Barthou : « Sa pensée est claire comme de l'eau de roche et, à son instar, elle épouse la forme de toutes les carafes. »

Édouard Balladur, son successeur annoncé si la droite gagne, est-il si différent ? Il ne se prépare pas pour Matignon avec l'idée de faire, dans les cent jours, les réformes qui s'imposent. On le comprend. En période de cohabitation, le Premier ministre est en danger permanent : au moindre faux pas, le chef de l'État peut dissoudre l'Assemblée nationale.

La jurisprudence de 1988 est sans appel : quand on cohabite, on ne gouverne pas, on gère, et encore. Sinon, c'est l'échec assuré aux élections suivantes.

---

1. *La Régression française*, Le Seuil, 1992.
2. *De la démocratie en Amérique*, tome I, volume II, chapitre 5.

Le Premier ministre que Chirac a décidé de donner à la France a donc le même programme que Bérégovoy : pas de vague. En attendant l'échéance présidentielle, il suivra le précepte de Georges Pompidou dont il fut l'un des conseillers les plus proches : « Il ne suffit pas de vivre, il faut naviguer. » Il naviguera, mais sans oublier de garder un œil sur les trois hommes qu'il juge à son niveau et qui peuvent mettre des obstacles sur sa route. Il les avait identifiés, lors d'une conversation avec l'auteur, dès le 18 juin 1991 :

« Ce pauvre Chirac, il a beaucoup de courage, mais, avec les Français, je crains que ça ne marche plus. Giscard, son problème à lui, c'est qu'il n'est pas intelligent. C'est ce que me disait Georges Pompidou. Il n'y a pas d'intelligence sans caractère et le sien ne vaut pas tripette. L'intelligence n'a pas de pires ennemis que l'avarice, l'égoïsme et la méchanceté. Quant à Mitterrand, il s'est trompé sur tout. Cet homme a beau lire des livres d'histoire, il n'a aucun sens de l'histoire. C'est pourquoi il s'est mépris sur la décolonisation, les institutions de la Ve République, la force de frappe, mai 1968, l'avenir du socialisme, l'unité de l'Allemagne, et j'en passe. »

En somme, Balladur n'a pas de complexe. Il a même la conviction qu'il est le meilleur. Encore qu'il soit conscient que, dans la nouvelle configuration, Jacques Chirac, grand vainqueur des élections législatives, sera considéré comme le Commandeur avec lequel il lui faudra cohabiter. Enfin, pendant quelques semaines. Ou bien quelques jours. À lui de le faire oublier. Il s'y emploiera. Avec talent.

En attendant, Édouard Balladur redoute que Jacques Chirac ne change d'avis. Quelques jours avant les élections, il fait transmettre au chef de l'État, par l'entremise de René Monory, président du Sénat, le message suivant : « Attention si vous nommez Chirac à Matignon, avec l'espoir qu'il refusera. Il serait capable d'accepter. » François Mitterrand a déjà percé la duplicité d'Édouard Balladur et compris l'usage qu'il pouvait en tirer mais la frénésie balladurienne commence à l'agacer. « Ils m'embêtent, ces deux-là, dit-il à René Monory. Je vais finir par leur mettre Barre. »

Jusqu'au second tour des législatives, aucun signe public ne permet cependant de déceler les prémices de la bataille qui a déjà débuté, dans les coulisses. Sauf quand Chirac déclare, avant le scrutin, que l'intérêt de la France commande au président de démissionner. Balladur corrige alors le tir en rappelant que ses propos ne sont pas nouveaux. Mais ils sont tous deux dans leur logique. L'un continue la campagne en décourageant Mitterrand de l'appeler à Matignon. L'autre prépare la cohabitation en envoyant des signaux favorables à l'Élysée. À chacun sa partition.

Jusqu'à la sortie du maire de Paris, réclamant la démission du président, on ne pouvait exclure que Mitterrand appelle, malgré tout, Chirac à Matignon. À Pasqua qui, lors d'un déjeuner avec le chef de l'État, vantait les mérites de la solution Chirac, le président avait dit : « Je n'y vois aucun inconvénient. » Le lendemain de la déclaration de Chirac, il téléphone à Pasqua : « Vous comprendrez que je ne puisse pas l'appeler à Matignon. »

C'est précisément ce que voulait Chirac. Tout juste l'auteur entend-il un début de colère, vite réprimée, quand il demande au maire de Paris, peu avant le scrutin, si Juppé n'aurait pas été un meilleur choix que Balladur pour Matignon :

« Oui, peut-être... Mais Édouard n'a cessé de le persécuter et de le mettre sur la touche. Il l'a vraiment massacré, pendant la première cohabitation. Parfois, j'ai mis le holà. Souvent, j'ai laissé pisser. Je suis trop coulant, que voulez-vous. Si je l'avais plus mis en avant, Alain aurait pu être une solution, j'aurais au moins eu le choix. C'est sans doute ce qu'Édouard voulait éviter[1]. »

---

1. Entretien avec l'auteur, le 15 mars 1993.

L'auteur se souvient aussi avoir entendu Chirac rapporter, le même jour, une phrase que Balladur a prononcée deux ou trois fois devant lui, au cours des derniers jours, et que l'intéressé, interrogé, assume totalement :

« Si vous voulez encore y aller, Jacques, ne vous gênez pas, mais ce sera sans moi. »

Malgré leurs petits agacements réciproques, on voit quand même encore mal, à l'époque, Chirac et Balladur reprendre le célèbre échange entre Hugues Capet et Adalbert de Périgord, en l'an 987 :

« Qui t'a fait comte ? demande le premier.

— Qui t'a fait roi ? » répliqua le second.

En attendant, ils illustrent parfaitement la formule d'Aristophane : « L'un sème, l'autre récolte. »

14

Le premier accroc

« On devrait toujours être amoureux.
C'est la raison pour laquelle on ne devrait jamais se marier. »
Oscar Wilde

Depuis l'arrivée de la gauche au pouvoir, le 10 mai 1981, les Français, longtemps privés d'alternance, ont décidé de se rattraper. À chaque scrutin, désormais, ils suivent le vieux slogan de la IVe République : « Sortez les sortants. » Mais aux législatives de 1993, ils se défoulent : l'UPF obtient 44 % des suffrages contre 17 % seulement au PS. Le RPR, l'UDF et les divers-droite totalisent 480 députés, soit 80 % de l'effectif de l'Assemblée nationale. Les socialistes n'ont plus que 67 élus et les communistes, 23.

C'est une bérézina pour la gauche et un triomphe pour Jacques Chirac qui a mené la campagne de la droite. Il a serré tant de mains que la sienne est toute gonflée. Il l'exhibe volontiers en rigolant : « Regardez-moi ça. Encore une semaine de campagne et elle aurait doublé de volume. En plus de ça, j'ai du mal à m'en servir. La série ininterrompue de traumatismes finit par détériorer les cartilages et les petits os du poignet. Beaucoup de gens ont la main agrippeuse et ils écrasent ou broient volontiers la vôtre avec les meilleures intentions du monde. Je ne parle pas des dames qui ont des diamants aux doigts. Elles peuvent vous blesser jusqu'au sang. Georges Pompidou mettait la sienne dans un seau à glace, entre ses bains de foule. Il faudra que j'y pense pour la prochaine campagne. »

Après un pareil score, François Mitterrand ne peut plus finasser. Il est condamné à confirmer la décision de Jacques Chirac : ce sera Édouard Balladur à Matignon. Le 29 mars, avant même que le chef de l'État n'annonce son « choix », le futur Premier ministre prépare déjà son équipe gouvernementale en râlant contre l'« interventionnisme » du maire de Paris :

« Il me casse les pieds, Jacques. Figurez-vous qu'il n'arrête pas de me harceler pour que je fasse entrer Lucette Michaux-Chevry [1] au gouvernement. Mais je ne sais pas si je pourrai le faire. Et puis il m'a dit tout à l'heure, sur un ton que je n'ai pas aimé : "Si vous avez une idée pour le ministère de l'Agriculture, n'hésitez pas à m'en parler, ça pourrait m'intéresser." Quant à son humour, je commence à avoir du mal à le supporter. Ce matin, en m'accueillant à la réunion des éléphants du RPR, il n'a rien trouvé de mieux que de ricaner en me montrant sa place : "Ne vous asseyez pas là, Édouard. Pas encore. C'est mon siège." Vous trouvez ça drôle, vous ? Moi pas.

— Vous voyez, vous n'êtes pas encore à Matignon et, déjà, les problèmes commencent.

— Jamais je ne lui donnerai de coups de poignard dans le dos. Jamais. »

Sur quoi, le téléphone sonne. Édouard Balladur écoute avec une mimique agacée, puis lève les yeux au ciel avant de commenter, en raccrochant le combiné :

« C'était encore Chirac. Il insiste maintenant pour que je

1. Député de la Guadeloupe, Lucette Michaux-Chevry avait été secrétaire d'État à la francophonie dans le gouvernement de Jacques Chirac, en 1986.

trouve quelque chose à Alain Mérieux[1] qui a été battu à Lyon. Ce garçon est vraiment incorrigible. »

Scène vécue, sur le vif, par l'auteur qui est alors en rendez-vous avec Édouard Balladur et qu'il faut mettre en parallèle avec la conversation qu'il a, le soir même, avec Jacques Chirac :

« Bon, moi, désormais, je vais me faire oublier, dit le maire de Paris. La formation du gouvernement, je ne m'en mêlerai pas. Ce n'est pas mon problème. C'est celui d'Édouard. Il m'a appelé plusieurs fois, au cours de la journée. Il est très nerveux, vous comprenez. Je lui réponds toujours la même chose : "Faites comme vous l'entendez. De toute façon, je vous soutiendrai." »

La preuve est faite que Jacques Chirac joue double jeu. Il entend contrôler la formation d'un gouvernement qu'il n'entend pas assumer. Mais son ex-chambellan n'est pas un domestique. Il est affété, tâteminette et jaloux de ses prérogatives. Entre les deux hommes, la rupture paraît ainsi consommée avant même qu'Édouard Balladur ait franchi le porche de Matignon.

« La formation du gouvernement, ce fut le commencement de la fin pour leur amitié de trente ans, commente Nicolas Bazire, directeur de cabinet d'Édouard Balladur dont il sera deux ans durant le confident, le bras armé et le grand stratège. On n'a pas soumis la liste complète à Jacques Chirac et il a appris sa composition à la télévision, comme tout le monde. On pouvait croire qu'il la connaissait, parce que les hommes s'étaient souvent téléphoné pendant qu'on mettait l'équipe sur pied, mais il y a eu beaucoup de changements de dernière minute. Par exemple, Charles Millon a finalement refusé l'Agriculture qu'on lui avait proposé le matin. C'est Jean Puech qui a été nommé. On a cherché à mettre la main sur le prix Nobel Pierre-Gilles de

---

1. Vice-président RPR du conseil régional de Rhône-Alpes, Alain Mérieux est P-DG de l'Institut Mérieux.

Gennes pour lui proposer le ministère de la Recherche. Introuvable. On s'est rabattu sur François Fillon. Il y a plusieurs cas, comme ça, qui ont dû blesser Jacques Chirac. »

Le président du RPR n'est pas seulement blessé. Il est furieux. Mais le nouveau Premier ministre n'en a cure. À Bazire qui évoque devant lui l'ire de Chirac, Balladur fait observer :

« Mais de quoi aurais-je eu l'air, cher Nicolas, si je lui avais soumis la liste pour approbation ? »

Balladur prend ses aises. Pour preuve, invité à dîner par les Chirac à l'Hôtel de Ville pour fêter sa nomination, le nouveau Premier ministre arrive avec sa femme... et son chien. Une première. Il ne se serait jamais permis cela auparavant.

Le Premier ministre entend d'abord exister. Il impose un style, une personnalité et une équipe. Avec lui, impossible de parler d'État-RPR : son gouvernement penche au centre. Si l'on excepte Giscard, toutes les personnalités de l'UDF sont représentées. Les Méhaignerie, Bayrou, Léotard ou Bosson sont tous là pour se mettre, le jour venu, au service du candidat de la droite tranquille et modérée qui perce, soudain, sous Balladur.

En matière de chiraquiens, le Premier ministre charge bien la barque aussi. Il a décidé de les décrocher un à un de leur maître afin que le roi se retrouve, enfin, nu. Il lui prend ses bras, ses jambes, ses mains, tout. Sans lui en parler, il jette même son dévolu sur Michel Roussin, le directeur de cabinet du maire de Paris, l'homme des affaires secrètes, qui accepte le poste de ministre de la Coopération. Au grand dam de Jacques Chirac, désireux de le garder auprès de lui.

En somme, c'est un gouvernement conçu à la fois contre Valéry Giscard d'Estaing et Jacques Chirac que le Premier ministre entend isoler. Du grand art. Avec trois grands piliers qui s'équilibrent, quitte à s'opposer, parfois : Charles Pasqua à l'Intérieur, Simone Veil aux Affaires sociales, et

Alain Juppé aux Affaires étrangères. Édouard Balladur a l'esprit assez chantourné pour savoir que la politique, c'est d'abord la gestion des contradictions.

Le 8 avril 1993, son discours de politique générale devant l'Assemblée nationale n'est pas un grand moment d'éloquence parlementaire. Mais le chef du gouvernement réussit quand même son examen de passage. Lorsqu'il descend de la tribune, nul ne peut lui reprocher de chercher à engager la Restauration ou à rétablir la chaise à porteurs sur laquelle les caricaturistes aimaient asseoir, naguère, le ministre d'État de la première cohabitation.

Depuis, il a su apprendre. Le journal *Le Monde* le crédite même d'un « sans-faute ». S'il joue les modestes, Balladur a néanmoins une haute ambition qu'il a définie ainsi dans son discours de politique générale : « Faire à nouveau de la France un exemple. » Un modèle, le modèle français, les grands mots sont lâchés. Vaste programme.

À la fin du gouvernement Bérégovoy, le pays compte au moins 5 millions de chômeurs : aux 3 millions « officiels », il faut ajouter 1,5 million de personnes en « traitement social » et 575 000 bénéficiaires du RMI. Le déficit de l'État a plus que triplé en trois ans et sa dette a augmenté de 40 % depuis la réélection de François Mitterrand.

L'« exception française » est en marche, rien ne l'arrêtera. Le principe : financer la politique sociale en empruntant à l'étranger. Aux générations futures de se débrouiller, le moment venu.

Contrairement à Mauroy que les déficits publics affolaient et qui l'ont amené à faire une politique de rigueur, Bérégovoy, le chouchou du patronat français, n'a cessé de signer des traites sur l'avenir. Il appelait cela du « keynésianisme ». Ou de la « relance par la demande ». C'est ainsi que la France a pu vivre largement, et en toute bonne conscience, au-dessus de ses moyens.

Il paraît que le monde entier nous envie. Comment en serait-il autrement ? Le pays a le meilleur système de santé, la meilleure assurance-chômage, les meilleures prestations sociales. C'est du moins ce que croit une grande partie des Français. La classe politique se garde bien de les détromper, à l'heure où Helmut Kohl, le chancelier allemand, lance un cri d'alarme qui résonnera longtemps au-dessus du Vieux Monde :

« Une nation industrielle n'est pas un parc de loisirs où les retraités sont de plus en plus jeunes, les étudiants de plus en plus âgés, les horaires de travail de plus en plus réduits et les congés de plus en plus longs... »

Balladur aura-t-il le courage, lui aussi, de parler vrai ?

15

La mort mystérieuse de « Monsieur Gendre »

« En mariage souvent, l'amour passe et le mari reste. »
Alfred Capus

Il avait la mort en lui. C'est pourquoi le gendre de Chirac ne tenait pas en place. On aurait dit qu'il était monté sur des ressorts. Il ne marchait pas, il sautait, mais avec tant de gaucherie qu'on avait peur qu'il ne tombât.

Tout était démesure, chez Philippe Habert. Le rire, souvent pantagruélique. Les colères, toujours homériques et ne visant jamais que ses supérieurs. La force de travail, enfin, qu'il déployait surtout la nuit, à l'heure des chouettes, en grillant des cigarettes à la chaîne, avant de se coucher au petit jour.

C'était le genre de personnage dont on se dit, en apprenant la mort : « Cela devait arriver. » Il allait toujours trop vite et trop loin. Il était dévoré par des forces qu'il ne contrôlait pas. Il était au demeurant convaincu lui-même qu'il mourrait avant quarante ans et le répétait tout le temps.

Le 5 avril 1993, son corps a été retrouvé sans vie à son domicile du 3ᵉ arrondissement, près de la place des Vosges, à Paris. Dans un premier temps, l'Agence France Presse a parlé, en annonçant la nouvelle, de suicide par balle. En fait, il n'y avait ni balle ni arme dans son appartement.

Juste des boîtes de médicaments, tranquillisants, remontants ou somnifères, dont il était un consommateur compulsif.

Philippe Habert s'est-il suicidé ? A priori, tout permet de le penser. Les mobiles ne manquent pas. Il est en rupture avec Sciences po où il est maître de conférences. Il a aussi interrompu sa thèse de doctorat. Il a pris ses distances avec le *Figaro* où il avait créé, en 1987, le département de « politologie ». Il est enfin en instance de divorce avec Claude Chirac qu'il a épousée quelques mois plus tôt.

Mais il n'a pas laissé de lettre pour expliquer son geste. S'il s'était suicidé, il n'y aurait pas manqué, ce fils unique très attaché à sa mère, Jacqueline, une secrétaire administrative qui l'a élevé seule. L'autopsie décidée en accord avec Jacques et Bernadette Chirac, accourus sur les lieux, conclut à un « empoisonnement du sang ». Il a mélangé trop d'excitants et de narcotiques. Il a de surcroît dépassé les doses prescrites.

Une habitude chez lui. Philippe Habert engloutit au moins deux litres de café par jour. Il fume entre trois et quatre paquets de cigarettes quotidiens. Il roule toujours à fond la caisse sur son scooter. Il parle haut et fort, clamant sans crainte ses convictions, à la manière de Cyrano, son personnage préféré, qui disait :

« Je fais, en traversant les groupes et les ronds,
Sonner les vérités comme des éperons. »

Il est hors norme. Il est même inconvenant. Ignorant les bonnes manières, il est du genre à mettre le feu aux rideaux avec sa cigarette, écraser son mégot sur la moquette, renverser les tables ou faire la sieste, les chaussures sur le canapé. Jacques Chirac trouve ça farce. Pas Bernadette. Claude s'est vite lassée.

Philippe Habert a été introduit dans la famille Chirac par Pierre Charron, le conseiller en communication du maire de Paris. Il lui semblait judicieux que son patron entretienne des relations suivies avec celui qui apparaissait comme l'étoile montante de la politologie. C'est ainsi que Claude a fait la connaissance du volcanique directeur des études politiques au *Figaro*.

Coup de foudre. Le couple paraît bien assorti. La trentaine, les mêmes centres d'intérêt. Ce ne sont pas des poètes. Pour le mariage, ils ont choisi leurs témoins parmi leurs relations de travail. Philippe Habert a pris ses deux patrons : Alain Lancelot, son directeur de thèse, professeur à Sciences po, et Philippe Villin, vice-président du *Figaro*. Claude a opté pour deux collaborateurs de son père qui, après avoir été ses mentors, sont devenus de proches amis : le publicitaire Jean-Michel Goudard et le maire de Neuilly, Nicolas Sarkozy. Cette accordée et son futur, ce sont les mêmes, finalement, et ils se sont reconnus, faisant leur le précepte de l'Ecclésiaste : « Toute chair s'unit selon son espèce. »

Quelque chose chiffonne néanmoins Jacques Chirac quand il observe Philippe Habert. Son désir incroyable d'exister, sa boulimie de succès, son ego expansionniste, souvent au bord de l'hystérie. Certes, il aime tout le reste chez lui. Les provocations. Les enthousiasmes baroques. Les coups de sang, aussi imprévisibles qu'explosifs. Mais une semaine avant le mariage, le père de la promise ne peut s'empêcher de demander à l'auteur, avec une inquiétude dans les yeux [1] :

« Vous qui le connaissez bien, ce garçon a-t-il du cœur ?

— Il est très ambitieux. Il arrivera sûrement.

— Ce n'est pas ce que je vous demande. A-t-il du cœur ?

— Il est très intelligent et très sympathique.

— Répondez-moi : a-t-il du cœur ?

— Je ne sais pas. Mais le cœur ne se porte pas en bandoulière. »

---

1. Entretien avec l'auteur, le 5 septembre 1992.

Le 12 septembre 1992, après le mariage civil, à Paris, les Chirac ont invité tout le gratin dans les salons de l'Hôtel de Ville. N'étaient les quelques personnalités politiques qui participent au déjeuner, on se croirait dans un gala de bienfaisance, tant il y a d'argent sous les lambris. Des Vernes aux Bettencourt, tous les riches donateurs de la droite sont venus, les bras chargés de cadeaux.

Le 3 octobre, après le mariage religieux, à Sarran, en Corrèze, les mêmes se retrouvent, avec quelques autres, au château de Bity où les Chirac ont organisé un dîner royal. Il y a là toute la bande à Kersauzon, le navigateur solitaire, et on rigole bien, le maire de Paris au premier chef, qui entonne des chants russes pour la plus grande joie des convives.

C'est là que Philippe Habert fait son premier esclandre public. Il proteste avec véhémence contre la présence de l'ambassadeur du Maroc et refuse le cadeau du roi Hassan II, un tapis, à cause des prisonniers politiques.

Tel est Habert : un jeune homme enfiévré et insomniaque, d'une indépendance d'esprit sans limites. Le maire de Paris l'a surnommé le « Pierreux » en hommage affectueux à son tranchant et à sa rugosité. Qui s'y frotte s'y pique ou s'y coupe.

Très vite, Claude ne supporte plus d'avoir à se frotter à lui. Au retour de leur voyage de noces à Venise, ils décident déjà de ne pas vivre ensemble. Il retournera dans son appartement du Marais et elle, chez ses parents. Pas vraiment une rupture, plutôt une prise de distance que rythment quelques retrouvailles, de temps en temps. C'est trop tôt pour divorcer. Ils se donnent encore une chance.

S'il faut marquer d'une date leur rupture, c'est le 4 janvier 1993, lorsque Philippe Habert déclare, sur France 3, qu'Édouard Balladur, l'alter ego de son beau-père, souffre de « non-représentativité sociale » et incarne la « République bourgeoise » : sa nomination à Matignon serait, à ses yeux, « la première victoire de la gauche depuis des années ».

Claude Chirac est consternée. Tout le monde a compris qu'il y a du divorce dans l'air quand elle répond à son mari, le 24 février, dans *Globe-Hebdo*. Après avoir dit son soutien à Édouard Balladur (« Il ne portera jamais un coup dur à Chirac »), elle condamne avec une rare violence les propos de son mari : « Je ne pense pas que Balladur ait pensé un instant que cela puisse être prémédité. Pour ma part, j'ai trouvé cela déplacé et immature. »

La procédure est en marche, rien ne l'arrêtera. Leur mariage est à l'image des cadeaux, venus de France et du monde entier, que Michel Roussin, le directeur de cabinet du maire, a fait entreposer dans un salon de l'Hôtel de Ville, réservé à cet effet. Ils n'ont jamais été ouverts. Il faudra attendre la séparation, prélude au divorce, pour que, cinq mois plus tard, leurs avocats respectifs commencent à les partager entre eux.

Pauvre « Monsieur Gendre ». Il est dans le déni et tente de faire croire à la plupart de ses amis qu'il continue à vivre avec Claude. Ils l'écoutent poliment, mais ils savent. Tout le monde sait, à Paris, que leur mariage, à peine consommé, est déjà en voie de dissolution.

Habert devient de plus en plus pathétique alors que les échéances approchent. Jamais une seule allusion à la répudiation de Claude. Il parle même de leurs prochaines vacances. Pour un peu, il évoquerait les enfants à venir.

On peut imaginer qu'il se soit suicidé pour n'avoir pas à affronter l'atroce vérité du divorce annoncé. À moins qu'il ne s'agisse d'une sorte d'acte manqué. Mais rien ne serait plus vain que de chercher à percer les derniers secrets d'une autopsie qui a établi qu'il était mort dans son sommeil, vingt-quatre heures avant la découverte de son corps, après avoir absorbé une surdose de comprimés.

Veuve après huit mois de mariage, Claude se sent coupable, affreusement coupable, derrière les lunettes noires qu'elle ne quitte plus. C'est peut-être ce qui explique l'incroyable énergie qu'elle a mise au service de son père dont le destin semble flageoler, depuis l'accession de Balladur à Matignon. Ils formeront désormais un couple infernal que rien ni personne ne pourra briser, pas même Bernadette qui les surnommera longtemps, d'une voix sifflante : « Les Chirac... »

16

Le fantôme de Mazarin

« Bien des gens sont comme les horloges qui indiquent
une heure et en sonnent une autre. »
Proverbe danois

Du jour où il a franchi le seuil de l'hôtel Matignon, Balladur n'use plus du même ton ni des mêmes mots pour parler de Chirac. Il a fait preuve d'une longue patience, des années durant, toujours en retrait, dans l'ombre honteuse du maire de Paris, où il se languissait, blessé par ses victoires, humilié par sa gloire : on ne se méfie jamais assez des majordomes. Désormais libéré du joug chiraquien, il se lâche volontiers.

Tous ses visiteurs l'ont remarqué : à peine installé dans son bureau où l'on entend rarement la sonnerie du téléphone, le Premier ministre a commencé à distiller des propos assassins contre son ancien mentor et bienfaiteur dont il fut, à ses heures, le gourou. Au lieu de savourer ses premiers succès, il laisse couler son fiel et son ressentiment. Le 29 avril 1993, il rapporte ainsi à l'auteur que Chirac lui a jeté la veille, « comme un crachat » : « Vous avez mangé votre pain blanc. »

Balladur n'a pas aimé. « La vérité, commente-t-il, est que ce garçon a toujours été jaloux de moi.

— Jaloux de quoi ?

— De ma position auprès de Georges Pompidou. Quand je suis devenu secrétaire général de l'Élysée, je me souviens qu'il n'était pas content. Il aurait bien aimé l'être. Il était certes ministre. Mais il n'avait pas la proximité, la complicité... »

Le chef du gouvernement annonce déjà, comme pour soulager sa conscience, que Chirac ne le soutiendra pas. Il le sait, il le sent. D'ailleurs, Mitterrand le lui a dit, le mercredi précédent, avant le Conseil des ministres, en commentant la situation de la majorité :

« Monsieur le Premier ministre, vous dominerez la guerre mais vous n'aurez pas la paix. »

À quoi Balladur a répondu, content de sa formule :

« Monsieur le président, dominer la guerre, n'est-ce pas avoir la paix ? »

C'est ce jour-là que Balladur fait à l'auteur cette confidence qui en dit long sur la programmation de sa trahison :

« Avant le second tour, j'avais très peur que Mitterrand n'appelle Jacques à Matignon en se disant qu'il refuserait. Je n'étais pas sûr que Jacques dirait non. En son for intérieur, je suis même sûr qu'il flottait un peu. Alors, j'ai fait dire au président, par toutes sortes de canaux, qu'il accepterait. Comme Mitterrand n'avait pas envie de remettre ça avec Jacques, on n'a pas pris de risques, vous comprenez. »

Il y a du Mazarin dans cet homme-là. De même que le petit Romain, venu du bas peuple et formé par les Jésuites, réussit à devenir le maître du royaume de France, ce Turc élégant, né à Smyrne, mais qui, lui, parle sans accent, a rapidement mis le pays sous sa coupe en jouant avec aisance sur tous les registres. La séduction. La fourberie. L'intimidation.

Comme Mazarin, Balladur a des comptes à régler avec beaucoup de monde. Avec Chirac, bien sûr, mais aussi avec les puissants qu'il comble d'éloges pour mieux les contrôler. Il prend rarement les gens de front. Il leur fait le plus souvent miroiter un avenir radieux. Par exemple, un beau poste quand il sera président, ou même avant, si c'est possible. Il s'est aggloméré de la sorte une petite coterie à sa dévotion dans le monde de la politique, des médias, des affaires ou de la haute administration.

De Balladur, on ne peut dire ce que Saint-Simon écrivait de Mazarin : « Un étranger de la lie du peuple, qui ne tient à rien et qui n'a d'autre Dieu que sa grandeur et sa puissance, ne songe à l'État qu'il gouverne que par rapport à soi. Il en méprise les lois, le génie, les avantages ; il en ignore les règles et les formes, il ne pense qu'à tout subjuguer[1]. »

Il vaut mieux que ça. Mais il semble quand même suivre à la lettre les principes édictés par *Le Bréviaire des politiciens*[2], un livre qui est attribué à Mazarin et qui, depuis sa première édition, en 1684, reste comme une tentative inégalée de théoriser l'intrigue, le soupçon et le mépris en politique. Sous le précepte « Simule et dissimule », on peut lire :

« Montre-toi l'ami de tout le monde, bavarde avec tout le monde, y compris avec ceux que tu hais, ils t'apprendront la circonspection. De toute façon, cache tes colères, un seul accès nuira plus à ta renommée que toutes les vertus ne pourront l'embellir. Préfère les entreprises faciles pour être plus facilement obéi et quand tu as à choisir entre les deux voies d'actions, préfère la facilité à la grandeur avec tous les ennuis qu'elle comporte. »

Balladur est, sur ce plan, un bon élève de Mazarin. Mais il est un autre précepte qu'il n'arrive pas à observer : « Dis du bien de tout le monde. » À propos de Chirac, non, c'est plus fort que lui, les amabilités lui arracheraient la bouche.

Dès les premières semaines, il accuse Chirac de ne pas l'appuyer contre les tenants de l'« autre politique », qui

1. *Mémoires*, de Saint-Simon, tome V de la Pléiade, 1715, « Réflexions sur le gouvernement ».
2. *Le Bréviaire des politiciens*, éditions Arléa, 1996.

prônent la dévaluation du franc pour relancer l'économie. Il met sans cesse en doute sa loyauté, comme s'il voulait se libérer du contrat moral qui les lie.

Plus le temps passe, plus Balladur devient sévère. Le 4 octobre 1993, alors que les sondages semblent l'avoir mis en état de lévitation, il dit à l'auteur :

« Chirac est victime de son association avec Giscard. Moi, j'apparais comme un homme neuf. Ça n'est pas forcément destiné à durer. Mais même si je m'affaiblis, je ne suis pas sûr que ça le renforce, ce pauvre Jacques. »

Après quoi, Balladur énumère ses griefs contre Chirac :

« Je n'ai pas apprécié son silence, quand j'ai été attaqué sur la politique monétaire. Je ne supporte pas non plus qu'il me relègue, comme il le fait, dans le rôle d'expéditeur des affaires courantes. Il a peut-être mal vécu ces derniers mois, avec tous les succès que j'ai engrangés, mais quand même, il pourrait être beau joueur. »

Pourquoi leurs relations se sont-elles dégradées si vite ?

« Mais ça fait longtemps qu'elles sont compliquées, observe Balladur. Après l'élection présidentielle de 1988, j'étais le bouc émissaire de la défaite, au RPR. Je n'ai pas eu le sentiment d'avoir été justement traité. Au moment du débat sur le traité de Maastricht, en 1992, j'ai eu l'impression qu'il se servait de moi pour faire contrepoids à Pasqua. Je n'ai pas aimé. Et je lui ai dit : "Je ne suis pas une potiche que vous pouvez mettre sur une cheminée pour équilibrer les autres." »

Ce n'est pas tout. Pour expliquer leur mésentente, Balladur voit aussi des raisons de fond :

« Je suis très exclusif. Il est, lui, très possessif. Il tient la Corrèze, la mairie de Paris et le RPR. Il subordonne tout le reste à ses trois possessions qu'il veut défendre envers et contre tout. Mais est-ce que c'est la France, ça, je vous demande un peu ? »

Les lèvres de Balladur se gonflent de mépris et ses joues rougissent de fureur contenue quand il laisse enfin tomber :

« Si Jacques veut vraiment être candidat, il doit imaginer un message qui ne soit pas le calque de la politique que je mène. Pour ça, il faudrait qu'il songe à penser un peu. Mais dès qu'il dit qu'il va se mettre à penser, ce garçon, c'est vrai que tout le monde rit. »

Sur quoi, il rit.

Au RPR, rares sont ceux qui, après six mois de gouvernement Balladur, croient que Chirac peut encore faire confiance au Premier ministre. Mais le maire de Paris ne veut rien entendre. S'il se pose des questions et laisse, parfois, percer une certaine irritation, il est convaincu que son ex-chambellan n'osera jamais aller jusqu'à l'affrontement. Enfin, il fait semblant de le croire. On peut le comprendre. Une trahison du Premier ministre serait la preuve par quatre de sa légèreté, cette légèreté enfantine qui faisait dire à Homère : « Le sot ne s'instruit que par les événements. »

17

Le tango d'Édouard

« L'avare se dit économe, le poltron se dit prudent. »
Publius Syrus

Édouard Balladur est un grand Premier ministre. Il habite si haut au-dessus de lui-même qu'il semble, parfois, en proie au vertige. Qu'on l'aime ou pas, il faut bien reconnaître qu'il a de l'allure. Contrairement à la plupart des sexagénaires de la politique, Jacques Chirac compris, il n'a pas de ventre, par exemple. Il le porte dans le cou. C'est plus élégant. Serait-il tout crotté, pas rasé et mal fagoté, il garderait toujours ce raffinement plein de malice qui lui est congénital.

Il a un don tout particulier pour le gouvernement. Il garde l'équilibre sur les sables mouvants aussi bien que sur les bords escarpés. Sa Sérénité ne perd jamais ni le nord, ni son sang-froid, ni le sens de ses intérêts. Il ne connaît pas la maladresse. On dirait que cet Ottoman est tombé dans le pouvoir quand il était tout petit pour se nourrir ensuite de son lait dont ses lèvres dodues semblent encore toutes badigeonnées. Rien de gauche chez ce conservateur éclairé. C'est, de ce point de vue, l'anti-Chirac.

Le Premier ministre a tiré les leçons des défaites passées de Chirac. Le moulinet ou la rodomontade n'est pas son fort. Il ne fonce pas sur l'obstacle. Il le contourne ou, s'il le faut, s'arrête *in extremis* devant. Il cale souvent, Balladur. Il a compris que la France n'a pas envie qu'on la dérange. Elle aime bien qu'on lui parle réformes mais pendant les campagnes électorales seulement, pas après. Ça trouble sa digestion. Donc, il avance en suivant la ligne du « ni ni » fixée par le Mitterrand de 1988, à la godille.

Faut-il lui jeter la pierre ? Il n'y a pas, en France, d'autres moyens pour survivre quand on est aux commandes. À moins de s'appeler Barre et de bénéficier du soutien indéfectible de VGE au-dessus de soi. À moins de penser, comme Mauroy au moment du tournant de la rigueur, à l'intérêt supérieur de la nation. Balladur est arrivé à Matignon pour devenir président.

Il y est arrivé dans les plus mauvaises conditions, celles de la cohabitation, qui lui commandent la plus extrême prudence. En conséquence de quoi, il ne prendra aucun risque. Il ne fait aucune confiance à Mitterrand qui, pendant les premières semaines, a entrepris de le séduire.

Le 30 juin 1993, le chef de l'État lui dit tout à trac : « Je n'ai pas l'intention d'entraver votre tâche et je souhaite la réussite de l'emprunt que vous avez lancé. Je compte le déclarer bientôt publiquement. Vous avez la confiance des Français, vous savez, même si elle est retenue. »

Quelques jours plus tard, avant de partir au sommet de Tokyo, Mitterrand demande à son Premier ministre :

« Est-ce que vous avez acheté de l'emprunt Balladur ?

— Non, répond Balladur. Comme c'est moi qui l'ai lancé, ce ne serait pas convenable.

— Donc, je peux en acheter, en ce cas, fait Mitterrand. Je vais en prendre, si j'ai le temps. »

Balladur a su redonner confiance au pays. Quand il entre en fonction, la France est en récession : le PIB (Produit intérieur brut) baisse de 1,4 % en 1993, l'année de l'alternance. Pour inverser la tendance, le Premier ministre utilise les grands moyens. Un grand emprunt qui sera un succès, et des mesures en tout genre comme le triplement de l'allocation de rentrée scolaire ou la prime à la casse des voitures d'occasion.

En 1995, quand Balladur quitte Matignon, la croissance a retrouvé un rythme de 3,3 %. Mais les finances publiques sont à peu près dans l'état où il les avait trouvées. Certes, il fait mieux, encore heureux, que Bérégovoy qui avait laissé filer les déficits de 6,14 % du PIB. Deux ans plus tard, malgré l'embellie économique, ils s'élèvent quand même à 4,9 %. Sous son règne, la France aura donc continué à vivre au-dessus de ses moyens. Le pli est pris.

Pour preuve, si Balladur privatise les entreprises publiques – la BNP, Rhône-Poulenc, Elf-Aquitaine ou encore une partie du capital de Renault –, l'essentiel des recettes ne va pas au désendettement de l'État, comme la rigueur le commanderait, mais aux dépenses courantes. Il laisse, au surplus, une bombe à retardement pour son successeur : l'équilibre de la loi de finances de 1995 repose sur des recettes de privatisations qui semblent plus qu'hypothétiques.

Balladur et Bérégovoy sont-ils les deux faces d'une même politique ? Que l'un soit ou non moins laxiste que l'autre, ne change rien au résultat : la France continue de s'endetter et de faire payer par l'étranger ses prétendues réformes et son glorieux système social.

Tant que la politique, en France, se résumera à tout faire pour remporter l'élection suivante, en arrosant les électeurs, comme dans une campagne de conseil général, on n'aura pas grand-chose à attendre d'elle. Balladur fait du Chirac sans Chirac, l'habileté en plus. Ou du Mitterrand sans Mitterrand, le talent en moins.

Au moindre mouvement de rue, le Premier ministre rétropédale à grande vitesse. Comme Mitterrand, comme Chirac. Balladur aime rappeler qu'il travaille sur le bureau de Turgot, « le réformateur qui est tombé pour avoir trop réformé, un exemple dont il ne faut jamais oublier de se souvenir ».

En la matière, Balladur ne court aucun danger. On ne s'arrêtera pas sur la liste de ses reculs, tant elle serait fastidieuse, de la révision de la loi Falloux sur l'enseignement privé aux mesures de lutte contre le tabagisme ou l'alcoolisme. On s'arrêtera juste sur l'édifiante histoire des CIP (contrats d'insertion professionnelle), un cas d'école à étudier dans les universités, qui en dit long sur l'immobilisme français.

Voilà, enfin, une réforme qui s'attaque au chômage des jeunes (22,6 % des moins de vingt-cinq ans). Elle doit leur permettre d'accéder plus facilement au marché du travail, en baissant la barrière du premier salaire qui s'élèvera désormais à 80 % du Smic. Elle est inspirée par la logique, le bon sens et les recommandations de l'OCDE.

Pour cet organisme international, le coût du travail peu qualifié, trop élevé en France, constitue un obstacle à l'emploi. Total, « au lieu d'être des travailleurs pauvres, les travailleurs non qualifiés deviennent des chômeurs ». Les CIP doivent casser la machine infernale qui, dans les cités notamment, pousse les jeunes dans le chômage puis la marginalisation, voire l'exclusion.

Une réforme réactionnaire ? C'est ce que prétendent, en chœur, les chantres du statu quo, les tartuffes à sornettes, les marchands de bonne conscience sociale et tous les syndicats, de la CGT à la CGC qui, soit dit en passant, réclamait cette mesure. À gauche, il n'est guère que Dominique Strauss-Kahn qui n'ait pas mêlé sa voix au concert des protestations. La plupart de ses pairs sont certes d'accord avec lui, mais en privé seulement. En public, ils font campagne contre les CIP en utilisant des grands mots qu'on ne citera pas, par bonté.

Comme souvent en France, le Premier ministre défend sa réforme sabre au clair, mais à reculons, en répétant haut et fort qu'elle n'institue pas un Smic-jeunes alors qu'il ne s'agit que de cela. Il part battu. Il n'en sera que plus aisé pour lui de battre en retraite devant une manifestation qui ne regroupait guère plus de 15 000 personnes, et encore, en comptant large.

Au même moment, le gouvernement socialiste de Felipe Gonzales mettait en place un système du même genre, en Espagne, et maintenait le cap après des manifestations qui avaient réuni des centaines de milliers de personnes. Mais Gonzales est un homme qui dit ce qu'il fait et fait ce qu'il dit. Pas Balladur qui décanille au premier vent.

Après avoir renoncé aux CIP, le Premier ministre fait savoir, dans un communiqué [1], qu'il entend répondre « à ce qui est un appel de la jeunesse », avant d'annoncer la tenue d'un comité interministériel sur la jeunesse. On croit rêver, mais non, c'est ainsi que meurent en France toutes les réformes. Avec un comité, une commission, un rapport ou un observatoire.

« On ne peut pas réformer en France, commente Balladur avec l'autorité de la compétence [2]. Ma méthode est donc simple. Deux pas en avant, un pas en arrière. C'est ma façon de danser le tango. »

« Cet homme a beaucoup de qualités, observe, en écho, le maire de Paris [3]. Mais il en est une dont il a toujours manqué : c'est le courage. »

---

1. Le 27 mars 1994.
2. Entretien avec l'auteur, le 30 mars 1994.
3. Entretien avec l'auteur, le 1er avril 1994.

18

La complainte des faux amis

« On n'est jamais trompé, on se trompe soi-même. »
Goethe

À l'avènement d'Édouard Balladur, Jacques Chirac avait droit, comme tous les membres du gouvernement, à l'interministériel. Un téléphone qui permet d'appeler directement les ministres et le premier d'entre eux. Le maire de Paris étant atteint depuis longtemps d'une téléphonite aiguë, doublée d'une interventionnite chronique, son appareil ne chôme pas. Il appelle sans arrêt les uns et les autres, donnant son avis sur tout, notamment sur les nominations en cours.

Quelques jours après son arrivée à Matignon, Édouard Balladur se demande à haute voix, devant Jérôme Monod, s'il est judicieux de laisser l'interministériel à Jacques Chirac : « Il en use et en abuse. Par exemple, il n'arrête pas de me harceler à propos du futur chef d'état-major. J'ai une idée. Il en a une autre. Eh bien, je vais nommer celui que je crois être le meilleur, un point c'est tout. »

Qu'Édouard Balladur veuille être un Premier ministre à part entière, Jacques Chirac ne le supporte pas. Mais qu'il ait décidé, en plus, de couper les ponts avec lui, ça le met hors de lui. Sa Sérénité l'appelait régulièrement, jadis. Au moins une fois par jour, vers 8 h 30, pour commenter l'actualité. Et voilà, soudain, qu'il ne lui téléphone pratiquement plus jamais, et encore prend-il le soin, s'il le fait, de ne pas composer le numéro lui-même.

« Édouard est très intelligent, plus que moi, note Chirac [1]. Mais il a deux gros défauts. Il est d'une susceptibilité maladive et il a la grosse tête. Une fois, dans les premières semaines, au lieu de composer lui-même mon numéro sur l'interministériel, il me fait appeler par sa secrétaire particulière, mais bon, je n'ai pas percuté. Une autre fois, je décroche et j'entends son chauffeur me dire : "Je vous passe le Premier ministre." Alors là, mon sang n'a fait qu'un tour et j'ai prévenu : "Ne refaites plus ça, Édouard. Sinon, je ne vous prendrai plus au téléphone." »

La menace ne fait pas peur au Premier ministre. Pour preuve, Édouard Balladur finira par lui retirer son interministériel. C'est ainsi que le président du RPR sera, pour reprendre la formule de Gérard Longuet, ministre des Télécommunications, « déconnecté à tous points de vue ».

Mais le maire de Paris sait à quoi s'en tenir depuis que le Premier ministre lui a dit, un jour, en le raccompagnant jusqu'au perron de Matignon : « Jacques, je ne serai jamais votre Premier ministre. Jamais. »

« Cette phrase, dira Chirac onze ans plus tard [2], je l'ai encore dans l'oreille. » Elle lui a permis de comprendre enfin le jeu du Premier ministre après qu'il s'est si longtemps voilé la face, comme s'il redoutait de reconnaître son erreur de jugement.

Quelque temps plus tard, Chirac croira avoir une nouvelle preuve de la duplicité de Balladur quand, après lui avoir reproché de ne jamais le citer dans ses discours, il laisse tomber :

« N'oubliez pas le contrat qui nous lie. »

Alors, Balladur :

---

1. Entretien avec l'auteur, le 24 décembre 1993.
2. Entretien avec l'auteur, le 15 octobre 2004.

« Lequel ? »

Entre les deux amis d'hier, le ton a tôt fait de s'aigrir. Édouard Balladur est du genre à mettre du poison dans sa camomille. Un soupçon, jamais plus. Mais quand il parle du maire de Paris, désormais, il ne se retient plus. Il crache son venin avec l'air de boire du vinaigre :

« Chirac prétend, commente Balladur, qu'il est derrière moi. Mais il fait dire par ses sbires que je suis un affreux immobiliste qui cède tout. Et de Gaulle, alors ? Après sa victoire de 1958, il a lâché sur la retraite aux anciens combattants. En 1962, après le triomphe de son référendum, il s'est incliné devant les mineurs en grève. En 1968, on a vu comment il a fui ses responsabilités. Moi, je ne me suis jamais laissé prendre, comme d'autres, par le calme trompeur du pays. J'anticipe les difficultés. Je reste prudent[1]. »

Quelques jours plus tard, le Premier ministre enfonce la dague avec une expression de dégoût absolu :

« Un ami de trente ans, Chirac ? C'est ce qu'il dit que nous sommes. Mais entre 1974 et 1976, quand il était Premier ministre, il ne m'a pas invité une seule fois à venir le voir, ni à Matignon ni ailleurs. Je suppose que ça aurait fait de la peine à Giscard. Et puis, il faut savoir que, jusqu'en 1980, nous n'avons pas déjeuné une seule fois ensemble[2]. »

Un gloussement, puis :

« C'est vous dire si notre amitié était pudique. »

Quand Simone Veil et François Léotard, respectivement ses ministres des Affaires sociales et de la Défense, se prononcent pour la candidature d'Édouard Balladur à l'élection présidentielle, le maire de Paris ne doute plus que la guerre est déclarée. Il s'y prépare désormais, en donnant le change et arborant une confiance de façade qui fait sourire. Même

---

1. Entretien avec l'auteur, le 15 novembre 1993.
2. Entretien avec l'auteur, le 29 novembre 1993.

s'il en abuse, la langue de bois n'a jamais été son fort. Elle sonne particulièrement faux.

Par exemple, quand on lui demande comment il voit son avenir dans les prochains mois, il fait toujours la même réponse mécanique qui ne convainc personne : « Écoutez, moi, je suis déjà au lendemain du second tour de l'élection présidentielle. »

Mais l'amour-propre ne pardonne pas. Chirac est un homme blessé. D'avoir galvaudé sa confiance. De s'être laissé si aisément berner. À la fin de l'année 1993, il laisse percer à son tour une espèce de rage froide lorsqu'il parle de celui qu'il a couvé, promu et installé à Matignon :

« Quand il était ministre des Finances, pendant la première cohabitation, je disais souvent à Édouard : "Faites attention. Ça vous monte à la tête." C'est ce qui se passe aujourd'hui et, franchement, je trouve ça un peu triste. Cinq ans de projets communs et d'engagements ne peuvent pas partir en poussière comme ça, balayés d'un revers de main, sous prétexte qu'il ne se sent plus pisser. Récemment, je ne me suis pas gêné, je lui ai lâché le paquet : "Je vous mets en garde, Édouard. Vous prenez la grosse tête." Je sais que ça l'agace, mais il faut bien que quelqu'un se dévoue pour lui dire la vérité. Je vois clair dans son jeu, maintenant. Il essaye de me pousser à la faute. Il veut me faire sortir de mes gonds pour pouvoir, ensuite, se libérer de son contrat. Je ne tomberai pas dans ce piège. D'abord, parce que je ne suis pas assez bête. Ensuite, parce que je sais me contrôler. Enfin, parce que je suis, figurez-vous, dans un état de grande sérénité. Tôt ou tard, Édouard finira par comprendre que je suis au moins aussi déterminé que lui et qu'il a lui-même quelques handicaps à surmonter. Vous savez, c'est rude, une campagne électorale. Il n'en a jamais fait. Il dira qu'il a été élu député du 15ᵉ arrondissement de Paris. Non, mille excuses, il a été nommé. Par moi. À ça, il faut ajouter qu'il doit être bien embêté de se présenter contre moi à la présidentielle. Moralement, ça ne sera pas facile. On lui dira : "Qui t'a fait roi ?" Certains soirs, il aura du mal à se regarder dans la glace. Il lui restera bien un petit fond d'éthique, même si je ne me fais plus trop d'illusions, désormais. Je viens d'apprendre à mes dépens qu'il faut s'attendre à tout, des gens. À tout. »

Jacques Chirac fait pitié, désormais. Il est devenu l'incarnation vivante d'un vieux proverbe turc : « Qui tombe n'a pas d'amis. Trébuchez seulement, et regardez. » Ses proches, ses obligés, ses amis de trente ans, tous ou presque se sont esbignés comme une volée d'étourneaux, pour se mettre à l'abri d'un arbre plus prospère. C'est la cruelle loi de la vie, politique s'entend : « Chacun pour soi. » Le maire de Paris a de plus en plus de mal à cacher sa peine et son désarroi.

Un jour de doute, il dit à l'auteur, avec une expression pathétique :

« C'est dur, toutes ces trahisons, très dur. Je garde bien quelques fidèles mais je vois bien que ça se "clairsème" autour de moi. Tout ça, à cause de ces fichus sondages. Les lâcheurs sont tous à l'image de Sarkozy. Ils sont à leur affaire, le nez sur le guidon, sans imaginer que les vents tourneront un jour, parce qu'ils finissent toujours par tourner, c'est aussi vrai en politique qu'en météorologie. Vous allez me dire que je suis paranoïaque, mais ils m'ont même mis sur table d'écoute, vous savez. J'en ai la preuve [1]. »

Un gros soupir et il ajoute :

« Je suis trop naïf. C'est ça, mon problème. Je n'avais pas prévu tout ça. »

On n'est pourtant qu'au début de l'histoire.

_____

1. Entretien avec l'auteur, le 23 juin 1994.

19

L'effeuillage de l'artichaut

« Le pain de la fourberie est doux à l'homme mais à la fin,
sa bouche est remplie de gravier. »
Livre des proverbes

« Balladur aime le gigot de 7 heures. C'est comme ça qu'il aime Chirac : à la cuillère. » Telle est la dernière blague qui court dans Paris. L'auteur : Marie-France Garaud, que le maire de Paris a congédiée sans ménagement quinze ans plus tôt.

Le Premier ministre a une si haute idée de son intelligence que ça lui donne du caractère. Mais du courage, non. Il est trop calculateur pour en faire preuve. Et puis sa fausse modestie, fille de la vanité, lui bouche la vue. Il ne voit pas les nuages qui s'amoncellent à l'horizon. À la recherche exclusive de motifs de satisfaction, il n'a d'ouïe que pour les louanges ou les propos mielleux. Notamment ceux de François Mitterrand qui, du moins devant lui, n'en est pas avare. Le 23 février 1994, par exemple, le président lui a dit : « Laissez s'entretuer vos rivaux de la majorité. De tous, c'est vous que je préfère. » Il répète cette confidence à l'envi. Faites passer.

Pauvre Balladur. Il ne lui viendrait pas à l'idée, tant il est rengorgé de contentement, que François Mitterrand puisse penser le contraire. C'est pourtant le cas. Quelques jours plus tard [1], le chef de l'État dira à son vieil ami Roland Dumas : « Si Balladur continue à céder comme ça sur tout, il aura du mal à tenir jusqu'à l'été. Je pense que la descente va être rude pour lui. Je ne me plaindrai pas. Ça me permettra de changer de Premier ministre. Je nommerai Barre à l'automne. Ça les embêtera bien. »

Il faudra attendre plusieurs semaines encore pour que le chef de l'État balance sa première vanne à Édouard Balladur. Cela se passe pendant l'un de leurs entretiens du mercredi, avant le Conseil des ministres. « Tout le monde s'agite en même temps, observe le président. Ça me rappelle 1815, quand ils étaient trois à guigner le pouvoir, le duc d'Orléans, Bernadotte et Louis XVIII.

— Louis XVIII, ça sera qui ? demande Balladur.

— Vous », répond Mitterrand.

Commentaire de Balladur, après qu'il a raconté cet échange à l'auteur : « C'est vraiment une vieille frappe, ce Mitterrand. » Le Premier ministre a perçu la malignité du faux compliment présidentiel. Mais il n'a pas compris qu'un nouveau front vient de s'ouvrir contre lui : pour la prochaine élection présidentielle, le chef de l'État est désormais sur la ligne TSB (« Tout sauf Balladur »).

Les deux hommes étaient pourtant faits pour s'entendre. Ils ont la même culture, le même cynisme tranquille, la même passion pour la littérature française. L'un et l'autre peuvent soutenir pendant des heures une conversation sur Voltaire, Rousseau ou Diderot qu'ils connaissent sur le bout des doigts. Comme Mitterrand, Balladur aura passé une bonne partie de sa vie un livre à la main. Rien à voir avec Chirac.

Pourquoi, alors, ce courroux présidentiel contre Balladur ? D'abord, Mitterrand, affecté du complexe de Volpone, ne souffre pas que son Premier ministre se préoccupe tant de sa santé. Surtout à l'heure où il sait qu'il est en train

---

1. Le 4 mars 1994.

de perdre sa guerre contre le cancer de la prostate et des os qui le ronge depuis plus de dix ans déjà. Il n'aime pas ses regards, pendant les conseils. Il prétend qu'ils cherchent la mort en lui.

Ensuite, il ne supporte pas les incursions répétées du ministre dans son domaine réservé, la politique étrangère. Même s'il apprécie le ministre en charge, Alain Juppé, dont il ne perd jamais une occasion de dire grand bien, il se sent agressé par les déclarations d'Édouard Balladur qui ira un jour jusqu'à affirmer, ultime provocation : « Mon gouvernement, en accord avec le président de la République, conduit les relations extérieures de la France. »

Enfin, il prétend connaître la vérité d'Édouard Balladur qu'il décrit ainsi, entre autres : « Un personnage de Molière. C'est Tartuffe sous des airs de Bourgeois Gentilhomme. » Ou bien : « Une outre pleine de fiel. Percez et vous verrez, il n'en sortira que du fiel. » Ou encore : « Un modèle d'hypocrisie comme on n'en a pas vu beaucoup dans l'Histoire de France. C'est d'abord ce qui restera de lui. »

Apparemment, la stratégie de Balladur est imparable. Les yeux rivés sur l'élection présidentielle de 1995, il revêt les habits d'un personnage étrange, une sorte de rareté politique : candidat sans l'être, naturel et incontournable. Une évidence, qui n'aura même pas besoin de faire campagne ou à peine. Il a déjà un style présidentiel. Il ne lui reste plus qu'à s'installer dans les meubles. L'élection ne sera qu'une formalité.

C'est la stratégie du favori. Sur le papier, elle fonctionne bien. Dans la réalité, elle a presque toujours échoué. Elle n'a réussi qu'à de Gaulle, en 1965, mais elle a perdu Alain Poher en 1969, Jacques Chaban-Delmas en 1974, Valéry Giscard d'Estaing en 1981, Raymond Barre en 1988 comme elle perdra, ensuite, Édouard Balladur en 1995 ou Lionel Jospin en 2002.

En attendant, Édouard Balladur la suit. Avec l'aisance des connaisseurs de la chose politique. À Matignon, il donne déjà le ton de sa présidence. Avec lui, pas de précipitation. D'un naturel poli, il traite ses visiteurs avec égard et patience en se gardant bien de leur montrer, contrairement à Chirac, qu'ils lui font perdre son temps auquel, toujours contrairement à Chirac, il donne du temps.

Il n'est pas pressé. Surtout quand il s'agit de circonvenir les proches de Chirac qu'il effeuille comme un artichaut. Pour les désarmer, puis les suborner, il les couvre d'éloges quand il ne leur offre pas un poste ou une Légion d'honneur. Il a réussi une prise de choix : Jacques Friedmann. C'est le meilleur ami du maire de Paris, un vieux complice, un homme subtil et chaleureux, qui fait partie de ses intimes depuis l'ENA. Inspecteur des finances, il fut, dans les années soixante, chargé de mission au cabinet de Valéry Giscard d'Estaing, ministre des Finances. Le chef du gouvernement en a fait le président de l'UAP (Union des Assurances de Paris). Depuis, Friedmann se sent déchiré entre deux loyautés et, tel l'âne de Buridan, refuse de choisir.

Ce n'est pas le cas de Jérôme Monod, ancien secrétaire du RPR devenu patron de la Lyonnaise des Eaux. Lui a choisi. Il est vrai qu'il n'a jamais éprouvé de tendresse particulière pour Édouard Balladur qu'il connaît depuis l'ENA et qui le surnomme « Jerry », surnom dont il a écopé au retour d'un séjour aux États-Unis, après ses études. En retour, « Jerry » appelle le Premier ministre « Eddy », ce qu'il déteste. Monod persiste quand même. Il aime agacer le chef du gouvernement dont il moque volontiers les ambitions politiques : « Il ne saura jamais y faire. Il restera toujours un avatar du comte de Paris. »

Un jour, Édouard Balladur jette ses filets sur Jérôme Monod. « Reconnaissons-le, dit-il à son ami "Jerry" sur un mode faussement contrit, ce pauvre Jacques a échoué partout. Qu'il s'agisse de sa vie de famille ou de ses deux passages à Matignon, il n'a fait que se planter. Il faut expliquer à ce garçon qu'il ne doit pas se présenter à la présidence et diviser ainsi la majorité. Ce serait encore une erreur dans une carrière qui en compte tant. »

Sans trahir la conversation, Jérôme Monod s'en va derechef prévenir le maire de Paris :

« Méfie-toi. "Eddy" prépare quelque chose.

— Laisse tomber, répond Chirac. C'est du bluff. Il ne fera rien. Il n'a pas assez de coffre. »

Même si sa rupture avec Balladur est consommée, Chirac a du mal à croire à sa candidature. « Je suis très calme et très serein, dit-il un jour à l'auteur. L'actualité ne m'intéresse pas. Je lis à peine les journaux. J'écoute juste les gens. Dans ma tête, je suis déjà au lendemain du scrutin[1]. » Une autre fois, il observe : « Si je vais encore au déjeuner de la majorité, le mardi, à Matignon, ça n'est plus que pour chercher le regard d'Édouard. C'est étrange, je ne le trouve jamais. Même quand il me serre la main, il s'arrange pour ne pas me regarder. Maintenant, il en vient à tout faire pour n'avoir pas à me la serrer. Des détours pas possibles ou des fuites par des portes dérobées. C'est peut-être le signe qu'il lui reste encore un fond de morale. Mais ça ne suffira jamais à compenser le courage dont il manquera toujours[2]. »

La formule qui revient le plus souvent dans sa bouche, à cette époque : « Je vais gagner. » Mais tout son visage dit le contraire. Ses traits défaits, ses muscles relâchés, la tristesse de ses yeux. On dirait un décapité qui, après son exécution, aurait remis sa tête sur son cou pour faire croire qu'il est vivant.

---

1. Entretien avec l'auteur, le 1er avril 1994.
2. Entretien avec l'auteur, le 3 mai 1994.

20

La botte secrète de Monte-Cristo

« Pour savoir se venger, il faut savoir souffrir. »
Voltaire

Il a perdu son sourire commercial. Il regarde moins souvent ses interlocuteurs dans les yeux et se laisse aller à proférer des propos de plus en plus désabusés sur l'humanité en général et Balladur en particulier. Assistant, impuissant, à l'agonie de son système, Chirac continue néanmoins de faire semblant. Il s'est mis en pilotage automatique. En ce qui concerne les accolades, les poignées de main, les manifestations officielles ou les signatures de parapheurs, il arrive encore à assurer. Mais pour le reste, il ne trompe plus son monde.

Chirac suit la tactique de la poule d'eau qui, devant le danger, s'immerge, ne laissant plus dépasser que son bec à la surface. Il y a quelques mois, il répétait : « Édouard a décidé de m'effacer. » Apparemment le Premier ministre a réussi. S'il n'a pas disparu du paysage, le président du RPR n'est plus qu'un cadavre qui bouge encore.

« Je me suis enfoui, dit-il à l'auteur, le 23 août 1994. Mais vous verrez, je l'aurai, Édouard.

— Comment allez-vous faire ?

— J'ai une botte secrète.

« — Quelle est-elle ?

— Je veux qu'elle reste secrète encore quelque temps. »

Quand l'auteur lui dit que Mitterrand est « furieux » contre lui, Chirac secoue la tête :

« Vous n'y êtes pas. Nos relations sont excellentes.

— Il trouve que vous vous débrouillez très mal avec Balladur.

— Ah ? Je vais lui en parler. Je le vois dans trois jours.

— Il vous dira sûrement que vous avez commis beaucoup d'erreurs, ces temps-ci.

— Lesquelles ?

— Il pense que vous êtes trop absent. »

Chirac baisse les yeux puis note quelque chose sur un carnet. Quand l'auteur lui demande ce qu'il a écrit, il lui tend son calepin : « Trop absent. »

C'est dire si, malgré ses fanfaronnades, le maire de Paris ne sait plus à quel saint se vouer. Il n'ignore pas que la machine balladurienne est entrée dans la dernière phase, à son égard : la vitrification totale. Pour faire front, il prendra ses alliés où il les trouvera. Si le président a envie de l'aider, alors, va pour Mitterrand.

Le pouvoir balladurien est éminemment français : à la fois faible et despotique. Souvent apeuré par les sautes d'humeur du bas peuple, il n'a pas son pareil pour imposer sa loi sur l'appareil d'État ou les partis de la majorité. Que le Premier ministre soit apparemment un homme doux et affable n'empêche pas les siens d'utiliser tous les moyens, à commencer par l'intimidation, pour amener de nouveaux soutiers à leur maître.

Il importe, par exemple, de mettre au pas *Le Figaro* qui se pique d'indépendance. C'est même devenu obsessionnel, dans les hautes sphères balladuriennes. Son propriétaire, Robert Hersant, a décidé que son journal ne soutiendrait aucun candidat. Mal lui en a pris.

« Depuis que je suis dans la presse, observe Robert Hersant, je n'ai jamais eu de plus mauvais rapports avec un gouvernement. Je reçois sans arrêt des menaces. Pas des propos en l'air, non, des menaces très précises proférées par des gens très importants. Ils me promettent le pire sur le plan bancaire. Pour l'instant, j'évite de prendre ces connards au téléphone mais je ne sais pas si je pourrai tenir longtemps : ça tombe mal, j'ai une échéance bancaire très difficile [1]. »

Robert Hersant feindra de s'incliner. Pour donner le change, il se rend, fait exceptionnel, à la cérémonie des vœux du Premier ministre et nomme Yves de Chaisemartin auprès de lui à la direction politique du *Figaro*. « C'est un balladurien, jure-t-il à ses maîtres chanteurs. Vous pouvez être tranquilles. » Ils ne le seront jamais.

Quelque temps plus tard, blessé dans son orgueil, Robert Hersant écumera devant l'auteur : « J'ai dit à Balladur qu'un journal, ça ne peut pas être à la botte, mais il ne comprend pas, il ne comprendra jamais. Avec les personnages de ce genre, on n'en fait jamais assez. Ils n'acceptent la presse que couchée, pour s'essuyer les pieds dessus. Même de Gaulle et Mitterrand, que j'ai pourtant combattus, eux, étaient plus ouverts que ce type [2]. »

Jérôme Monod, lui, fait de la résistance. Le patron de la Lyonnaise des Eaux a décidé d'accorder des stock-options aux dirigeants d'une de ses filiales, Degrémont, après qu'ils ont administré à l'entreprise un traitement de cheval, qui l'a remise sur pied. Mais la direction du Trésor bloque. L'ami de Chirac demande donc à Nicolas Sarkozy, ministre du Budget, de lui arranger son affaire.

Une réunion est organisée pour que les dirigeants de Degrémont puissent défendre leur cause devant le ministre

---

1. Entretien avec l'auteur, le 22 décembre 1994.
2. Entretien avec l'auteur, le 23 janvier 1995.

du Budget. Avant qu'elle ne commence, Nicolas Sarkozy prend Jérôme Monod à part :

« Alors, vous êtes pour ou contre nous ?

— Que voulez-vous dire ?

— Allons, ne faites pas le naïf. Vous allez soutenir Chirac ou Balladur ?

— Je ne répondrai pas à cette question. »

Au cours de cette réunion, dans un nouvel aparté, Sarkozy souffle à Monod, sur un ton ironique : « Une fois pour toutes, qui sera votre candidat ? »

Alors, Monod : « Cette question n'a rien à voir avec le sujet que l'on traite. »

Tout cela s'est dit entre deux sourires. Mais ça en dit long sur le climat qui règne aux sommets. Rares sont ceux qui, comme Jérôme Monod, osent tenir tête au rouleau compresseur de l'État-Balladur. Quelques amis, comme François Pinault ou Bernard Brochand. Mais au RPR, on peut les compter sur les doigts d'une seule main : dans l'ordre alphabétique, Jean-Louis Debré, Alain Juppé, Bernard Pons, Philippe Seguin et Jacques Toubon.

Tous n'ont pas, avec le maire de Paris, le même rapport d'intimité ou de soumission. Jacques Toubon et Jean-Louis Debré montent sans cesse au front pour leur héros, la loyauté chevillée au corps. « Je préfère qu'ils soient avec Chirac plutôt qu'avec moi, s'amuse Balladur. Ces gens-là n'auraient même pas pu inventer l'eau chaude. » Bernard Pons et Philippe Seguin préparent les munitions, à l'arrière. Quant à Alain Juppé, dauphin officiel depuis que le président du RPR l'a appelé le « meilleur d'entre nous », il est en train de s'affranchir. Il a décidé de quitter la capitale pour prendre la succession de Jacques Chaban-Delmas à la mairie de Bordeaux.

Jacques Chirac ne devrait pas oublier de s'en souvenir : aucun de ces cinq hommes ne lui a manqué, dans ces heures difficiles. Force est de constater que, par la suite, il a manqué à presque tous. Dix ans plus tard, la plupart auront été laminés ou mis en pièces. C'est à peine si, parfois, il aura levé le petit doigt pour eux, comme si, à ses yeux, la loyauté était toujours à sens unique. Comme disait Alexandre Dumas : « Il y a des services si grands qu'on ne peut les payer que par l'ingratitude. »

Un nouveau Chirac est né sous Balladur : ingrat, rugueux et anti-élitiste. Un soir, au cours d'un débat informel avec plusieurs intellectuels comme Régis Debray, Jean-Claude Guillebaud ou Denis Tillinac, sous l'égide de leur association « Phares et balises », le maire de Paris entend parler d'une note de l'ethno-sociologue Emmanuel Todd, souverainiste de gauche, pour la Fondation Saint-Simon [1]. Il y est présenté comme « homme de gauche, par la force des choses ». N'est-ce pas là, en effet, le créneau le plus judicieux pour l'élection présidentielle ?

Balladur occupe le terrain de la droite modérée. Qu'à cela ne tienne, tout en gardant la droite populiste, Chirac ira braconner à gauche. Après avoir lu la note d'Emmanuel Todd, le maire de Paris en commandera deux cent cinquante exemplaires qu'il enverra aux députés RPR. Sa campagne est toute trouvée : dépasser le clivage droite-gauche, en parlant au nom du peuple, coupé, selon lui, de ses classes dirigeantes.

Rien à voir avec la campagne très libérale de 1988, mais qu'importe. Chirac n'en est pas à un changement de cap près et cette nouvelle ligne lui ressemble bien. Dans sa note, une brochure très sérieuse de quarante pages, intitulée « Aux origines du malaise politique français », Emmanuel Todd écrit notamment : « Jacques Chirac, sans l'avoir beaucoup cherché, est virtuellement de gauche. » Il le voit « plus proche d'un idéal de type populaire et démocratique ». Il en fait le « candidat de ceux qui ont intérêt au changement – les pauvres, les jeunes, les actifs, les emprunteurs », alors qu'Édouard Balladur est, selon lui, le « chef du parti des

1. En novembre 1994.

nantis – les riches, les vieux, les retraités, les rentiers, tous les amateurs du franc fort ».

Emmanuel Todd a-t-il été le mentor de Jacques Chirac ? L'ethno-sociologue s'en défend avec drôlerie : « Comme la presse écrivait que j'étais son gourou, tout le monde était convaincu de mon importance. Plus je démentais, plus on était sûr de mon pouvoir. J'étais convoqué par des ambassadeurs ou par George Soros qui me demandait si on allait dévaluer. C'était d'autant plus comique que je n'ai rencontré Chirac que trois ou quatre fois, pas plus, et jamais en tête-à-tête. »

N'empêche que la note d'Emmanuel Todd a permis à Jacques Chirac de théoriser ce que lui disait son instinct. « La première fois que je l'ai vu, dit-il, et alors qu'il n'avait pas encore lu ma note, il parlait déjà gauchiste », observe celui qui a fini par passer pour son idéologue.

« Il s'est rejoint », confirme Claude Chirac, sacrée, à l'occasion de la campagne, conseillère en tout, politique, loisirs ou communication. « Il exprime enfin ce qu'il est. »

21

Le dauphin de Mitterrand

« Quand le vieux lion se meurt, même les chiens ont du courage
et lui arrachent les poils de sa moustache. »
Proverbe syrien

Tartuffe est un personnage de toutes les époques. Il
célèbre les puissants dès lors qu'ils sont au sommet et les
traîne dans la boue à l'instant où le sol se dérobe sous leurs
pieds. Après des années de courbettes et de ronds-de-jambe,
il a donc abandonné François Mitterrand dont le règne
touche à sa fin et qui n'est plus en mesure de les allécher
avec l'argument-massue : « Par ici la bonne soupe. » Quel-
ques-uns de ses anciens courtisans croient même pouvoir
se refaire une virginité à ses dépens et commentent avec
effroi les dernières révélations sur son passé vichyste.

Ils savaient, pourtant. Nul ne pouvait ignorer que
François Mitterrand avait joué double jeu pendant plusieurs
mois, de 1942 à 1943. Qu'il ne fut jamais le résistant de la
première heure décrit par son histoire officielle. Qu'il a
signé quelques textes d'inspiration pétainiste. Ses obligés
ont pris prétexte de la publication du livre de Pierre Péan,
Une jeunesse française [1], un remarquable travail d'historien,

_____

1. *Une jeunesse française, François Mitterrand, 1934-1947*, Fayard,
1994.

pour découvrir la lune et se lamenter avec des airs éplorés d'avoir été blousés.

Oui, ils auraient été trompés, les pauvres chats. C'est la même colère qui monte de l'ancienne cour du président comme du monde des médias, naguère si complaisant à son égard. Le « microcosme », pour reprendre la formule définitive de Raymond Barre, est frappé du syndrome de la fin de règne quand les carpettes se redressent, soudain, pour se venger des bienfaits et des prébendes, qui, après les avoir comblées hier, les humilient aujourd'hui.

Pourquoi les anciens thuriféraires de Mitterrand feignent-ils d'apprendre, dans la dernière ligne droite, ce qui était public depuis des lustres ? Parce que les vendanges sont faites. Il faut les comprendre. Il n'y a plus rien à grappiller. Ni à boire. En plus, les soleils couchants ont toujours moins de charme que les soleils levants.

Jacques Chirac éprouve une espèce de compassion pour le vieux président abandonné. En cet automne 1994, les deux hommes sont, d'une certaine façon, dans la même situation. Seuls, lâchés, trahis. Ni l'un ni l'autre ne sont des enfants de chœur. Politiquement parlant, ils ont même les mains sales, sinon rouges, à force d'avoir excellé dans le mensonge ou vécu en basses intrigues. Mais ils ont toujours respecté l'homme à terre.

On ne les respecte pas, eux. Ainsi naît entre le président et le maire de Paris une complicité qui aura tôt fait de grandir puis de tourner à la collusion. C'est François Mitterrand qui a fait le premier pas. Un jour de novembre, il a soufflé à Michel Charasse, devenu son conseiller préféré : « Si vous avez l'occasion de parler à Jacques Chirac, dites-lui que je ne suis pas son ennemi. »

Après que Charasse lui eut transmis le message présidentiel, Chirac a laissé tomber : « Vous lui direz que j'avais cru m'en rendre compte. »

Le 26 août 1994, déjà, lors des cérémonies commémorant le cinquantième anniversaire de la Libération de Paris, le président avait délaissé le Premier ministre pour passer un long moment, en tête-à-tête, avec le maire de la capitale, dans son bureau. Ils ne s'étaient rien dit de fondamental. Ils avaient juste échangé quelques amabilités.

« Le motif officiel, raconte Chirac, c'est qu'il devait prendre un soin. Mais en fait, il voulait surtout parler. Il m'a dit : "Vous avez raison d'être candidat." Il m'a même encouragé et assuré que j'avais toutes les chances de gagner. Et ça durait, ça durait. Je me suis demandé si son intention n'était pas de faire attendre Balladur en bas, mais je suis peut-être mauvaise langue [1]... »

Depuis, Mitterrand n'a pas cessé de plaindre son rival de 1988. Un jour, il dit à l'auteur qu'il trouve « injuste » le traitement infligé au maire de Paris. « Ses amis se comportent très mal avec lui. Il y a dans leur attitude quelque chose d'odieux et de répugnant. Il doit beaucoup souffrir [2]. » Une autre fois, il confie avec une mine de commisération : « C'est une des personnes les plus sympathiques et les plus chaleureuses qui soient. Il ne doit pas comprendre ce qui lui arrive. Il ne méritait pas ça [3]. »

S'il se rapproche de Chirac, Mitterrand ne croit pas à ses chances : « C'est quelqu'un qui, au premier tour, ne peut pas dépasser les 20 %. Pour quelle raison cela changerait-il maintenant ? Humainement, c'est peut-être le mieux de tous. Mais il y a quelque chose d'irrationnel en lui. C'est pour ça qu'il inquiète les Français [4]. »

Chirac n'est donc pas son candidat favori, pas encore. De tous, c'est Barre, et de loin, qu'il préfère. Sans doute regrette-t-il même parfois, en son for intérieur, de l'avoir battu parce qu'il dit volontiers : « La France l'a raté. »

Elle l'a en effet raté parce que Mitterrand qui, en 1988,

---

1. Entretien avec l'auteur, le 16 juin 2005.
2. Entretien avec l'auteur, le 3 septembre 1994.
3. Entretien avec l'auteur, le 17 octobre 1994.
4. Entretien avec l'auteur, le 3 septembre 1994.

s'était positionné au centre, lui avait confisqué tous ses thèmes de campagne. Ses amis politiques ont fait le reste. Le chef de l'État voit en Barre « un homme d'État qui a une vision pour la France et pour l'Europe. On n'en a pas d'autres comme ça en magasin, ajoute-t-il. Mais il a trop d'ennemis dans son camp. C'est pourquoi il n'est plus dans la course. Quel gâchis ! »

Alors, qui ? À gauche, le président ne voit personne. Ni Mauroy : « C'est un roc. Le monument des socialistes. Il serait le meilleur candidat de la gauche. Lui croit le contraire. » Ni Delors : « Il ne veut pas être élu, il veut bien être nommé. Il rêve d'hommage sans bataille, comme si tout lui était dû. C'est pour ça qu'il ne supporte pas la critique. Ce serait un mauvais candidat et si, par miracle, il était élu, un président plus mauvais encore. »

Rocard n'a plus aucune chance, depuis qu'il a perdu la direction du PS, après son échec aux européennes : « C'est un brave garçon. Je pense simplement qu'il n'était pas qualifié. Il était tout juste bon pour un secrétariat d'État aux PTT ou quelque chose de ce genre. Rien de plus. Est-ce que les événements ne m'ont pas donné raison ? »

Dans la génération suivante, nul ne trouve vraiment grâce à ses yeux, à l'exception de Fabius : « Une merveilleuse mécanique, dit-il. Il a tout. Mais il a un problème de caractère. Je ne comprends pas que cette affreuse affaire de sang contaminé l'ait entamé à ce point. Souvent, il vient se plaindre de tout le mal qu'on lui fait, à lui et à ses enfants. Croyez-vous que c'était facile, pour les miens, après l'affaire de l'Observatoire ? Il devrait être candidat pour laver l'affront, comme je l'ai été moi-même en 1965. Je le lui ai dit. Il ne veut pas m'entendre. »

Un soupir, puis :

« Quel dommage qu'il n'ait pas le caractère de Jospin ! Quelle carrière il aurait faite ! »

Sur Jospin, Mitterrand est d'une grande sévérité. Avant que son ancien ministre de l'Éducation nationale ne prenne

125

ses distances avec lui, en quelques phrases bien senties, dans un entretien au *Point*, à propos de ses accointances vichystes, le chef de l'État en parlait avec la bienveillance de la culpabilité. En 1992, ne l'avait-il pas limogé sans préavis, comme un domestique de surcroît, sous prétexte qu'il lui tenait tête ?

Après ce qu'il considère comme un « manquement » de son ex-dauphin, le président utilise à son égard le mode de l'insinuation :

« Ah ! ce pauvre Lionel ! Vous connaissez son problème... »

Comprenne qui pourra. Si on lui demande des précisions, le chef de l'État hausse les épaules, l'air irrité :

« Allons, vous savez bien. »

En ce qui concerne les étoiles de demain du PS, Mitterrand ne voit rien venir. En tout cas, pas Strauss-Kahn : « Ce sera toujours le candidat des patrons. » Ni Aubry : « C'est un produit pour les médias qui en reviendront comme ils reviennent de tout. Elle est trop méchante pour réussir. »

Parmi les derniers-nés, Mitterrand ne se dit impressionné que par Juppé, le ministre des Affaires étrangères : « Un homme d'État, comme Barre. Avec un sens de l'intérêt général comme j'ai rarement vu. S'il ne fait pas trop de bêtises et prend un peu d'épaisseur humaine, il devrait occuper le terrain, à droite, pour les dix ou vingt années à venir. Mais il n'est pas encore en situation. »

À la fin des fins, il ne restera plus à Mitterrand qu'à se rallier, en douce et par défaut, à la candidature de Chirac. Ses dernières préventions contre le maire de Paris sauteront quand le PS désignera Jospin.

Michel Charasse, le fidèle des fidèles, ne l'a jamais entendu dire un mot contre ceux des siens qui, comme Pierre Bergé ou Frédéric Mitterrand, son neveu, s'étaient rapprochés de Jacques Chirac par anti-balladurisme : « Il ne commentait pas. Il respectait leur choix. »

Entre Balladur et Jospin, il a donc choisi Chirac qui, à tant d'égards, lui ressemble. La même persévérance infatigable. La même connaissance de la géographie électorale. La même fibre radical-socialiste. Le même parrainage aussi. Celui du bon père Queuille, président du conseil sous la IVe République, qui trouva un point de chute électoral pour Mitterrand, à la Libération, et dont Chirac a repris la circonscription corrézienne, en 1967.

Mitterrand est décidé à tout faire pour que Balladur n'accède pas à l'Élysée : « Il a trop l'âme d'un traître, vous comprenez. Il est prêt à tout. Pour que je parte. Pour être élu. Je suis sûr qu'il va bientôt balancer des affaires contre Chirac, vous verrez. J'ai rarement vu des types pires que moi, en politique. Là, j'ai vu[1]. »

---

1. Entretien avec l'auteur, le 17 octobre 1994.

22

L'œil d'Abel dans la tombe

« L'insecte humain ne se décourage jamais
et recommence de grimper. »
François Mauriac

Puisqu'il n'en aura plus l'usage, François Mitterrand a donné Jacques Pilhan, son grand stratège, au maire de Paris. C'est le plus beau cadeau qu'il pouvait lui faire. Un petit génie de la communication, décrassé des prurits égotiques de son métier, où il surmonte tout le monde de plusieurs têtes.

« Je suis allé travailler avec Chirac en plein accord avec Mitterrand, insiste Pilhan. Il m'a même donné sa bénédiction. »

Il est arrivé à l'Élysée dès 1981 dans les bagages du publicitaire Jacques Séguéla, qui avait conçu la campagne de François Mitterrand à l'élection présidentielle. C'est un homme de gauche, mitterrandien plus que socialiste. Il s'éprend tout de suite de Jacques Chirac et l'encourage à gauchir son discours.

Jacques Pilhan aime les causes perdues. Il y a du d'Artagnan en lui, un d'Artagnan de poche qui a tôt fait de se dresser sur ses ergots. Il voue une sorte de culte au chef de l'État à son couchant, miné par son cancer autant que par les trahisons de la onzième heure. S'il n'en reste qu'un,

128

auprès de François Mitterrand, ce sera lui. Avec Michel Charasse, Jack Lang et Anne Lauvergeon, directrice adjointe du cabinet présidentiel et future patronne d'Areva. Sans oublier Hubert Védrine et Jean-Louis Bianco.

Ce Chirac, seul comme jamais, au bord du précipice où ses propres créatures ont décidé de le faire tomber, Pilhan en parle avec une affection non dénuée de fascination : « C'est quelqu'un qui peut tout affronter, tant est grande sa force intérieure. Rien ne lui fait peur. On se dit que même mort, il continuera à se battre. » Il hausse les épaules, puis : « Quel malheur que ce soit une bourrique ! »

Chez Mitterrand, Pilhan appréciait l'aptitude à changer d'avis, au gré des saisons. C'était un esprit libre, capable de tous les retournements. Rien de tel avec Chirac. Il semble souvent imperméable au raisonnement et sourd à la dialectique qui a toujours été le mode de fonctionnement du président. « Quand il s'est mis une idée dans la tête, se plaint Pilhan, on ne peut plus la lui retirer. »

Au contraire, Mitterrand est un disciple d'Émile Chartier dit Alain, le philosophe du radicalisme, qui écrivait : « Une idée que j'ai, il faut que je la nie : c'est ma manière de l'essayer [1]. » Ou bien : « Réfléchir, c'est nier ce que l'on croit [2]. » Ou encore : « Rien n'est plus dangereux qu'une idée quand on n'a qu'une idée [3]. »

Chirac n'a qu'une idée, en cet automne 1994 : faire campagne à gauche contre le statu quo social et la pensée unique incarnée, selon lui, par Balladur. Cela tombe bien, c'est une bonne idée, et Pilhan y souscrit sans réserve. Ce sera l'axe de la meilleure campagne électorale du maire de Paris.

Dans l'art de la guerre, la surprise est la clé de tout. Chirac entend prendre tout le monde de court, à commencer par

1. *Histoire de mes pensées*, Gallimard.
2. *Propos sur l'éducation*, Presses Universitaires de France.
3. *Propos sur la religion*, Presses Universitaires de France.

Balladur, quand il annonce sa candidature, le 4 novembre 1994, jour de la Saint-Charles, dans un entretien à *La Voix du Nord*, la veille d'un voyage à Lille, ville natale du général de Gaulle.

Mais le « microcosme » s'en fiche. La France aussi. Sa troisième candidature à l'élection présidentielle ne suscite que des commentaires faussement apitoyés ou franchement rigolards. Passons. Les médias ne l'ont jamais aimé et la réciproque est vraie. Pour l'heure, ils ont les yeux rivés sur Balladur, déjà sacré président avant même que la campagne n'ait commencé.

Son entrée dans la course est donc un fiasco. Mais comment pourrait-il en être autrement ? Chirac fait penser à l'épicier qui prétend maintenir coûte que coûte son fonds de commerce face à la nouvelle grande surface qui attire sa clientèle. Il est pathétique et le reconnaît sans ambages : « Je vous le concède bien volontiers, je dois être à peu près le seul à croire à mon étoile. »

C'est l'époque où, hormis Jacques Toubon, ministre de la Culture, et Roger Romani, chargé des relations avec le Sénat, aucun membre du gouvernement ne s'est prononcé en sa faveur, la plupart militant déjà pour la candidature d'Édouard Balladur.

C'est l'époque où Philippe Seguin, pourtant anti-balladurien frénétique, refuse de participer, le 12 novembre, à la « réunion exceptionnelle » du RPR sur la pelouse de Reuilly, à Paris, où les militants témoignent leur « reconnaissance » et leur « confiance » à Jacques Chirac. Absence qui laissera une blessure qui n'en finira pas de couler.

C'est l'époque où Jacques Friedmann, son meilleur ami, devenu président de l'Union des assurances de Paris (UAP) par la grâce du Premier ministre, dit à qui veut l'entendre : « Il faut décourager Chirac de se présenter. Sinon, il perdra et Balladur l'empêchera, dans la foulée, d'être réélu à la mairie de Paris. »

C'est l'époque où un soir, alors que Jacques Chirac devise avec Bernard Pons, dans son bureau de l'Hôtel de Ville,

Charles Pasqua l'appelle pour l'informer qu'un sondage à paraître lui donne seulement 11 % des voix au premier tour.

« Retire-toi, Jacques », commente le ministre de l'Intérieur. Après avoir raccroché, Chirac dit à Pons, les mâchoires serrées : « Quoi qu'il arrive, j'irai jusqu'au bout. »

Il est en effet prêt à tout braver. Les cabales. Le dédain. Le ridicule. Une rage sans bornes bout en lui, la rage d'en découdre avec ce Premier ministre parjure.

Ce n'est pas un hasard s'il a choisi, parmi ses axes de campagne, la dérive monarchique de la Ve République : malgré ses efforts, Édouard Balladur a toujours de grands airs et même quand il vous demande de lui passer le sel, à table, son ton n'est jamais dépourvu d'une solennité naturelle. Quoi qu'il fasse, il reste une poule de cour qu'on verrait bien poudrée et perruquée, une grosse poule qui se prend pour un renard.

Sur les délires de l'État-roi, Chirac est alors intarissable. C'est pourtant Mitterrand qui, après Giscard, est le grand fautif. Balladur n'a fait que suivre le mouvement. « Non mais vous avez vu ça ? ironise Chirac. Le moindre secrétaire d'État aux Choux farcis a droit à deux motards avec sirène et tout le toutim. Il n'y a qu'en France qu'on voit ça. Moi, je serai le premier président modeste [1]. »

Il aime raconter une histoire qui lui est arrivée en Corrèze, au début de la première cohabitation : « Quand j'arrive à Brive-la-Gaillarde, après ma nomination à Matignon, je trouve, pour m'accueillir, le préfet du département, ce qui est normal et puis aussi, ce qui l'est moins, une collection de onze ou douze voitures. Deux voitures pour la police, deux pour les RG, deux pour la gendarmerie, et j'en passe. Je m'écrie : "C'est de la folie !" Mais je ne suis pas au bout de mes surprises. Après ça, on traverse la ville à cent cinquante kilomètres par heure. Tous les feux ont été bloqués et il y a des policiers à chaque carrefour. Quand j'arrive à

---

1. Entretien avec l'auteur, le 23 août 1994.

destination, au conseil général de Tulle, j'engueule le préfet et il répond : "Mais c'est la circulaire Joxe qui prévoit tout ça. Je n'ai fait que m'y conformer." Il avait raison. J'ai tout de suite aboli ce texte stupide pour me contenter d'une seule bagnole, celle du conseil général ou celle d'un vieux copain du coin. »

Quand on le lance sur le sujet, Chirac est intarissable : « Ce n'est pas avec ce genre de comportement mégalomane que l'État se réconciliera avec les Français. Une fois, en arrivant à un sommet européen, je me souviens avoir vu des tas de gens, sept ou huit personnes au moins, s'affairer dans une pièce bourrée de matériel électronique à côté de ma chambre.

"Qu'est-ce que c'est que ce bordel ?, je demande.

— Ce sont les télécommunications, me répond-on.

— Mais quelles télécommunications ?

— Pour que vous puissiez communiquer avec Paris.

— Je ne comprends pas, ai-je fait. Il y a un téléphone sur la table de nuit. Ça me suffit. Ça me suffisait quand j'étais Premier ministre de Giscard."

J'ai fait mettre un terme à tout ça, quand j'étais chef du gouvernement. On s'est beaucoup moqué de l'étiquette sous Giscard. C'était un peu ridicule, parfois, mais ça ne coûtait pas les sommes astronomiques qu'il faut, maintenant, pour entretenir les avions du GLAM que les ministres utilisent pour un oui ou pour un non. Sans parler des ministères transformés en palais où les membres de cabinet se goinfrent de homard à l'américaine aux frais du contribuable. »

Face à Balladur, incarnation de l'État-roi, Chirac laisse libre cours à sa fibre populiste. Il nourrit de surcroît son discours d'une vraie critique sociale. « Il n'avait plus rien à voir avec Paris, se souvient Toubon. Il parlait, d'ailleurs, contre les pouvoirs établis. » Il passe son temps en province et n'accorde ses grands entretiens qu'à la presse quotidienne régionale. (« Les journalistes, dit-il, y sont plus sérieux, plus travailleurs, plus modestes aussi. Donc moins

balladuriens. ») Il s'amourache même de certaines personnalités socialistes comme Martine Aubry dont il prétend
apprécier le discours. Il demande à l'homme d'affaires
Marc Ladreit de Lacharrière de la lui faire rencontrer et
dîne deux fois avec elle au siège de son entreprise, Fimalac,
pour parler de la « refondation sociale ».

Aujourd'hui, Philippe Seguin n'hésite pas à dire que c'est
le Premier ministre qui, paradoxalement, a fait élire Jacques
Chirac : « Édouard Balladur l'a obligé à aller là où il y
avait un espace politique, à un moment où tout le monde
était en déshérence. Il a ainsi été l'artisan involontaire de sa
victoire[1]. »

Le 19 janvier 1995, quand enfin il apporte son soutien à
Jacques Chirac, Philippe Seguin a déjà donné une clé, dans
un discours prophétique : « Au risque de paraître cruel ou
cynique, je vous avoue que j'en arrive à ne pas regretter
les épreuves que Jacques Chirac aurait eu à vivre et à surmonter tous ces derniers temps. Je crois qu'au terme de la
période de réflexion, de recul, de retour sur lui-même qu'il
s'est volontairement imposée, ces épreuves l'auront définitivement forgé. Comme cet acier que notre Lorraine a si
longtemps trempé. Il sait désormais qu'il doit accomplir son
destin sans se faire aucune illusion sur les hommes. [...] Il
sait que, désormais, il lui revient de vivre en permanence
ce paradoxe qui est le propre de l'homme d'État : demeurer
sensible, attentif, ouvert aux autres, et être inflexible, iné-
branlable, intraitable lorsque l'intérêt général est en jeu.
Oui, désormais il est prêt. Je le sais. Et les Français vont
le savoir. »

En attendant que son heure sonne, Chirac est l'œil
d'Abel, celui qui, comme disait Hugo, « était dans la tombe
et regardait Caïn ».

---

1. Entretien avec l'auteur, le 11 avril 2005.

23

La pêche miraculeuse

« Le succès efface tout, les bêtises comme les mensonges. »
Angelus Merindolus

C'est quand on les croit finis que les hommes politiques renaissent de leurs cendres. Il ne fallait pas enterrer Chirac. Il ne faut au demeurant jamais l'enterrer. Au terme d'un spectaculaire retournement, le maire de Paris revêt, à deux mois du scrutin, les habits du favori.

Mitterrand n'en revient pas. « Je crois, dit-il, que j'avais à peu près tout prévu dans cette campagne, sauf ça : la résurrection électorale de Chirac. Mais il n'y a pas de secret, vous savez. Il a fait tout ce que j'ai fait. Il a travaillé le terrain. Il a pris la France à bras-le-corps. Il n'est pas de village ni de hameau reculé où il ne se soit rendu un jour. On peut raconter ce que l'on veut, il n'y a que ça qui paye [1]. »

Jospin, le candidat socialiste, se fiche pas mal de savoir qui, de Chirac ou Balladur, prendra l'avantage. Sa candidature est une candidature de témoignage comme celle de Mitterrand contre de Gaulle, en 1965. Il n'a qu'une obsession : être présent au second tour. Et mène, pour ce faire, une campagne qui lui ressemble : honnête et austère. En attendant, il semble avoir du mal à exister entre les ex-amis

---

1. Entretien avec l'auteur, le 12 mars 1995.

de trente ans, faisant parfois penser à Clemenceau qui disait : « Que voulez-vous que je fasse entre Caillaux qui se prend pour Napoléon et Briand pour Jésus-Christ ? »

Balladur n'arrive pas à croire au retour de Chirac. Il est toujours tel qu'en lui-même la fatuité le fige, et il respire par tous les pores le bonheur de gouverner. Il reçoit beaucoup, à sa table de Matignon, et enfile les perles devant des parterres ébahis : « Pour moi, réfléchir, ça ne consiste pas à tout arrêter pour se mettre à penser. Je réfléchis tout le temps. » Avis à Chirac. Et chacun de glousser, comme des oies devant le jars.

On l'avait comparé à Louis XIV, à cause de son goitre bourbonien. Mais c'est un avatar de Louis XVI. Il a la même inaptitude à saisir la réalité des choses. Surtout quand elle ne lui convient pas. Le Premier ministre semble ne se rendre compte de rien. Inquiets, les siens ont vite fait d'expliquer les mauvaises performances de leur champion dans les sondages par sa déclaration de candidature, en grande pompe, sous les lambris de son bureau de Matignon. Ou par une obscure affaire d'écoutes téléphoniques dans le cadre d'une « provocation » contre le juge Halphen, à l'instigation de Pasqua, devenu son homme lige.

La vérité est que Chirac fait une bien meilleure campagne. De ce renversement de situation, on peut tirer plusieurs leçons.

D'abord, le petit monde politico-médiatique qu'on appelle, c'est selon, le « microcosme » ou le Tout-État, ne fait pas les élections. Il se trompe même souvent. C'est une constante en France et dans la plupart des démocraties que Balladur, enivré d'éloges, a eu tort d'oublier. Sinon, Chaban aurait été président, Barre aussi. Sinon, Reagan n'aurait jamais été élu. Ni, des années plus tard, Bush junior. Un candidat doit d'abord labourer le pays profond au lieu de courtiser l'*establishment*.

Secundo, les ralliements de personnalités, fussent-ils ministres, ne rapportent pas une voix dans une élection présidentielle. Balladur a fait le plein. Même une proche de

Chirac comme Alliot-Marie a préféré ne pas choisir. Pour le reste, tous les rats du RPR ou presque ont quitté la galère du président pour rejoindre le vaisseau de Balladur qui, selon les bonnes vieilles méthodes chiraquiennes, promet les mêmes portefeuilles à plusieurs personnes en même temps. Avec ces deux-là, la droite regorge de futurs ministres, ces jours-ci.

Tertio, une campagne présidentielle ne s'improvise pas. Comme l'a dit un jour Mitterrand, « il faut vingt ans pour faire un candidat, vingt ans de souffrances, d'échecs, de malheurs et d'obsessions. On a une chance de devenir président un jour, ajoutait-il, quand on y pense sans arrêt, y compris le matin en mettant ses chaussettes. » Chirac a beaucoup ramé. Face à l'adversité et aux trahisons de toutes sortes dont il a été l'objet, il a prouvé qu'il avait du caractère. Maintenant qu'il se présente à nouveau devant le peuple après avoir soigné ses plaies saignantes et ses bleus à l'âme, la France a la tentation de se dire : « C'est son tour. »

Enfin, contrairement à ce que croit Balladur, une campagne ne se conduit jamais sur un bilan, si excellent soit-il. Il faut parler au peuple, lui donner des perspectives et célébrer les réformes qui s'imposent, mais en se gardant de trop les préciser, afin de ne pas effaroucher l'électeur. Face au candidat d'Auteuil-Neuilly-Passy, Chirac entend rassembler Argenteuil-Montfermeil-Mantes-la-Jolie et fait un discours de rupture qui rappelle, à bien des égards, celui de Mitterrand en 1981. Se présentant comme l'homme du changement, celui qui combat « la passivité résignée des conservateurs de droite ou de gauche », il entend faire rêver les Français : « On ne bâtit pas une réussite économique sur les décombres d'une collectivité socialement éclatée, déclare-t-il ainsi dans une réunion publique à Nantes. Qu'avons-nous vu grandir sous nos yeux depuis quinze ans ? Une France des inégalités. »

L'inégalité, voilà l'ennemie. Chirac n'a pas réfléchi plus que ça aux moyens de l'éradiquer, mais il a trouvé le mot de code qui va lui ouvrir les portes de l'Élysée. Il le ressasse, la voix rauque, l'air révulsé, en prétendant que pour réduire ce fléau à néant, il ne s'y prendra pas comme les autres. Les Jospin ou Balladur qu'il renvoie dos à dos, ne s'accrochent-ils pas aux remèdes du passé ? Ne sont-ils pas à la remorque de la pensée unique ?

Chirac prétend avoir été le premier, en France, à parler de pensée unique, ce qui est faux, bien sûr. « Avant ça, dit-il, je dénonçais le "politiquement correct", mais personne ne comprenait ce que ça signifiait. La pensée unique, précise-t-il, c'est ce que raconte un petit cercle de gens pour qui on ne peut rien changer dans la société. Ils se serrent les coudes, resservent sans arrêt les mêmes solutions, n'ont qu'une vision comptable de la société, ne songent qu'à augmenter les impôts pour faire face au chômage, dialoguent tout le temps entre eux à la télévision et se sont toujours trompés. Toujours et sur tout[1]. »

Ce discours lui ressemble. Il y a toujours eu un rebelle en lui et ce rebelle parle plus fort aujourd'hui au nom des faibles et des gens de peu. Il en fait même trop en prenant, comme à son habitude, des engagements qu'il ne tiendra pas. Dans la série : « Les promesses n'engagent que ceux qui les reçoivent », citons celle-ci, par exemple, qui prête à sourire, dix ans plus tard :

« Si je suis élu, il n'y aura que dix à quinze personnes à l'Élysée et les ministres n'auront pas plus de trois ou quatre collaborateurs directs, comme dans la plupart des démocraties[2]. »

Mais Chirac, parce qu'il n'avait pas le choix, est sorti du personnage mécanique et récitatif où l'avaient enfermé ses conseillers, ses ambitions et ses complexes. Il ne se lâche pas tout à fait, non, mais il laisse apparaître des versants de lui-même que bien des Français n'avaient pas encore perçus. Il a soif de revanche, sinon de vengeance. Encore

1. Entretien avec l'auteur, le 18 avril 1995.
2. *Le Figaro*, le 21 avril 1995.

que, l'âge aidant, il n'a plus cette faim de pouvoir qui le tenaillait naguère. Cela tombe bien. La France aime donner la présidence à l'ancienneté, voire à l'usure, quand les impétrants en ont moins envie. Mitterrand en sait quelque chose.

Si elle ne fut pas subjuguée, loin de là, la France a aimé Chirac, en ce printemps 1995. Un beau portrait de Jérôme Garcin résume bien l'état d'esprit général quand il décrit « cette saine et forte nature, pleine de jurons, de ripailles, de colères et de bourdes diplomatiques ». Cette nature qui l'amène à « dévorer dès potron-minet d'enfantins biscuits au chocolat, faire la bise à tout le monde, boire de la bière plutôt que du champagne, engloutir dans un même repas du cassoulet et du chou farci, écouter les complaintes agricoles d'Yves Duteil, regarder Patrick Sébastien l'imiter à la télévision, écrire comme feu Marcel Dassault et parler comme un charretier lâchant sous les lambris : "C'est à se les mordre" ou "Je ne bande que d'une seule". »

Et Garcin d'imaginer Chirac, le matin, en train d'épier sur son visage avant rasage « tous les signes ostentatoires de faiblesse : il est généreux, franc, vigoureux, incapable de rancune, gai, gaffeur, piètre stratège [...], versatile, amateur de poésie, toujours prêt à aider ».

Après quoi, Garcin écrit que « même ses ennemis lui reconnaissent une prédisposition à l'assistanat social, une propension schweitzérienne à "prendre un enfant par la main", à héberger l'orphelin, à morigéner le mari volage. Humain, trop humain. Le cœur sur la main, et la main sur le ventre. Pas assez président, en somme[1] ».

C'est sans doute pour cela, précisément, qu'il a, cette année-là, séduit les Français.

---

1. *L'Express*, le 11 mai 1995.

24

Le sacre du printemps

> « On gagne et puis on voit. »
> Napoléon

Il a soixante-deux ans et tout pour être heureux.
Désormais en tête des sondages, il voit fondre de nouveau
sur lui, le succès appelant le succès, des nuées de journalistes louangeurs, de politiciens flagorneurs et d'encenseurs
de toutes sortes. Après le temps des faux derches, voici
celui des lèche-culs. Belle revanche après des mois de
solitude.

Chirac ne savoure pas cette revanche. Il a tendance à
serrer les mâchoires et son regard, souvent, se ferme. Il est
coincé, nerveux et même agressif. Peut-être à cause de
l'angoisse qui le noue : il a bien trop promis et sait qu'il
tiendra peu. Sans doute à cause de toutes les désertions et
félonies des derniers mois qui, malgré les retournements,
lui restent sur l'estomac.

Quand l'auteur lui demande, à cette époque, s'il éprouve
le moindre ressentiment à l'égard de Balladur, Chirac
dément bien sûr, avec la fermeté de la langue de bois :

« Je devrais, au contraire, lui être reconnaissant. S'il avait
respecté nos accords et si j'avais été élu à la présidence, je
l'aurais confirmé à Matignon comme nous en étions

convenus ensemble avant mars 1993. Et qu'est-ce qui se serait passé dans le pays ? Rien. On n'aurait rien fait du tout. Nous nous serions plantés.

— Allons, vous lui en voulez quand même un peu, de n'avoir pas tenu parole ?

— Mais comment pourrais-je lui en vouloir ? La démocratie exige la compétition et la compétition entre nous m'a obligé à approfondir ma réflexion. J'ai été à la rencontre des Français. Finalement, ç'aura été excellent pour moi, sa candidature. Si je suis élu, ce sera grâce à lui...

— ... Mais contre lui.

— Et comment ! Comme je connaissais bien Édouard Balladur et son équipe, je savais bien qu'ils sauraient utiliser, dès qu'il se déclarerait, tous les leviers de l'État contre moi. L'argent, la justice, la police. Sans parler des médias qui auront été contrôlés comme jamais, ni de la campagne du *Monde* en sa faveur. Pour résister à Radio-Balladur, à Télé-Balladur et à tout le reste, il fallait que je passe en force, en prenant mon élan depuis les tréfonds du pays. C'est pourquoi je me suis présenté si tôt en travaillant tout de suite le terrain, pour essayer de comprendre ce qui se passait dans le fin fond de nos régions [1]. »

C'est à peine si Chirac supporte encore l'approbation. En tout cas, il ne souffre pas la contradiction. Ne lui demandez surtout pas comment il compte satisfaire les espérances qu'il a soulevées pendant la campagne. Il prend tout de suite la mouche :

« Il faut quitter Paris, mon vieux. Vous vivez sur une autre planète, dans un monde virtuel. Avec ce genre de questions, vous me faites penser à un archéologue chinois que m'avaient envoyé les autorités de Pékin pour évoquer des recherches que je faisais. On aurait dit qu'il était sourd et aveugle à tout ce qui se passait autour de lui. Une momie.

---

1. Entretien avec l'auteur, le 18 avril 1995.

Je ne comprenais rien de ce qu'il me disait. Finalement, le gouvernement chinois m'en a envoyé un autre. »

N'insistez surtout pas. Si vous parlez à Chirac des foules qui viennent à ses réunions publiques, un mélange improbable de jeunes, de bourgeois et d'ouvriers, comme celles de Mitterrand en 1981, et que vous osez le questionner sur ce qu'il a prévu pour les garder tous ensemble, avec lui, une fois qu'il sera au pouvoir, le feu lui monte au visage :

« Vous ne comprenez rien, vous n'avez jamais rien compris. Je ferai ce que j'ai prévu de faire. Je mettrai en œuvre le changement, un changement dont on n'a pas idée. Tout le reste, c'est du ratiocinage et du saucissonage de cheveux. Bref, de la connerie de journaliste [1]. »

L'auteur aura droit à une autre colère de ce genre quand il dira au chef de l'État, l'avant-veille du second tour, que la logique politique devrait le conduire à nommer Philippe Seguin à Matignon. N'est-ce pas le président de l'Assemblée nationale qui lui a fourni ses principaux thèmes de campagne ? N'incarne-t-il pas mieux que personne le nouveau chiraquisme ? « Je n'ai encore jamais entendu une connerie pareille, s'étrangle Jacques Chirac. Je savais bien que le parisianisme est une maladie qui permet de raconter n'importe quoi avec l'autorité de la suffisance, mais à ce point [2]... »

Le nouveau Chirac est cassant. Il est aussi à cran. Il y a de quoi. Il n'ignore pas que son positionnement social-républicain est aussi culotté que problématique pour l'avenir de sa présidence. Il a conscience, de surcroît, d'avoir rompu avec une partie de la droite. Pour preuve, son score du premier tour, assez maigrelet : à peine plus de 20 % contre 18,5 % à Balladur et 23,3 % à Jospin, qui a créé la surprise.

« C'est la malédiction de Jacques Chirac, commente avec bienveillance François Mitterrand. Il aura toujours du mal

---

1. Entretien avec l'auteur, le 18 avril 1995.
2. Entretien avec l'auteur, le 5 mai 1995.

à passer la barre des 20 %. Mais il l'emportera quand même, vous verrez. Je crois que ça fera 53/47 [1]. »

Ça les fera, ou à peu près. Entre les deux tours, Jacques Chirac opère un virage stratégique à droite et recolle les morceaux avec Édouard Balladur. « La seule chose que je vous demande, dit le Premier ministre battu, c'est de traiter correctement ceux qui ont été mes partisans.

— Mais, Édouard, proteste Chirac, vous me connaissez...

— Justement, Jacques, c'est parce que je vous connais que je vous le demande... »

Si elle n'est pas toujours la plus bête du monde, la droite française est, à coup sûr, l'une des plus divisées. Elle est ainsi capable – et l'a montré – de perdre les élections où elle a obtenu la majorité. Après le duel Chirac-Balladur, il n'y a pas seulement des caisses entières de porcelaine à réparer mais aussi beaucoup de sang à laver sur les murs.

Jospin s'est révélé, de surcroît, un candidat coriace. Comme la plupart des connaisseurs de la chose politique, le président du RPR a d'abord cru que l'ancien ministre de l'Éducation nationale s'était présenté pour prendre le contrôle du PS. Il a fait mieux. Il a créé la surprise et redonné de l'espoir à la gauche. L'Élysée semble à sa portée. C'est en tout cas ce que croit Chirac. Superstition ou pas, il ne cesse de pronostiquer son échec, notamment dans les trois ou quatre jours qui précèdent le second tour.

« Je crois que c'est fichu, dit Jacques Chirac à l'auteur, dans un moment d'abandon, le 5 mai 1995, alors qu'il rentre d'une tournée dans la région Rhône-Alpes qui s'est terminée en apothéose à Lyon, avec une réunion publique où Raymond Barre et lui ont fait un tabac. À l'heure qu'il est, j'ai plus de chance d'être battu que d'être élu : je le sens, ça fout le camp de tous les côtés. »

Il faut se méfier de ce genre de propos. Chirac est comme les femmes orientales qui disent, devant un nouveau-né,

---

1. Entretien avec l'auteur, le 25 avril 1995.

pour éloigner les mauvais esprits : « Oh qu'il est affreux ! Comme il a l'air bête ! » Il est si près du but qu'il a peur, soudain, de tout perdre. C'est pourquoi il sonne le tocsin contre Jospin et le « danger socialiste ».

À tort. Le 7 mai, Jacques Chirac est élu président par 52,7 % des suffrages exprimés contre 47,3 % à Lionel Jospin. Un score confortable. Une vague de joie dévale alors sur Paris que l'heureux élu parcourt dans sa vieille Citroën CX. Pour un peu, on se croirait en mai 1981. À ceci près : la grande fête se déroule place de la Concorde et non place de la Bastille.

Chirac va faire la sienne chez François et Maryvonne Pinault, dans leur hôtel particulier de la rue de Tournon, avant de disparaître Dieu sait où avec sa dernière conquête. Quand il a appris qu'il était élu, il s'est métamorphosé. Bernard Bled, administrateur à la mairie de Paris, qui était avec lui, se souvient : « On aurait dit qu'il était en lévitation. C'était le roi qui revenait du sacre de Reims. J'ai eu un choc physique. » Mais Chirac se reprend vite. Il sait bien que les « ennuis commencent », comme l'avait dit Mitterrand après sa première élection : plus l'espérance est grande, plus la déception est violente.

Il n'y a plus aucune jubilation sur son visage ni dans sa voix quand le vingt-deuxième président de la République française se prononce, dans sa première déclaration officielle, pour un État « vigoureux, impartial, exigeant pour lui-même et soucieux de la bonne utilisation des fonds publics, un État qui n'isole pas ceux qui gouvernent du peuple qui les a choisis ».

Une profession de foi qu'il est cruel de rappeler, des années plus tard, tant il est vrai que Chirac aura laissé l'État dans la situation où il l'avait trouvé, après quatorze ans de présidence mitterrandienne : ni vigoureux ni impartial, ni exigeant pour lui-même.

Avec les hommes politiques en général et Chirac en particulier, l'avenir n'est souvent que du passé qui recommence...

25

Les canards de l'Élysée

« La mort, c'est tellement obligatoire
que c'est presque devenu une formalité. »
Marcel Pagnol

Le lendemain de son élection, l'Élysée fait savoir au nouvel élu que le président sortant souhaiterait rester encore quelques jours dans son palais avant de déménager. Mitterrand est fatigué, il ne faut pas le bousculer. « Naturellement, dit Chirac, j'ai répondu qu'il pouvait prendre son temps et que je n'étais pas à huit jours près. Je lui ai même donné deux semaines [1]... »

Et puis un beau jour, Mitterrand fait dire à Chirac qu'il partira le surlendemain. Quand le nouvel élu est introduit par l'huissier dans le bureau présidentiel, pour la passation de pouvoir, il roule de gros yeux étonnés :

« Mais qu'est-ce qui se passe ? demande Chirac en jetant un regard circulaire. Vous avez tout changé.

— J'ai remis le bureau dans l'état où il était quand le général de Gaulle l'a quitté. »

Après avoir consulté les photos d'époque, Mitterrand a fait disposer aux mêmes places toutes les pièces du mobilier

---

1. Entretien avec l'auteur, le 14 octobre 2004.

national de l'ère gaullienne. Une délicate attention qui émeut le président élu. « Il était très content de son coup, se souvient Chirac. Je le voyais dans son œil... »

Pour commencer, les deux hommes parlent des modalités techniques d'une éventuelle riposte nucléaire. Puis la conversation roule sur des sujets plus anodins. D'abord, le « testament » de Mitterrand, c'est-à-dire la liste des quelques collaborateurs qu'il faudra reclasser, « une liste très courte, rien à voir avec celle que m'a, ensuite, laissée Jospin ». Le président sortant s'intéresse surtout au cas du préfet Chassigneux, son directeur de cabinet. Il souhaite qu'il prenne la tête des Aéroports de Paris dès que la place sera libre. La promesse sera tenue... sept ans plus tard. Entre-temps, Lionel Jospin, Premier ministre, se sera opposé à sa nomination, Jacques Chirac s'entendant dire : « Je ne suis pas tenu par les engagements que vous avez pris envers votre prédécesseur. »

Dernière question à l'ordre du jour : les canards de l'Élysée. Leur sort inquiète François Mitterrand qui avait introduit dans le parc de la présidence cinq ou six canards dont les petits étaient sans cesse attaqués par les pies des Champs-Élysées. Elles leur perçaient le crâne à coup de bec avant de leur ouvrir le ventre. Les corbeaux n'étaient pas en reste. Cela désolait le président sortant qui avait demandé qu'ils soient abrités sous un grillage. Ce n'était certes pas joli, mais bon, il s'agissait d'une question de vie ou de mort...

Quelque temps plus tard, Chirac téléphonera à Mitterrand pour lui annoncer que ses canards vont bien et que toutes les précautions ont été prises. C'est dire s'il sera aux petits soins, jusqu'au bout.

Pourquoi les deux hommes ne se sont-ils pratiquement rien dit pendant cette passation de pouvoir qui a duré une petite heure ? Ils se connaissent trop. « Mitterrand partait avec sérénité, dit Chirac[1]. Nous avions de surcroît des relations très cordiales, même si elles n'étaient pas intimes, et je ne me souviens pas que nous ayons eu un mot plus haut que l'autre lors de nos nombreux tête-à-tête, avant la cohabitation, pendant ou après. Si, une fois, au début des années quatre-vingt, quand il m'avait montré ses maquettes des Grands Travaux, à l'Élysée. Je n'avais pas pu me retenir. Je lui avais dit : "Sur le plan culturel, je suis satisfait. En tant que maire de Paris, je suis aux anges. En tant que député de Corrèze, je suis terrifié : ça veut dire que la totalité des moyens disponibles à la Culture sera dévolue à la capitale. En tant que contribuable, enfin, je suis horrifié : tout ça va nous coûter excessivement cher." Il n'avait pas bien pris cette sortie. Mais nous sommes toujours restés dans les limites de la courtoisie. En plus de ça, il savait ce que je pensais sur tous ces sujets.

— Ce jour-là, vous n'avez même pas parlé de l'Europe ?

— Non. Juste avant la campagne, alors que nous avions une conversation de fond sur l'Europe, il m'avait dit combien étaient essentiels à ses yeux les liens entre la France et l'Allemagne. Ça correspondait tout à fait à ma vision des choses. Il avait aussi insisté sur la relation de confiance qui doit s'instituer entre le président français et le chancelier allemand, comme Giscard avait su le faire avec Schmidt, lui-même avec Kohl et moi-même, plus tard, avec Schröder. Une relation sans commune mesure avec celle que l'on peut avoir avec un autre dirigeant étranger, une relation consubstantielle à la bonne marche de l'Europe. »

Mitterrand est un Européen de cœur, et Chirac, de raison, mais c'est assez pour rassurer le président sortant. Retiré dans un appartement de la rue Frédéric-Leplay, près de l'École militaire, à Paris, pour son dernier face-à-face avec la mort, il ne distillera jamais de venin contre son

---

1. Entretien avec l'auteur, le 29 novembre 2002.

successeur. Il lui arrivera, au contraire, de célébrer ses mérites avant de s'apitoyer sur le sort qui lui est fait par *Le Monde*, journal que les deux hommes vouent aux mêmes gémonies.

Tout juste Mitterrand recevra-t-il Giscard pour lui raconter par le menu son dîner avec Chirac, en 1981. Et lui apprendre, par exemple, que le maire de Paris, complotant contre lui, avait laissé tomber : « Il faut se débarrasser de Giscard. » Mais c'est pour l'Histoire. Ou plus précisément pour les mémoires que prépare VGE.

Quand Mitterrand s'éteint, le 8 janvier 1996, vers 6 heures du matin, Chirac est la première personnalité à se rendre, alors que la nouvelle n'est pas encore publique, dans la petite chambre monacale de la rue Frédéric-Leplay où repose le corps amaigri de son prédécesseur. Il est très ému. Le soir, dans une allocution à la télévision, où l'on sent sa patte, il évoque son « respect pour l'homme d'État » et son « admiration pour l'homme privé qui s'est battu contre la maladie avec un courage remarquable, la toisant en quelque sorte. »

Chirac s'incline aussi devant ce qui fut le message et reste l'héritage de Mitterrand : « L'Europe, une Europe dans laquelle la France réconciliée avec l'Allemagne et travaillant avec elle occuperait une place de premier rang. Mais aussi une façon de vivre notre démocratie. Une démocratie moderne, apaisée, grâce notamment à l'alternance maîtrisée, qui a montré que changement de majorité ne signifie pas crise politique. »

Enfin, il se livre à une sorte d'autoportrait. Quand il dit, par exemple, que Mitterrand « débordait sa vie » et « connaissait notre pays jusque dans ses villages ». « Partout, ajoute-t-il, il avait une relation, un ami. » Si Chirac n'est pas son héritier, il est au moins un cousin...

26

Le syndrome Balladur

« La rancune est à la colère ce que le vinaigre est au vin. »
Aristide Galupeau

Pas un instant, Jacques Chirac n'a envisagé de nommer Philippe Seguin à Matignon. Certes, ce personnage grognon en forme de menhir le fascine depuis longtemps. Il a tous les dons ou presque. Une vraie culture. Une grande capacité d'analyse. Une éloquence fabuleuse, servie par la plus belle voix de la classe politique.

Mais quelque chose le chiffonne, chez Seguin. Qu'il ait tenté un putsch contre lui, avec Pasqua qui plus est, voilà déjà un mauvais point. C'était en 1990, il y a seulement cinq ans : ça n'est donc pas encore prescrit. D'autant que le nouveau Chirac, s'il fait mine de pardonner, n'oublie plus rien.

Après la victoire, Chirac n'est pas sorti du bunker où les traîtrises en tout genre l'avaient emmuré avec sa femme et sa fille Claude. Il n'a plus confiance en personne et sa défiance, entretenue par les siens, est si grande qu'elle en deviendrait, pour un peu, une invitation à la déloyauté.

Frappé par ce qu'il faut bien appeler le syndrome Balladur, Chirac ne voit partout que des « faux culs », expression qu'on entend de plus en plus souvent dans sa bouche,

148

ces derniers temps. Jusqu'à présent, il semblait un adepte du vieux proverbe arabe : « Quand un serpent te voue de l'affection, fais-en un collier et porte-le autour du cou. » Désormais, il entend se tenir à distance des serpents, des rats, des renards et de tous les animaux nuisibles du bestiaire politique. Il ne veut plus s'entourer que de gens fidèles, constants et dévoués.

Seguin n'entre pas dans cette catégorie. C'est, au surplus, un colérique, rabat-joie, lanceur de cendriers, casseur de chaises ou de vitres. Quand il perd la boule, on ne peut plus rien en sortir. « Je l'aime bien, dit Chirac. Mais si je le nommais, je prendrais un risque énorme. Pensez ! Je me retrouverais avec un Premier ministre qui, pour une raison ou une autre, pourrait refuser de me prendre au téléphone pendant une semaine ou poser un lapin de dernière minute à la personnalité étrangère qu'il était censé accueillir à l'aéroport, au nom de la France. On ne peut pas travailler comme ça[1] ! »

Alors, va pour Juppé. Il a, lui aussi, un caractère particulier. C'est un écorché vif. Avec un complexe de mal-aimé, mais il a des relations de confiance absolue avec Chirac dont il est le dauphin, depuis l'abjuration de Balladur. Sa loyauté a toujours été indéfectible. Encore qu'il ne soit pas du genre à sauter par la fenêtre, comme Toubon, si son père spirituel le lui demandait.

Certes, il a décidé de se libérer de la tutelle de Jacques Chirac en quittant la mairie de Paris où il était adjoint aux Finances, pour la mairie de Bordeaux que Jacques Chaban-Delmas lui a laissée en héritage. Il entend exister par lui-même et n'être plus l'un des « esclaves » de l'Hôtel de Ville.

Certes, Dominique de Villepin, directeur de cabinet d'Alain Juppé au Quai d'Orsay, aime dire, comme d'autres chiraquiens, qu'il a dû, souvent, « remonter les pendules »

---

1. Entretien avec l'auteur, le 5 mai 1995.

de son patron quand Jacques Chirac était dans les basses eaux. Qu'il soit permis d'en douter : cet homme n'est jamais dans l'enflure ni la précipitation. Il attendait juste son heure pour se déclarer.

Nicolas Bazire, directeur de cabinet d'Édouard Balladur à Matignon, témoigne en sa faveur quand il rapporte : « En novembre 1994, j'ai petit-déjeuné avec lui, en service commandé, et lui ai tenu à peu près ce discours : "Idéologiquement, vous êtes plus proche du Premier ministre que de Jacques Chirac. L'autre politique, ça n'est pas votre tasse de thé, pas plus que le franc faible, les dévaluations à répétition, le souverainisme rampant, le laxisme à tous les étages ou la démagogie comme mode de gouvernement. Vous devriez nous rejoindre." Alors, Juppé m'a répondu : "Peut-être que je fais une bêtise mais je suis fidèle à Jacques Chirac et le resterai." C'était clair, net et sans appel. »

Bernard Pons, président du groupe parlementaire du RPR à l'Assemblée nationale, a une autre version qui n'est pas contradictoire. Il se souvient s'être indigné, en ce même mois de novembre 1994, devant Jacques Chirac de l'assourdissant silence d'Alain Juppé après que deux autres ministres d'Édouard Balladur, Jacques Toubon et Roger Romani, se furent prononcés en faveur du maire de Paris. « Ne t'inquiète pas, lui répond l'autre. Je n'ai aucun doute sur Alain. Je le vois bientôt, je te raconterai. »

Après la rencontre, Chirac fait, comme prévu, son rapport : « Tout s'est bien passé. Alain est un homme d'une fidélité incroyable, il n'y a pas mieux. On s'est mis d'accord. Il va d'abord faire un communiqué à l'AFP, puis une télé et des radios. Tu vas voir, il sera parfait. »

Alors, Pons : « Et ça t'a coûté combien ? »

Sur quoi, relate Pons, « Chirac a explosé en me traitant de tous les noms et en m'accusant de ne rien respecter ». Le président du groupe parlementaire du RPR à l'Assemblée nationale est conscient d'avoir touché juste. « Alain ne donne rien sans rien, commente-t-il. En échange de so soutien, il a reçu Matignon et la présidence du RPR. Les deux pour le prix d'un. Matignon, ça peut se comprendre. Mais la présidence du RPR, c'était une faute de Chirac, la grande faute de son premier mandat, qui a transformé le chef de l'État en fusible du Premier ministre. À la fin du gouvernement Juppé, Chirac passait son temps à le défendre. Il n'avait pas le choix. Aurait-il voulu le congédier, il n'aurait pas pu. Sinon, il aurait retrouvé Alain comme président du premier parti de la majorité et on serait allé vers la crise de régime. »

Ce que Pons refuse de voir, c'est que Juppé n'a pas forcément eu à monnayer son soutien, tant est grand l'attrait qu'il exerce sur Chirac. Il est le fils que le nouveau président n'a pas eu. Un fils orgueilleux, un peu rebelle, dont tout le monde ou presque, à commencer par Mitterrand, a célébré le parcours au ministère des Affaires étrangères.

Mitterrand est convaincu que l'horizon des prochaines années est bouché par cet homme vif à l'œil de laser et à la démarche souple de coureur à pied. « Que Chirac l'emporte ou non, pronostique-t-il plusieurs semaines avant le scrutin, la vie politique sera dominée par le combat sans merci que vont se livrer Seguin et Juppé. Seguin est un politique doué et manœuvrier dans la bonne tradition française. Mais c'est Juppé qui l'emportera. Il a la grâce[1]. »

Sans doute le président sortant a-t-il tenu ce type de propos devant Jacques Chirac qui, en ce cas, a dû se rengorger. Le nouvel élu a reporté sur Alain Juppé toute la confiance qu'il avait, à tort, accordée à Édouard Balladur. Après la victoire de la droite aux législatives de 1993, le « meilleur d'entre nous » n'était qu'un chambellan-bis qui manquait encore d'expérience et le président du RPR s'en était voulu de ne l'avoir pas mis en tête de liste, sous prétexte qu'il était « trop tendre ». Avec celui-là, si franc et si sincère, les choses auraient été tellement plus simples...

---

1. Entretien avec l'auteur, le 12 mars 1995.

Juppé à Matignon, c'est aussi le meilleur moyen d'effacer Balladur. Il est sur le même positionnement politique, libéral et européen. Il va donc l'asphyxier. Avec ses blazers et ses chemises façon 16ᵉ arrondissement, il rassure, au surplus, le bourgeois que Seguin n'aurait pas manqué d'effaroucher.

De même que Chirac avait utilisé Balladur pour en finir avec Giscard, il utilise maintenant Juppé pour carboniser les derniers restes de Balladur. Bien sûr, il dit à tout bout de champ qu'il n'en veut pas à son ancien chambellan. Mais il le répète trop souvent pour que ce soit vrai. Bien qu'il s'en défende, les deux années écoulées lui ont appris la rancune, une rancune qui n'en finira plus de macérer et de rancir. En somme, il s'est mitterrandisé.

Mitterrand savoure mêmement **sa vengeance**. Le 11 mai, après avoir reçu Balladur qui vient de démissionner de ses fonctions de Premier ministre, le président sortant raconte à l'auteur : « Je l'ai gardé aussi longtemps que j'ai pu. Trente-cinq minutes. Ce fut un vrai supplice pour lui, car il vit très mal son échec. C'est la première fois qu'il n'a pas croisé ses jambes pendant un entretien avec moi. »

La pire vengeance, n'est-ce pas le pardon ? Chirac feindra d'avoir absous Balladur. Jamais un mot contre lui, ni en public ni en privé. Il l'a juste biffé de sa mémoire, biffé et gratté. « Je ne suis pas rancunier pour deux sous, insiste-t-il pourtant. Ma femme me le reproche assez souvent. Quand on fait de la politique depuis longtemps, on sait bien qu'il faut être vigilant, avec toutes ces dagues dissimulées sous les plis des manches de ceux que vous croyez être vos amis. Si on prend parfois un coup, on se dit que c'est la vie ou que c'est le métier qui veut ça, on n'en fait pas une histoire. Je reconnais qu'il y a aussi en moi une certaine indifférence. J'en ai tellement vu et tellement entendu, vous comprenez. Un homme m'a appris beaucoup à ce propos. C'est Chaban. Comme j'ai soutenu Giscard contre lui, il aurait pu décider que je l'avais trahi et m'en vouloir pour la vie. Eh bien, non. Il m'a donné une belle leçon en passant l'éponge[1]. »

Soit. N'empêche que Jacques Chirac a donné comme consigne à Alain Juppé de ne nommer aucun ex-ministre du balladurisme dans son équipe. Une vraie fatwa. Le nouveau Premier ministre n'aura donc pas le droit de recycler Nicolas Sarkozy pour lequel il a toujours éprouvé une sorte de faible, bien qu'il s'en méfie. Même veto présidentiel contre François Léotard, Gérard Longuet, Pierre Méhaignerie ou Bernard Bosson.

François Bayrou, miraculé du balladurisme et maintenu ministre de l'Éducation nationale, sera désormais l'objet de l'ire présidentielle. De même que Jean-Claude Trichet, gouverneur de la Banque de France et stratège de la politique du franc fort, dont le crime est d'avoir été directeur de cabinet d'Édouard Balladur en 1986. Autant de « connards » accusés de conservatisme, d'ineptie ou de poltronnerie, c'est selon.

Quand Pasqua lui dit, la veille de sa prise de fonction, qu'il devrait laisser à Balladur la mairie de Paris qui serait ainsi bien tenue, Chirac répond : « C'est impossible. Édouard s'était vraiment engagé à ne jamais être candidat. Il a manqué à sa parole.

— Quelle importance, soupire Pasqua. Tu t'en fous, tu as gagné. »

Il ne pardonnera pas. Le traumatisme est tel après la trahison de Balladur, que Chirac est déjà tout claquemuré de l'intérieur avant même d'entrer dans la cour de l'Élysée, pour prendre possession des lieux. Cet homme est un blockhaus, désormais, et beaucoup de ses ennuis viendront de là.

---

1. Entretien avec l'auteur, le 4 août 1995.

27

Les cimetières parisiens

« Je suis un cimetière abhorré de la lune
Où comme des remords se traînent de longs vers. »
Charles Baudelaire

Il a toujours mené grand train. À la mairie de Paris, dans son appartement de mille mètres carrés, Chirac avait à son service un maître d'hôtel à l'allure d'un Grand d'Espagne, trois cuisiniers et deux femmes de ménage. Sans parler du reste. À l'Élysée, ce sera encore mieux : le voici passé du stade artisanal à la phase industrielle. Impossible de faire un pas sans qu'un huissier accoure, aux petits soins.

S'il célèbre l'« État modeste », Chirac ne le mettra pas plus en œuvre à l'Élysée qu'ailleurs. Il faut ce qu'il faut et, pour lui, ce sera toujours le meilleur vin ou le meilleur champagne. En dix ans, les crédits de la présidence de la République passeront, sous son règne, de 3,3 millions à 31,9 millions d'euros, soit une hausse de 867 %[1].

Sans doute faut-il imputer une partie de cette augmentation à la suppression par le gouvernement Jospin des « fonds spéciaux » que versaient naguère les ministres à l'Élysée. Désormais, c'est la présidence de la République qui assure elle-même ces dépenses. Mais à lui seul, ce

1. *Le Grand Gaspillage*, de Jacques Marseille, Plon, 2002.

154

changement de règles ne suffit pas à expliquer la dérive. C'est que Jacques Chirac, pour ses palais comme pour le reste, n'a jamais répugné à débourser l'argent des autres.

Il vit depuis trop longtemps dans un monde virtuel, loin des réalités. Depuis 1977, date de son accession à la mairie de Paris, il a toujours été nourri et logé aux frais de la princesse. Enfin, logé. Tous les soirs ou presque, vers 20 heures, son chauffeur, Jean-Claude Laumond, l'attendait dans sa CX, dans la cour de l'Hôtel de Ville, pour l'emmener Dieu sait où.

Pour joindre Chirac, à partir de cette heure-là, il fallait passer par Laumond. Un joyeux drille qui incarnait, avec son grand rire franc, la célèbre formule d'Alphonse Allais : « Ne nous prenons pas au sérieux, il n'y aura aucun survivant. » Un as du volant qui roulait à tombeaux ouverts dans Paris et s'entraînait, pendant ses congés, sur les circuits professionnels. C'était la tête de Turc de Bernadette.

On pouvait la comprendre. Ils faisaient une drôle de paire, son mari et lui. Avec leurs airs de conspirateurs, on voyait bien, quand ils partaient pour leur tournée nocturne, qu'ils allaient se donner du bon temps. Chacun de son côté, bien entendu. Sauf que le chauffeur tenait souvent le chandelier tout seul dans la voiture. Sitôt Jacques Chirac élu, Bernadette est entrée en campagne contre Laumond.

Elle avait longtemps fait chambre à part. Elle faisait désormais domicile à part. Dans l'année qui a suivi l'élection de son époux à la présidence, elle a souvent dormi toute seule dans l'appartement de l'Hôtel de Ville, en attendant que soient achevés les travaux d'aménagement à l'Élysée. Pendant ce temps, son ire se concentrait sur Laumond.

Sans succès. Du moins pendant deux ans. En 1997, la nuit de l'accident de voiture de Lady Di dans le tunnel de l'Alma, le ministre de l'Intérieur ne put avoir le président au téléphone : Bernadette chargea Laumond qui, dans un livre [1], assurera qu'« elle se garda bien » de le faire appeler. C'est à la suite de cet incident et de quelques autres que Bernadette, enfin soutenue par Claude, obtint la tête de celui que l'on surnommait le « chauffeur des plaisirs ».

Jean-Claude Laumond fut destitué ou plus précisément banni, sans ménagement aucun. Jacques Chirac n'a même pas assisté à son « pot » de départ. Trop à faire. Parti de l'Élysée avec un briquet et une photo dédicacée, en guise de remerciements pour ses bons et loyaux services, l'ex-chauffeur s'est retrouvé en Nouvelle-Calédonie avec une fausse promesse de travail auprès de Jacques Lafleur, naguère maître après Dieu de l'île. Les yeux embués de nostalgie, il fait alors la tournée des bars où il raconte ses souvenirs, tandis que sa femme est au bord de la dépression.

« Humainement, ça n'était pas terrible, résume Bernard Bled, l'homme-orchestre de la ville de Paris. Politiquement, c'était très dangereux. » Il lui a donc trouvé un emploi : inspecteur des cimetières parisiens.

Les cimetières se remplissent vite, après l'arrivée de Jacques Chirac à l'Élysée. Certains de ses proches ont la sensation que doit éprouver le marchepied quand la semelle chérie les a quittés pour sa destination finale : une sensation de vide, sinon de trahison. Ils découvrent enfin la vraie nature de cet homme qui prend plus qu'il ne donne. Sauf quand on est dans la peine.

Nicolas Sarkozy, bon connaisseur du chiraquisme, a dit un jour : « On croit que Jacques Chirac est très con et très gentil. En fait, il est très intelligent et très méchant. » Depuis, le propos, tenu à Jean-Luc Lagardère, a fait florès. Pour caricatural qu'il soit, il en dit long sur l'aptitude au camouflage du chef de l'État.

« Avec lui, ajoutera Jacques Toubon, on finit toujours par se sentir un peu blousé quand on a cru avoir une grande

---

1. *Vingt-cinq ans avec lui*, de Jean-Claude Laumond, Lattès, 2001.

proximité. » Lorsqu'il les reçoit, il a en effet la capacité de faire croire à ses visiteurs qu'ils sont, pour lui, les êtres les plus importants au monde avant de les oublier sitôt qu'ils auront franchi la porte de son bureau. Stratagème dont il use plus que la moyenne des politiciens.

C'est pourquoi les cocus du chiraquisme proliféreront, après son accession à l'Élysée. Bernard Murat, le maire de Brive-la-Gaillarde, s'étonnera, comme beaucoup de Corréziens, que Jacques Chirac ne mette pratiquement plus les pieds dans ce département où il prétendait naguère se ressourcer. Il leur faisait même croire qu'il était l'un des leurs. Les aurait-il abusés pendant les trois décennies où il les représenta à l'Assemblée nationale ? C'est ce qu'ils semblent penser, à en juger par les revers électoraux de la droite dans son ex-fief.

Jean Tibéri, qu'il a choisi contre Jacques Toubon, le mal-aimé, pour sa succession à la mairie de Paris, aura lui aussi le sentiment d'avoir été lâché par le chef de l'État. Surtout lorsque les « affaires » ont commencé à pleuvoir sur lui. « Quand Claude et Villepin ont pensé que son intérêt était de me transformer en bouc émissaire, il les a laissés faire », dira plus tard Tibéri. Il se sentira d'autant plus floué qu'il refuse la paternité de l'idée saugrenue du faux rapport commandé à sa femme Xavière, avec espèces sonnantes et trébuchantes à la clé, par le conseil général de l'Essonne. Un rapport qui a mis au jour les mœurs détestables de la classe politique et coûté sa réélection à Tibéri : ç'aurait été, selon lui, une trouvaille de Chirac...

Les Parisiens eux-mêmes ont fini par rompre avec le chiraquisme en donnant, en 2001, la mairie aux socialistes. Jacques Chirac leur a laissé un héritage qui n'est pas négligeable, loin de là. Des finances gérées au carré. La belle machine du Samu social. Une vie commerçante très active grâce à l'interdiction des grandes surfaces, maintenue envers et contre toutes les pressions ou tentatives de subornation. Comptant dix-huit ans de règne sans partage où,

157

après les « grands chelems » de 1983 et 1989, il avait tous les arrondissements à sa main, il n'a, en revanche, rien laissé pour l'Histoire.

Pas un monument, rien. C'est tout lui. Tant il est vrai qu'à ses yeux, pour reprendre la formule de Céline, « invoquer la postérité, c'est faire un discours aux asticots ». Même si Paris continue de nous parler du baron Haussmann...

28

Tir au pigeon

« Le gibier peut oublier les chasseurs,
mais les chasseurs n'oublient pas le gibier. »
Proverbe africain

C'est l'un des assassinats politiques les plus rondement menés de ces dernières années. Tout le monde s'y est mis. La presse, toujours en manque de sang frais. Les syndicats, bien décidés à en découdre. La France d'en haut et la France d'en bas. L'intéressé lui-même, enfin.

Alain Juppé reconnaît avoir eu tout faux, d'entrée de jeu : « Je n'étais pas préparé. Déjà, quand je suis arrivé à Matignon, je n'avais pas ma liste de ministres en tête. Ensuite, mon discours de politique générale était très mauvais. Trop long et sans âme. Pendant que je le prononçais, tout le monde dormait dans l'hémicycle du Palais-Bourbon. Sauf Franck Borotra[1] sur les bancs du gouvernement, dont je me souviens encore de l'air rigolard[2]. »

Le gouvernement est mal fichu. Politiquement, il est, à quelques exceptions près, chiraquien pur jus. Géographiquement, Chirac et Juppé ont fait l'impasse sur le Midi qui,

----

1. Ministre de l'Industrie du gouvernement Juppé, Franck Borotra est un proche de Charles Pasqua.
2. Entretien avec l'auteur, le 4 avril 2005.

pour la première fois depuis longtemps dans l'histoire de la République, n'est pas représenté. On se pince, on se frotte les yeux, on ouvre grandes ses oreilles, mais non, pas l'ombre d'un accent de Marseille autour de la table du Conseil des ministres.

Au surplus, l'équipe n'est composée que de ministres inexpérimentés. Quand il ne s'agit pas de cinquièmes couteaux dont le QI est largement en dessous de la ligne de flottaison. Juppé prend tout sur lui : « Chirac m'a laissé former le gouvernement. Je n'aurais pas imaginé qu'il me laisserait une telle liberté de manœuvre[1]. »

On peut feindre de le croire et dire à son propos, comme Charles Pasqua : « Comment voulez-vous diriger un pays quand vous n'avez confiance en personne ? Ce type n'est entouré que d'ectoplasmes. » Mais Jacques Chirac est l'interventionnisme incarné et on voit clairement sa main dans la composition du premier gouvernement Juppé.

Passons sur les remerciements pour services rendus pendant la campagne, qui ont porté Charles Millon à la Défense, Jean-Louis Debré à l'Intérieur, Alain Madelin à l'Économie ou Hervé de Charette aux Affaires étrangères. Pour les nominations, il n'y a pas à tortiller, le critère qui prévaut est moins la compétence que la loyauté.

On notera seulement que Jacques Chirac, après avoir longtemps daubé sur les pratiques mitterrandiennes du même ordre, a truffé le gouvernement d'anciennes ou nouvelles proches amies dont la moindre n'est pas Margie Sudre, bombardée secrétaire d'État au Tourisme avant qu'il ne la laisse tomber, un jour, comme un vieux paquet. Pour embrouiller tout le monde, le président a pris soin, bien sûr, de les noyer au milieu d'autres femmes. Elles recevront toutes le sobriquet de « juppettes ».

Elles sont jetables, cela va de soi. Le Premier ministre se débarrassera de la plupart des « juppettes » à la première

---

1. Entretien avec l'auteur, le 4 avril 2005.

occasion. Le féminisme chiraquien n'aura duré qu'une saison.

Alain Juppé est tout de suite aux cent coups. Il y a de quoi : aucune fée ne s'est penchée sur son gouvernement, après sa venue au monde. Sur le plan des finances publiques notamment, il hérite d'une situation calamiteuse. Comme tout politicien français qui se respecte, Édouard Balladur, après Jacques Chirac ou Pierre Bérégovoy, a tenté de se faire élire en signant des chèques. Il n'a pas mégoté. Résultat : malgré la reprise économique dont il a bénéficié, il laisse la France dans l'état où il l'avait trouvée. Dans le rouge.

L'audit des finances publiques demandé par Édouard Balladur après son arrivée à Matignon, en 1993, chiffrait le déficit budgétaire imputable aux socialistes à plus de 300 milliards de francs. Deux ans plus tard, malgré la reprise économique, le déficit est égal, sinon supérieur. Tel est le mal français : ni de droite ni de gauche, entretenu par des politiciens à courte vue qui ont le nez collé sur la prochaine échéance électorale.

Balladur et Bérégovoy, c'est, pour reprendre un vieux slogan communiste, blanc bonnet et bonnet blanc. Juppé a décidé qu'il serait, lui, différent. Une sorte de Mendès France gaulliste ou, si l'on préfère, de Churchill à la française, promettant au pays le sang et les larmes que l'heure impose. Il peut compter sur le soutien inconditionnel ou presque du chef de l'État. Apparemment sur la même ligne, Chirac déclare ainsi, le 23 août 1995 : « Les Français sont prêts à partager les efforts et à accepter des contraintes pour peu qu'on leur propose des réformes simples, efficaces, justes et renforçant la cohésion nationale. »

Les Français sont-ils prêts ? C'est là précisément que le bât blesse. Sans doute Juppé n'a-t-il pas la manière. La pédagogie n'est pas son fort. Ni le doigté. Encore moins la diplomatie, qu'il a dû apprendre en regardant la série des

Terminator. Mais aurait-il toutes les qualités requises, on voit mal comment il pourrait réussir. À peine est-il arrivé à Matignon qu'il a déjà les ailes coupées.

L'affaire de son appartement, survenue à point, l'a décrédibilisé d'entrée de jeu. Comment demander des sacrifices aux autres quand on bénéficie soi-même de prébendes ? Il y a là quelque chose qui cloche et que ne comprennent pas les Français, émus par les révélations de la presse sur les conditions avantageuses dont bénéficient les petits malins qui habitent des logements du domaine privé de la ville de Paris.

Parmi ces privilégiés, Alain Juppé qui, pour comble, a aussi fait profiter les siens. Son ex-épouse, ses deux enfants et son demi-frère. *Le Canard enchaîné* a même publié une note qui prouve que le Premier ministre, quand il était adjoint aux Finances de la ville de Paris, a arrondi de sa main à 6 000 francs, au lieu des 6 913 francs envisagés par les services de la ville, le loyer d'un appartement de 88 mètres carrés attribué à son fils Laurent.

Tollé général. Comment Alain Juppé a-t-il pu commettre une telle erreur ? Un homme indépendant d'esprit comme Bernard Bled, administrateur à la mairie de Paris au moment des faits, est convaincu de son innocence : « Ma tête à couper qu'il a signé sans regarder. Quand on connaît Juppé, c'est un type trop rigoureux et trop coincé pour décider lui-même d'accorder une faveur à son fils. Tout le contraire d'un charlot. Il travaille seize heures par jour sans s'attarder sur les détails. Lui, c'est vraiment : *"De minimis non curat pretor."* Autrement dit : "Le chef ne s'occupe pas des détails." À l'époque, on baissait systématiquement le prix des appartements et les dossiers étaient anonymes. Il a appliqué la même règle à tout le monde. »

Témoignage d'autant plus crédible qu'il émane d'un homme qui n'a jamais été de ses amis, loin s'en faut. Mais il est contredit par Jean-Eudes Rabut, alors chef de cabinet du maire de Paris, qui se souvient avoir fixé lui-même le rabais : « Alain Juppé savait ce qu'il signait mais ce n'est pas lui qui l'a demandé. C'est moi, après avoir visité l'appartement, qui était en très mauvais état. »

N'importe comment, le coup est terrible. Alain Juppé mettra des mois à s'en relever. Mais jamais il ne daignera s'expliquer. Jamais non plus il ne cherchera à savoir qui l'a balancé. Il est vrai qu'il a l'embarras du choix. Il s'est fait beaucoup d'ennemis, à la mairie de Paris. Des jaloux ou des combinards qui grenouillent autour des marchés publics. C'est sans doute l'un d'eux qui a frappé. Pour montrer au pays la vérité de l'homme qui, à l'Hôtel de Ville, jouait les Saint-Just.

« C'était une affaire très bien préparée, notera Juppé dix ans plus tard. Après ça, j'étais cuit. J'avais les jarrets coupés pour longtemps [1]. »

Il continue néanmoins à avancer. Même mort, il continuerait à avancer. Mais ses orbites se creusent, son teint devient cireux, et un mauvais rictus lui tord continuellement les lèvres, comme s'il venait de sucer un citron. Il semble ne pas bien comprendre ce qui lui arrive. Notamment quand il s'indigne en petit comité : « Pourquoi toute cette histoire ? Je n'ai volé personne ! »

Certes. Mais qu'Alain Juppé soit l'intégrité et l'honnêteté faites homme ne change rien à l'affaire. En louant pour lui-même, à des conditions défiant toute concurrence, un appartement de la ville et en décidant, de son propre chef d'une ristourne – signée de sa main, qui plus est – pour le logement de son fils, il a commis une faute inouïe qui fait de lui une caricature de privilégié. Un personnage arrogant, coupé du peuple et engoncé dans une culture gaulliste de l'État régalien, qui croit que tout lui est dû.

Il vaut mieux que cela, mais qu'importe, la curée a commencé, rien ne peut l'arrêter. Après les révélations du *Canard enchaîné*, *Le Monde* tire tous les jours ou presque

---

1. Entretien avec l'auteur, le 4 avril 2005.

un nouveau boulet contre le Premier ministre que le chef de l'État materne comme jamais.

« Pour lui, c'est le baptême du feu, observe Chirac. Il n'avait pas encore l'habitude des déchaînements médiatiques. Il trouve ça injuste et disproportionné mais ils le sont toujours. Les journalistes prennent un petit fait et puis le montent en épingle jusqu'à ce qu'il occupe tout l'écran de télé. Mais on ne peut pas réduire toute une vie à une boulette ! Alain est très affecté, le pauvre. Sous des apparences un peu rogues, c'est un garçon très sensible, vous savez. Je lui téléphone souvent, sans raison, juste pour qu'il comprenne que je ne le laisserai pas tomber. Il faut que ces messieurs du *Monde* le sachent : ce ne sont pas eux qui font ou défont les Premiers ministres de la France. Jamais je ne leur donnerai Alain en pâture[1]. »

Les câlins du président n'y feront rien. Pas plus que les décisions de justice. Alain Juppé est déjà un chef de gouvernement en sursis, cinq mois après sa nomination, quand Bruno Cotte, le procureur de la République de Paris, fait tomber son jugement de Salomon à propos de l'affaire de son appartement : tout en estimant « caractérisé » le délit de prise et de conservation illégales d'intérêts, il juge inopportunes les poursuites contre le Premier ministre, dès lors qu'il s'est engagé à quitter son logement.

L'honneur est sauf. Mais le Premier ministre ?

---

1. Entretien avec l'auteur, le 6 septembre 1995.

29

Juppé, le Terminator mendésiste

« Le succès est toujours un enfant de l'audace.
L'échec aussi. »
Jehan Dieu de La Viguerie

On dirait une blague. Une blague française, bien entendu. Il n'y a qu'en France, mère patrie de l'État-roi, qu'une telle chose est possible. Le 22 mai 1995, le nouveau président de la République a convoqué en grande pompe les préfets à Paris pour leur annoncer qu'ils seraient le « fer de lance » de la bataille pour l'emploi et que leur « réussite » en la matière serait le « critère essentiel d'appréciation » de leur mérite.

On croit rêver. Mais non. Jacques Chirac, qui réclame une « révolution culturelle » dans la lutte contre le chômage, n'a rien trouvé de mieux que de commencer par mobiliser... les préfets. L'initiative aurait dû provoquer un grand éclat de rire dans le pays mais on n'a entendu que quelques toussotements, du côté du patronat. Tant il est vrai que la France est toujours jacobine ou napoléonienne, comme on voudra.

Aux yeux du président, c'est donc l'État qui détient les clés en matière de chômage. Il décrète et les entreprises suivent. C'est pourquoi Chirac a décidé que seraient nommés, dans chaque département, des commissaires à l'emploi. Qu'ils fassent la chasse aux complications administratives, sport national français, on ne peut que s'en féliciter. Mais qu'ils soient officiellement chargés de relancer l'emploi, on ne peut qu'en rire ou en pleurer.

Jacques Chirac ne connaît pas le monde de l'entreprise. Il ne le fréquente pas, ou peu. En tout cas, beaucoup moins que la plupart des personnalités politiques, à droite ou à gauche. Rares sont ses amis patrons autorisés à lui donner, de temps en temps, un conseil : François Pinault, Jérôme Monod ou Jean-François Dehecq, et encore. Il commet la même erreur, mais infiniment moins coûteuse dans son cas, que François Mitterrand qui, en 1981, croyait résoudre le chômage en embauchant des fonctionnaires. Il ne comprend pas que la solution tienne en un seul mot, tabou en France, même s'il a fait ses preuves partout : la flexibilité.

En attendant, Alain Juppé travaille. Le 2 juin, il réunit le premier comité interministériel pour l'emploi en présence de dix-sept ministres, sous la houlette d'Anne-Marie Couderc, secrétaire d'État, chargée de coordonner cette nouvelle structure. Vingt jours plus tard, le chef du gouvernement présente son « plan d'urgence » qui doit créer 700 000 emplois en dix-huit mois.

Au vu de l'état misérable des finances publiques, Alain Juppé avait décidé que le plan ne coûterait que 15 milliards de francs. Mais il lui a fallu revoir sa copie. Sur intervention du chef de l'État qui veut un électrochoc, il frappera plus fort : ce seront finalement 50 milliards en année pleine. Jacques Chirac ne veut pas qu'il soit dit que, comme à son habitude, il s'est assis sur ses engagements après son élection. Il entend, de surcroît, rompre avec le balladurisme qu'il comparait en privé, il n'y a pas si longtemps, à la « politique du chien crevé au fil de l'eau ».

Après le temps de l'homéopathie balladurienne, voici donc venu le temps du traitement de cheval à la Juppé. Contre le chômage, plus question de lésiner : le gouvernement lance le contrat-initiative-emploi (CIE) qui prévoit, pour toute embauche d'un chômeur, une prime de 2 000 francs mensuels pendant deux ans pour l'employeur, ainsi que des exonérations de charges sociales. Les jeunes, les bas salaires, personne n'est oublié. Sans parler des petites et moyennes entreprises qui bénéficieront de simplifications administratives : les « déclarations d'embauche unique » remplaceront les dix formulaires qu'il fallait jusqu'à présent remplir. Il suffisait d'y penser.

Pour financer son plan, Alain Juppé n'a pas le choix. Il augmente les impôts : le taux de TVA passe de 18,6 % à 20,6 %, tandis que l'impôt sur les sociétés comme l'impôt de solidarité sur la fortune ont droit à une surtaxe.

Tout s'est noué lors d'une réunion à l'Élysée où se sont retrouvés, autour de Jacques Chirac, Alain Juppé, Dominique de Villepin et Maurice Gourdault-Montagne, le directeur de cabinet du Premier ministre.

On est en juin, le gouvernement n'a que quelques semaines, mais Alain Juppé a déjà les traits tirés et cet air funèbre qui, désormais, ne le quittera plus. « On est dans une situation très grave, dit-il au chef de l'État. Si on continue comme ça, le déficit dépassera la barre des 3 % du PIB que nous impose le traité de Maastricht. On n'a pas trente-six solutions. Soit on trichote et, en oubliant un certain nombre de dépenses, on peut afficher un déficit de 322 milliards. Soit on dit la vérité et, alors, il faudra annoncer 356 milliards.

— Même si c'est embêtant, tranche Chirac, il faut dire la vérité et tout faire pour résorber ce déficit.

— Donc, nous devrons augmenter les impôts.

— On n'a pas le choix. Si on décide de sortir de Maastricht et de rompre nos engagements européens, on entrera dans une aventure que je ne pourrai pas maîtriser. »

Bref, la conviction européenne a tout de suite prévalu, chez Chirac comme chez Juppé. Résultat : un coup de bambou fiscal. C'est ainsi que le Premier ministre dresse

167

contre lui, dès le 22 juin 1995, les riches, les patrons, les petits commerçants et les professions libérales.

Enfin, un homme politique français qui ne suit pas le peuple mais lui demande, au contraire, de le suivre. Depuis Raymond Barre ou Pierre Mauroy, dans la phase de la rigueur, il y a longtemps qu'on n'avait pas vu en France quelqu'un décider et trancher, y compris contre son propre camp, avec le seul intérêt général en ligne de mire.

Un homme d'État est-il né ? Sans doute, mais à peine le temps d'une saison, puisqu'il sera tout de suite fauché par les révélations du *Canard enchaîné* sur son appartement avant d'être neutralisé par la rue, quand il s'attaquera à la réforme des retraites, donnant ainsi raison à Louis XVIII qui disait : « Le privilège des grands hommes est de donner des secousses à leur siècle. La secousse terminée, sauve qui peut ! »

C'est sans doute l'un des grands gâchis du dernier quart de siècle. Une occasion manquée que la France n'a pas fini de payer. Voilà, en effet, l'une des rares personnalités capable de procéder aux grandes réformes auxquelles le pays devait se résoudre, pour ne pas tomber dans la spirale du déclin. Il a presque tout pour lui. L'autorité, la compétence, la confiance du président et, disons-le, le courage qui a manqué à tant de ses prédécesseurs.

Certes, cet homme éternellement mal rasé est aimable comme une porte de prison et, même sur ses nouvelles terres bordelaises, il ne perd jamais de temps avec les gens de peu. Ni avec personne, en vérité. Il y a quelque chose de sombre en lui qu'il semble fuir à grandes enjambées. Il n'est pas électoral et serait capable de faire passer Barre pour un affreux démagogue. Mais il a des convictions et une colonne vertébrale. C'est un ordinateur, comme l'écrivent ses portraitistes, mais sans électricité. Il lui manque cet esprit de famille qui caractérise les grands politiques.

Pour devenir homme d'État, il faut d'abord être chef de bande. Il n'est encore que chef de bureau.

Bien sûr, il fait des efforts. « Je sais ce que dit Chirac de moi, dira-t-il un jour à l'auteur [1]. Que je suis trop susceptible et qu'il me manque quinze kilos. Mais je mange, contrairement à ce qu'il croit. L'autre jour, j'étais dans une palombière, dans les Landes. Eh bien, j'ai pris de la soupe, du foie gras, des palombes, des alouettes, des ortolans et plein d'autres choses. Je suis sorti de table à 18 heures. Moi aussi, je peux faire ça. »

Mais il a beau faire, il n'a pas l'estomac du président ni son coffre, ni, surtout, son cynisme et son culot.

C'est l'anti-Chirac. C'est aussi l'anti-Bérégovoy ou l'anti-Balladur. Un extraterrestre dans le monde politique français qui a décidé, le téméraire, que deux et deux font quatre alors que, depuis des lustres, ils faisaient le double, sinon plus, dans notre cher et vieux pays.

Bien que Juppé fût en tout ou presque son contraire, Chirac l'a soutenu jusqu'aux limites du raisonnable, parce qu'il approuvait sa politique, avant de le laisser partir là où son destin l'attendait, ce cimetière des illusions que Chateaubriand a si bien décrit :

« Là dorment dans l'oubli des poètes sans gloire
Des orateurs sans voix, des héros sans victoire. »

---

1. Entretien avec l'auteur, le 18 novembre 1996.

30

La comédie française

« L'autruche française a le cou si long qu'il lui arrive parfois,
quand elle enfouit sa tête, de trouver du pétrole. »
Commissaire Sastre

L'été aura été meurtrier pour le gouvernement Juppé. Un seul mort, c'est vrai, mais de poids : Alain Madelin, ministre de l'Économie, qu'Alain Juppé a « démissionné » sans ménagement après qu'il a ouvert un beau matin, au micro de Jean-Pierre Elkabbach, sur Europe 1, le débat sur les acquis sociaux des fonctionnaires.

Ce limogeage à la hussarde est une erreur politique. Certes, Alain Madelin est trop impulsif, trop balourd, trop « personnel ». Un turlupin, doublé d'un malappris. Chaque fois qu'il serre une main, il perd un électeur, car il est rare qu'il le regarde. Surtout pas dans les yeux. Il a beau se prendre pour un intellectuel, citer Frédéric Bastiat, et se piquer d'idéologie, il y a chez lui une grossièreté et un sans-gêne qui font de son compagnonnage une épreuve redoutable.

Le ministre de l'Économie ajoutait néanmoins à l'orchestre gouvernemental une petite musique libérale et anti-étatiste qui n'était pas de trop dans ce cabinet ultra-chiraquien. Elle n'était certes pas raffinée, loin s'en faut,

170

mais elle donnait au moins un peu d'air, même s'il n'était pas frais. C'était la seule ouverture d'une équipe fermée à double tour. Après son départ, le gouvernement ne parlera plus que d'une seule voix, celle de Juppé.

Il y a deux manières de gouverner. Ou bien avec un râteau, en ratissant large : c'est parfois malaisé, on l'a vu dans le passé, et il faut une grande habileté où Mitterrand, notamment, excella. Ou bien avec une épée pour frapper profond, sans perdre de temps : ça requiert de la précision et une main dont Juppé, pour l'heure, paraît dépourvu.

Depuis le perchoir de l'Assemblée nationale, Seguin, qui est pourtant un anti-Madelin convaincu, rigole et se désole en même temps. « Juppé, dit-il, a tout : Matignon, la mairie de Bordeaux, désormais le ministère des Finances, demain le RPR qu'il va présider. Tout, il a tout. »

Le Premier ministre est donc seul : en politique, c'est quand on croit tout avoir qu'on n'a plus rien. Une règle que Juppé va pouvoir vérifier à ses dépens, les mois suivants. Sans doute n'a-t-il pas encore compris la vérité du pouvoir, avatar de cette « lumière verte », de cet « avenir orgastique », décrit par Francis Scott Fitzgerald dans la dernière page de *Gatsby le magnifique*, qui sans cesse « recule devant nous : pour le moment, il nous échappe. Mais c'est sans importance. Demain, nous courrons plus vite... »

En ce qui concerne Madelin, Juppé prétend qu'il n'avait pas le choix : « La veille de sa déclaration, j'avais réuni tous les poids lourds du gouvernement pour mettre au point la stratégie de septembre. On a parlé très librement et il était entendu que rien, de nos débats, ne devait filtrer à l'extérieur. Pas question de mettre le feu aux poudres. Ni de provoquer les syndicats de fonctionnaires. Quelle n'est pas ma stupéfaction quand, le lendemain, j'entends Madelin reprendre mot pour mot nos propos ! C'était un cas d'école de parole non tenue. D'irresponsabilité aussi. Quand j'ai vidé Madelin, je lui ai dit exactement ça : "Je ne peux pas garder dans mon gouvernement quelqu'un qui ne joue pas le jeu[1]." »

L'éviction de la tête de linotte du néo-thatchérisme à la française va-t-elle rassurer un pays d'humeur bien ronchonne, en cette rentrée 1995 ? Pas sûr. En attendant, le chef de l'État maintient le cap, avec l'autorité de la conviction, dans un long entretien à Catherine Pégard pour *Le Point*, la première interview qu'il accorde à la presse écrite depuis son arrivée à l'Élysée : « Les Français, c'est vrai, sont inquiets, et l'inquiétude renforce toujours le poids des conservatismes et avive la crainte du changement. Mais il n'y a pas de perspective dans les solutions traditionnelles[2]. »

À Catherine Pégard qui lui demande d'expliquer le « scepticisme croissant » des Français, Jacques Chirac répond notamment qu'« ils ont le sentiment que tout a été essayé, et sans résultat. Je suis persuadé, ajoute-t-il, qu'avec les premiers changements perceptibles, ils retrouveront confiance ».

Le président se dit ensuite « profondément attristé » du départ d'Alain Madelin dont il n'oubliera jamais, jure-t-il, qu'il lui a été « fidèle dans des circonstances difficiles ». « Mais, observe-t-il, il faut comprendre que rien n'est plus préjudiciable à la réforme que les effets d'annonce intempestifs. On ne réforme pas en opposant les actifs aux inactifs, les salariés aux fonctionnaires, les patrons aux syndicats, les jeunes aux vieux, les villes aux campagnes... »

Catherine Pégard insiste en citant le *Wall Street Journal* : « Sans Madelin, adieu les réformes. »

Alors, Chirac : « Je vous rassure tout net. L'ardeur pour la réforme reste intacte. Mais pour réformer, il faut changer les mentalités, notamment au niveau de l'État [...]. La volonté de réformer, seule, ne suffit pas : le gouvernement

---

1. Entretien avec l'auteur, le 4 avril 2005.
2. *Le Point*, le 2 septembre 1995.

doit aussi se donner la capacité de le faire et, pour cela, une certaine pédagogie des réformes est nécessaire. »

En somme, le chef de l'État semble tenté de rétropédaler quelque peu avant les grandes épreuves qui s'annoncent. Les cent jours sont passés, mais tout reste à faire, et son flair de vieux politicien corrézien lui dit qu'il est urgent de se hâter lentement, comme le prouvent les aphorismes à la Sully Prudhomme qu'il enfile dans l'interview, du genre : « Le changement en profondeur n'est pas le changement précipité. »

Son nez ne l'a pas trompé. Deux jours après la parution de l'interview, un sondage et un article prophétique montrent, dans le quotidien *La Tribune*, que les Français sont rétifs à tout changement. Refusant les augmentations d'impôts aussi bien que les restrictions sur la protection sociale, ils ne sont qu'un sur quatre à souscrire à l'objectif d'assainissement des finances publiques fixé par Alain Juppé. Dans son commentaire, Jean-François Couvrat prédit même une « résistance opiniâtre » du pays aux réformes.

C'est que les Français ont pris Jacques Chirac au mot. Il ne récolte que ce qu'il a semé pendant la campagne électorale. De l'anti-pédagogie, pour ne pas dire de la démagogie. Il a fait croire au pays qu'il suffisait d'en finir avec la croissance molle pour relancer l'emploi, réduire les déficits et mettre un terme à la « fracture sociale ». C'était gros, simple et carré. Du Mitterrand sans Mitterrand.

On ne peut accuser Juppé de ne pas avoir préparé l'opinion. Après s'être fait une tête d'enterrement ou d'annonciateur de mauvaises nouvelles, il s'en est allé déclarer partout que la France vit à crédit, l'État comme la protection sociale, et qu'il va prendre incessamment sous peu les mesures qui s'imposent. Mais il a beau ressasser son pessimisme sur tous les tons, avec une mine de croquemort, il a du mal à se faire entendre.

Le 15 novembre 1995, quand le Premier ministre annonce ses décisions pour redresser les comptes sociaux, il n'a donc pas pris les Français par surprise. Les syndicats non plus, qu'il a reçus et entendus. Certes, Marc Blondel, le secrétaire général de Force ouvrière, lui a enjoint de ne pas toucher aux avantages des fonctionnaires. Et notamment, à ceux de son syndicat. Certes, Nicole Notat, la secrétaire générale de la CFDT, lui a conseillé de ne pas s'attaquer aux « régimes spéciaux » des retraites à cinquante ans, à la SNCF ou ailleurs. « Sinon, ce sera l'explosion », a-t-elle prévenu.

Jacques Chirac est sur la même ligne que Nicole Notat. La veille de l'annonce officielle, Alain Juppé est allé lui présenter la réforme avec une note manuscrite de cinquante pages qu'il a écrite pendant la nuit. « C'est bien », laisse tomber le chef de l'État à la fin de son exposé.

« Je vais rajouter quelque chose sur les régimes spéciaux de retraite, fait le Premier ministre. On a beaucoup plus de bénéficiaires que de cotisants : ça coûte trop cher à l'État, notamment à la SNCF.

— Attention, dit Chirac. C'est un terrain miné.

— Rassurez-vous. Je vais y aller en douceur. Sur dix ans.

— Ne chargez pas trop la barque. Réfléchissez bien. »

Alain Juppé a décidé de passer en force. Foin des compromis et des faux-fuyants ! Il entend remettre de l'ordre dans l'État-providence et faire respecter une certaine équité entre le secteur public et le secteur privé.

Pour sauver la Sécurité sociale, en état de quasi-faillite, avec 180 milliards de francs de déficit en trois ans, Alain Juppé a prévu l'augmentation des cotisations, l'encadrement des dépenses de santé, le contrôle des caisses d'assurance-maladie par le Parlement et... l'allongement de la durée de cotisations des fonctionnaires aux régimes de retraite (de 37,5 à 40 ans) après négociation avec les partenaires sociaux.

N'était la mise en question des « régimes spéciaux » des retraites, Nicole Notat aurait de quoi se féliciter. Sur l'assurance-maladie, Alain Juppé a repris toutes les propositions qu'elle avait défendues avec son énergie habituelle, auprès de Jacques Chirac et de lui-même. Le plan Juppé est un plan Notat. La « Tsarine », comme on l'appelle, déclare donc que le gouvernement « va dans le bon sens », tandis que le bureau national de la CFDT annonce son refus de « rejoindre le camp de l'immobilisme », pierre dans le jardin de la CGT et de FO, surtout, qui se sent, à juste titre, agressée.

Le plan Juppé-Notat met en effet fin au monopole de Force ouvrière sur la protection sociale à la française. Le Premier ministre n'a pas hésité à retirer à ce syndicat, traditionnellement ami de la droite, la gestion, il est vrai déplorable, des caisses-maladie, et notamment de la Caisse nationale qui lui permet d'entretenir, aux frais de l'assuré social, des centaines et des centaines de permanents. « C'est le plus grand rapt que je connaisse dans l'histoire de la République », s'insurge Marc Blondel en tripotant ses bretelles et en tirant sur ses gros cigares. Il ne cessera plus de s'insurger. Jusqu'à devenir l'incarnation de cette « comédie française » qui, les semaines suivantes, bloquera la France, sur fond de crédulité, d'infantilisme et de nostalgie archaïques. Une dépression nerveuse sublimée par la grève. Une mystification.

31

Le bouc émissaire

« Il en est qui, pour avoir vu à découvert les parties
secrètes de l'objet aimé ont été pris d'hésitation
au moment le plus vif de leurs transports. »
Ovide

Tout était-il perdu d'avance ? Peut-être son plan aurait-il été adopté, si Alain Juppé avait suivi, jusqu'au bout, les prescriptions de la « Tsarine ». Mais il a décidé d'en finir avec les « régimes spéciaux » des retraites dont il dénonce à tout bout de champ l'injustice. En petit comité, bien sûr, pas en public. Soucieux de ne pas dresser une France contre l'autre, il se gardera jusqu'à la fin du conflit de mettre cette carte sur la table, se privant ainsi d'un atout maître.

En 1993, Édouard Balladur a fait passer de 37,5 à 40 ans le nombre d'années de cotisations nécessaires aux salariés du privé pour prendre leur retraite. Deux ans plus tard, aucun effort n'a encore été demandé aux salariés du public. Surtout, leurs « régimes spéciaux » bénéficient souvent de privilèges exorbitants. Les agents roulants de la SNCF, par exemple, qui prennent leur retraite à 50 ans. Alain Juppé estime qu'ils devraient travailler, eux aussi, deux ans et demi de plus, sinon davantage.

C'est le bon sens. Mais tout, ensuite, découle de là. La grève des transports publics, à la RATP et à la SNCF. La paralysie de Paris, transformé en gigantesque embouteillage. La généralisation des manifestations pour la défense des services publics, qui seraient menacés par la mondialisation, le monétarisme et la construction européenne. Le confusionnisme qui s'empare d'une partie du pays et qu'alimentent des politiciens dénués de scrupules, comme une intelligentsia qui n'a pas pris la peine d'étudier ses dossiers.

Les usagers se font une raison, qui se recyclent dans le vélo, les rollers ou l'auto-stop. Même s'il en rajoute, le journaliste François Caviglioli restitue assez bien l'état d'esprit de l'époque quand il écrit, non sans humour : « On entend peu de vitupérations [...]. Des automobiles BCBG prennent des loubs à bord. La méfiance tombe quand les grilles du métro se ferment. On se rend compte à quel point le métro est un moyen de transport anti-naturel. Les Parisiens ne s'adressaient plus la parole depuis l'ouverture, il y a cent ans, de la première ligne de métro Vincennes-Neuilly. Ils refont connaissance [1]. »

Et Caviglioli de s'extasier : « Paris n'est plus cette solitude peuplée dont parlait Mauriac. Paris est devenue une foule où bat un cœur gros comme ça. »

Il est vrai que, dans un premier temps, les Français approuvent, à une large majorité, la grève des agents roulants qui paralyse le pays pour garder leur retraite à 50 ans. Ce ne sont pas les marchands d'illusions qui les en dissuaderont. Ils empruntent le cortège en marche, comme à leur habitude et se répandent en propos lénifiants. Tandis que Lionel Jospin affiche sa « solidarité » avec les grévistes, Jean-Pierre Chevènement salue ce « mouvement anti-Maastricht » qu'il compare, excusez du peu, à mai 1968. À la faveur de cette crise sociale, la gauche fait de la régression. Quitte, parfois, à retomber en enfance.

---

1. *Le Nouvel Observateur*, le 7 décembre 1995.

Pas toute la gauche. Une partie d'entre elle a pris fait et cause pour Nicole Notat, voire pour le plan Juppé. Jean Daniel écrit ainsi dans *Le Nouvel Observateur* : « Rarement on aura vu un homme comme Alain Juppé se fabriquer lui-même et avec autant de soin un personnage de bouc émissaire alors qu'il propose des réformes inspirées naguère par la gauche moderne. [...] Le plan de sauvetage de la Sécurité sociale, ajoute-t-il, a frappé par son ambition et sa cohérence [1]. »

Olivier Mongin et Joël Roman, les directeurs de la revue *Esprit*, point de ralliement d'une gauche moderne et chrétienne, s'indignent : « On s'attendait à la lâcheté des socialistes mais pas à celle de Delors ! » Avec Pierre Rosanvallon, ils décident de se désolidariser de leur champion parce qu'ils sont convaincus, comme Nicole Notat, que le plan Juppé sauvera les meubles de l'État-providence. Ils écriront une pétition qui sera signée par des intellectuels comme le philosophe Paul Ricœur, le sociologue Alain Touraine ou l'historien Jacques Julliard.

Mais ce ne sont pas un article et une pétition qui peuvent changer la donne. Le Premier ministre doit se rendre, il est cerné. Le 5 décembre, il fait un premier pas en annonçant qu'il n'est pas question d'aligner les régimes spéciaux sur le régime général. Le 10, il capitule enfin en promettant que le personnel roulant de la SNCF bénéficiera, comme par le passé, de la retraite à 50 ans, tandis que le montant de retraites à la SNCF et à la RATP sera calculé sur les six derniers mois d'activité. L'État paiera.

Ainsi s'achève ce conflit saugrenu, moitié farce, moitié psychodrame, où les Français ont pris des vessies pour des lanternes en faisant des grévistes du service public, accrochés à leurs privilèges des « régimes spéciaux », les interprètes de leur peur ou de leur désespoir. C'est dire si

1. Ibid.

le pays va mal. Sans doute faut-il parler, comme le sociologue Edgar Morin, de « mal de civilisation [1] », un mal provoqué par la nécessaire adaptation, en période de quasi-récession, à un marché mondial qui effraie le pays.

Tous les ferments sont là, qui ont empoisonné ou empoisonneront la société française pendant longtemps encore. Sa crainte du monde extérieur. Sa tentation du repli, voire du protectionnisme. Sa volonté de revenir en arrière. Sa conviction, non fondée, que son « modèle social » est supérieur et qu'il faut le protéger à tout prix.

Telle est la société française, en cet automne 1995 : casanière, podagre et passablement revêche. Bloquée de partout, et d'abord dans la tête. Pas réformable.

Même s'il a flanché sur un point important, Alain Juppé a tenu sur l'essentiel de sa réforme et prouvé qu'il avait du coffre. De cette crise, il ressort néanmoins tout nu ou à peu près. Dans la majorité, il ne suscite plus que la risée ou l'affliction, au choix. Charles Pasqua le compare à un « chef de bureau » qui ne saurait pas « parler d'amour », tandis que Philippe Seguin, plus nuancé, le sermonne : « Les Français ont besoin de considération, qu'on leur parle, qu'on les consulte. »

Il y a quelque temps, Marie-Thérèse Boisseau, député UDF d'Ille-et-Vilaine, résumait bien le sentiment général de la majorité à l'égard de son Premier ministre quand elle reprenait les mots d'une chanson de Renaud dans la question écrite qu'elle lui posait à la séance du mercredi :

« Si je dois avaler tout ça
Alors, je dis : halte à tout
Explique-moi papa
C'est quand qu'on va où ? »

---

1. Cf. son interview au *Figaro*, le 7 décembre 1995.

Marie-Thérèse Boisseau aurait pu poser la même question à Jacques Chirac qui, pendant le conflit, a conseillé, épaulé et défendu son Premier ministre, tout en prenant soin de rester toujours en seconde ligne. Bien que la crise sociale ne l'ait pas frappé de plein fouet, il en est l'autre victime, après Alain Juppé. Pas une victime politique, le chef du gouvernement ayant tout pris sur lui, mais une victime psychologique. Son tempérament de bon vivant ne le portait déjà pas à prendre de décisions impopulaires. Il est désormais traumatisé pour longtemps par les résistances qu'il a vu monter de tous les coins du pays contre des mesures auxquelles, a-t-il sans cessé répété, « il n'y a pas d'alternative ».

C'est une leçon de choses qu'il n'a pas fini de méditer et qui explique la pusillanimité, pour ne pas dire pire, des années suivantes. Mais au lieu de l'éloigner de Juppé, la crise l'en a, au contraire, rapproché. Sans doute s'est-il pris, en ce décembre noir, pour de Gaulle affrontant, derrière Pompidou, la grève des mineurs de 1962.

Chirac n'a de cesse, depuis lors, de comparer Juppé à Pompidou : « Observez-les bien. Ce sont les mêmes. Avec les mêmes origines modestes et provinciales. Donc, le même besoin de revanche. La même force de caractère devant l'obstacle. Le même gros bon sens, malgré une grande culture. La même sensibilité à fleur de peau, malgré des airs de durs à cuire. Avec ça, rancuniers, susceptibles et chatouilleux, comme tous les vrais sentimentaux [1]. »

« Louer son fils, c'est se vanter », dit le proverbe. Chirac se vante beaucoup, ces temps-ci. Il est sûr d'avoir trouvé un fils en Juppé et parle de lui avec fierté. Non, ce n'est pas le Premier ministre qui lui a manqué. C'est la France qui a, décidément, une petite nature.

C'est l'époque aussi qui l'afflige, « une époque épouvantable où la rage de détruire domine tout ». « Les médias

_____

1. Entretien avec l'auteur, le 3 juillet 1996.

minent les institutions, s'indigne-t-il. Ils tirent sur tout ce qui bouge et répandent des horreurs sur tout le monde. Le pire, c'est que les gens les croient. Quand la télé annonce une émission avec Charette ou Jospin, elle reçoit des lettres d'injures et des coups de fil scandalisés, comme si elle allait donner la parole à des tueurs d'enfants[1]. »

1. Entretien avec l'auteur, le 30 octobre 1996.

32

La stratégie du mort-vivant

« Une fois nos passions satisfaites,
nous comptons pour rien nos promesses et nos errements. »
Catulle

Chirac peut-il remonter en selle, après cette crise d'épilepsie sociale qui a coûté à la France au moins un quart de point de son PIB [1] pour assurer la survie de quelques avantages acquis mais injustes ? Avant la grève, la popularité du président était au plus bas : en octobre, 14 % seulement des Français étaient satisfaits de son action contre 74 % qui se disaient déçus [2].

Jamais, depuis le début de la Ve République, un président n'avait atteint un tel niveau d'impopularité, après cinq mois de mandat. En matière de mécontentement, Chirac caracole loin devant ses deux prédécesseurs, Giscard et Mitterrand. Avec une particularité qui, désormais, sera souvent la sienne : le nouveau président déçoit son propre camp.

Après la grève, la cote du président est toujours à son plancher : en décembre, 22 % des Français sont satisfaits de lui contre 69 % de mécontents. Cette légère amélioration est la conséquence de la crise sociale qui a quelque peu,

---

1. Source OCDE.
2. Baromètre IPSOS-Le Point, *Le Point*, le 28 octobre 1995

mais si peu, resserré les rangs de la droite autour du chef de l'État et de son Premier ministre.

Qu'importe. La stratégie présidentielle ne changera pas. Le 21 décembre 1995, le sommet social de Matignon a permis à Alain Juppé de sauver la face en lui permettant de renouer le dialogue avec les syndicats après qu'il a sauvé l'essentiel de son plan, adopté, la veille, par le Parlement.

Le 31 décembre, lors de son premier message de vœux aux Français, Chirac n'est pas sur la défensive. Au contraire, il persiste et signe : « Nous sommes au début du chemin, mais nous sommes sur le bon chemin. »

Il faut s'arrêter un moment sur ce texte fondamental si l'on veut comprendre la vraie nature du chiraquisme. La plupart de ses discours sont des chefs-d'œuvre de platitude où les aspérités sont gommées, les saillies interdites et les virgules pesées, jusqu'à donner un brouet sans sel ni saveur qui semble l'endormir lui-même, quand il le fait couler de sa voix monotone. Son eau est si tiède, parfois, qu'elle ferait passer, en comparaison, Marc Lévy pour un artiste.

On ne compte plus ses prudhommeries, comme celle-ci : « La lutte contre le terrorisme est un combat[1]. » Ou encore : « On ne peut rester sans bouger dans un système qui bouge énormément[2]. »

Ceux qui écrivent ses discours ne sont pas en cause. Ses principales plumes, Christine Albanel, conseillère culturelle, puis Roch-Olivier Maistre, son successeur, ont un esprit vif, doublé d'une culture éclectique. Leur malheur est que le président passe leurs textes à la moulinette de ces réunions préparatoires, moud les phrases, les pile et les concasse, et en fait de la bouillie pour les chats.

Ce message de vœux tranche avec les autres discours de Chirac. Il dit sa philosophie. On y retrouve ce mélange de lucidité et de prudence, qui fait sa force autant que sa

---

1. Déclaration télévisée, le 18 septembre 1986.
2. À Arras, le 30 septembre 1996.

faiblesse. Cette volonté de plaire à tous. Cette obsession de tout lisser et de retirer les arêtes.

D'abord, Chirac dit avoir compris que décembre 1995 a mis en lumière « des inquiétudes, des angoisses face au chômage ». Sans oublier « un manque de confiance dans les pouvoirs qui sont parfois ressentis comme éloignés des réalités quotidiennes et qui n'auraient d'autres réponses aux problèmes de l'heure que l'accroissement de la contribution de chacun. »

Après quoi, tirant les leçons du conflit, il sert aux Français un discours mendéso-barriste qui aurait pu être écrit par Juppé : « Il n'est plus possible de gouverner aujourd'hui comme on l'a fait au cours des vingt dernières années. Esquiver les vrais problèmes, poser des pansements sur des blessures qu'on ne soigne jamais, remettre à demain ce qu'il faut faire sans délai. Eh bien, nous étions au bout de ce système. Il faut le comprendre : si nous voulons être un pays en paix avec lui-même, un pays qui compte dans le monde, nous devons bouger, nous devons nous adapter. »

Ensuite, il parle comme Seguin dont il reprend l'analyse sur la demande de « considération », qui a tant agacé Juppé : « On ne changera pas la France sans les Français. Chacun de nous a soif de considération, d'explications. Et c'est vrai que nous avons moins que d'autres l'habitude de la concertation. C'est tous ensemble que nous devons retrouver les voies du dialogue. Le progrès social en dépend. »

Enfin, il fait l'éloge des Français : « Pendant ces semaines si difficiles, [...] vous avez montré, jour après jour, un esprit de responsabilité, un esprit de solidarité exemplaires. Des millions d'entre vous se sont levés très tôt le matin, déployant imagination et volonté simplement pour arriver à l'heure au travail. » Dans la foulée, il célèbre « la sérénité et la force d'âme » dont le pays a fait preuve au moment des attentats islamistes qui, à l'automne, ont ensanglanté Paris : « Vous avez ainsi donné au monde l'image d'un grand peuple dont je suis fier. »

Récapitulons. Primo, il faut réformer. Secundo, pas question de réformer si l'on n'a pas convaincu le pays. Tertio, les Français sont formidables. Impossible de se tromper si on les suit.

Tout Chirac-président est là : conscient des enjeux mais toujours entre deux eaux, sur ses gardes, prenant des gants, du champ, du temps. Le hussard un peu bravache des années soixante-dix puis quatre-vingt s'est mué, l'âge venant, en un personnage apaisé qui n'a apparemment plus d'autre ambition que d'être aimé, sinon d'être populaire.

Le chef de l'État ne changera plus de cette ligne-là, celle du social-conservatisme pépère et paternel. Quand on lui dit qu'on ne résoudra la question du chômage qu'en introduisant plus de flexibilité dans le marché du travail, et notamment dans les petites et moyennes entreprises, comme en Grande-Bretagne, en Allemagne, au Japon ou aux États-Unis, Chirac lève les yeux au ciel, comme si on venait de proférer une énormité, avant de répondre avec un air de grande lassitude : « Vous savez bien que c'est une question explosive. Si je fais un pas en avant, je risque de tout faire péter et de me retrouver avec un million de personnes dans la rue.

— Et alors ? Il y a cinq millions de personnes exclues du travail. Moralement, elles devraient peser plus lourd.

— Sans doute, répond Chirac. Mais s'il y avait un million de personnes dans la rue, je serais obligé de payer très cher leur retour au travail et le pays se retrouverait deux pas en arrière[1]. »

De même que les grèves de 1986 contre la loi Devaquet l'avaient neutralisé, décembre 1995 l'a transfiguré. Il s'est balladurisé ou, si l'on préfère, mitterrandisé. Encore quelques mois et il sera devenu un calque de Mitterrand, celui du deuxième septennat, que la religion du « ni ni » avait réduit à l'ombre de lui-même. Un radical-socialiste,

---

1. Entretien avec l'auteur, le 6 novembre 1996.

dans la lignée du docteur Queuille, sur les dents devant le moindre rassemblement de rue. Un père de la nation, bien décidé à ne déranger personne.

Tout est en place pour ce qu'il faut bien appeler la tragédie de sa présidence, prise deux fois de suite, après avoir reçu le sacre du suffrage universel, dans les filets du statu quo.

33

« L'embêteuse du monde »

> « On est toujours le fils de ses œuvres. »
> Cervantès

Ironie de l'Histoire : en ce décembre noir, alors même que la France fulmine contre lui et son Premier ministre, Jacques Chirac remporte une grande victoire internationale. Quatre ans et demi après le début des combats qui ont dévasté l'ex-Yougoslavie, l'accord de paix sur la Bosnie-Herzégovine est signé, le 14 décembre 1995, au palais de l'Élysée, par les présidents de la Bosnie, de la Croatie et de la Serbie, respectivement Alija Izetbegovic, Franjo Tudjman et Slobodan Milosevic.

Pour cet heureux événement, ils sont venus, ils sont tous là : le président américain Bill Clinton et la plupart des grands dirigeants du moment, l'Espagnol Felipe Gonzales, l'Allemand Helmut Kohl ou le Britannique John Major. Une cinquantaine de pays ou d'organisations internationales sont représentés pour ce qui est, à bien des égards, une consécration de la ligne imposée par Jacques Chirac, depuis son arrivée à l'Élysée.

L'accord de paix, un document de cent soixante-cinq pages accompagné de cent deux cartes détaillées, prévoit que la Bosnie, après son long martyre, sera composée de

187

deux entités : d'un côté, une fédération croato-musulmane ; de l'autre, une république serbe. Ce traité ne règle pas tout et la chose a été opportunément rappelée par des obus, apparemment serbes, qui sont tombés sur le centre de Sarajevo au moment précis où le texte était paraphé. Mais qu'importe : c'est le début de la fin pour cette guerre qui a fait plus de 200 000 morts entre des peuples dévorés par leurs prurits nationalistes et séparés de surcroît, comme la Croatie et la Serbie, par... une même langue.

Pour faire respecter l'accord, la communauté internationale ne lésinera pas. Elle dépêchera sur place une force d'interposition de 60 000 soldats qui prendra le relais des Casques bleus de l'ONU. De la sorte, elle aura tiré un trait sur la stratégie humanitaire consistant à envoyer dans les Balkans des armées de paix, chargées de protéger les populations civiles et qui n'avaient qu'un seul droit, celui de se faire tuer comme des lapins. Résultat : grâce à Chirac qui a fait adopter la stratégie militaire, c'en est fini, pour elle, du ridicule et du déshonneur.

Retour en arrière. À peine s'est-il installé à l'Élysée que les connaisseurs de la chose diplomatique annoncent un « changement complet » de la politique française en ex-Yougoslavie[1]. Il a été décidé, le 26 mai 1995, lors d'un conseil restreint auquel participaient notamment, autour du président, le chef du gouvernement, les ministres concernés et le chef d'état-major des armées, l'amiral Lanxade.

Ce jour-là, Jacques Chirac dénonce avec virulence le comportement des autorités militaires françaises : « On ne peut plus laisser nos soldats de la Forpronu comme des piquets qui servent de cibles aux terroristes serbes. Nous devons résister. Rendre coup pour coup. Nous faire respecter. Cessons de tendre l'autre joue, après chaque humiliation. Si c'est la guerre, eh bien tant pis, il faut la faire. »

---

1. Cf. l'article de Jacques Amalric dans *Libération*, le 30 mai 1995

À ceux qui s'inquiètent des représailles serbes et, du coup, d'une escalade du conflit, Chirac répond qu'il assume. Il faut tirer un trait sur cette politique de faux-semblants. Si elles soulagent la conscience, les bonnes paroles et les postures morales ont fait leur temps. Le mythe « zéro mort », la nouvelle idéologie occidentale, a déjà tué beaucoup de soldats de la paix sous le feu des Serbo-bosniaques, et la France lui a payé un lourd tribut. Deux morts encore, au lendemain du conseil restreint : le 1re classe Marcel Amaru et le 2e classe Jacky Humblot.

Sur le dossier de l'ex-Yougoslavie, Jacques Chirac parlera désormais haut et fort, en appelant les grandes démocraties à se « ressaisir » devant « l'inacceptable », le 14 juillet, ou en dénonçant la « barbarie serbe », le 23 juillet, après les attaques d'un convoi humanitaire et de deux postes de commandement où des officiers français ont trouvé la mort. Il a placé la France dans la posture gaullienne d'« embêteuse du monde » pour mettre le holà au projet ethnicide des dirigeants serbo-bosniaques, ces maniaques de la « race pure ».

« La Bosnie, dit-il, est une affaire qui a été mal emmanchée dès le premier jour. On a demandé aux militaires de s'acquitter d'une mission qu'ils ne pouvaient pas remplir. Les soldats sont faits pour faire la guerre. Pas la paix. À chacun son métier. On a confondu le militaire et l'humanitaire, au point de demander aux Nations unies d'exercer un commandement militaire. Vous avez vu le résultat... Quant à nos généraux, ils ont joué le jeu onusien. C'est normal. Les généraux sont toujours pacifistes. Ils ne veulent pas qu'on touche à leurs jouets, vous comprenez. Ils ont trop peur qu'on les leur casse. Mettez-vous à leur place. Il leur a fallu tellement de temps pour les fignoler. Quand on leur demande de faire la guerre, ils perdent, bien sûr, leurs réticences. Mais ils auront tout fait pour retarder cet instant[1]. »

---

1. Entretien avec l'auteur, le 4 août 1995.

La Grande-Bretagne et les États-Unis font preuve, dans un premier temps, d'un grand scepticisme. Ils se rallient peu à peu à la stratégie de rupture du président français, changeant, du coup, la donne sur le terrain.

« Vous reconnaîtrez, se rengorge Chirac, que tout a basculé là-bas quand j'ai dit qu'il fallait rendre coup pour coup. Les Bosniaques ne s'y sont pas trompés. L'autre jour, sur CNN, j'ai vu un reportage où ils criaient : "Vive Chirac !" Pendant ce temps, en France, on me critique, on m'accuse de prêcher dans le désert, on me traite de va-t-en-guerre, sous prétexte que je ne veux pas que l'on soit complice des massacres perpétrés là-bas. Mais c'est toujours comme ça. Ici, c'est un réflexe, on a besoin de se tirer dans les pieds. Notre pays ne s'aime pas [1]. »

Soudain Chirac est interrompu. Une secrétaire lui apporte un papier pour lui apprendre que Bill Clinton l'appellera vers 23 heures. Le président sourit, puis :

« Il est marrant, ce Clinton. Il appelle à l'heure qui lui convient. Il va me sonner à minuit et ça va durer une heure. Je n'ai pas envie. Qu'il m'appelle demain ou en début d'après-midi. »

En attendant, c'est le président américain qui, en adepte de la technique du coucou, raflera la mise, médiatiquement parlant, après les accords de New York puis de Dayton. Beau joueur, il laissera tout de même la signature du traité de paix s'effectuer à Paris.

L'Europe aura ainsi été la grande perdante, dans cette affaire. Elle aura tout laissé faire : la guerre, puis la paix. Mais Jacques Chirac aura démontré que la France peut encore faire l'Histoire, sinon du monde, en tout cas du Vieux Monde.

On peut juste regretter qu'il n'ait pas mis la même fougue donquichottesque à résoudre le conflit qui, en cette fin d'année, avait paralysé la France.

---

1. Entretien avec l'auteur, le 31 août 1995.

34

Pour solde de tout compte

« À qui dit la vérité, donnez un cheval. »
Proverbe arménien

Le pouvoir n'a pas encore posé ses marques sur son visage ni provoqué d'affaissement sous le menton. Il n'y a guère que le ventre qui ne tient plus et flageole mollement sous la chemise, mais les abdominaux n'ont jamais été son fort. On le dirait dans la fleur de sa jeunesse, tant il est svelte, rayonnant et rigolard. Qu'importent les sondages. Des semaines après son intronisation, Jacques Chirac est encore tout à sa joie d'avoir été élu président.

Mais pour quoi faire ? On verra plus tard, quand aura sonné l'heure du jugement. En attendant, il profite. Il fait la vie et n'a pas changé, par exemple, ses habitudes alimentaires. L'Élysée sert désormais des bières ou des punchs et on y voit rarement l'ombre d'une feuille de salade. Le chef de l'État a un estomac d'autruche qu'il remplit à se faire crever la panse de plats roboratifs, comme ces cœurs de canard confits aux pommes de terre, servis en entrée, que l'auteur lui a vu avaler un jour de canicule avant de l'entendre en redemander.

Le soir, après le travail, il s'en va toujours conter fleurette. Quand il n'est pas de « corvée », c'est-à-dire

191

puissance invitante d'une de ces réceptions ou dîners d'État qui lui « cassent les burnes », il s'engouffre discrètement dans sa voiture pour filer vers une destination inconnue. Et féminine, cela va de soi.

En somme, Chirac est resté lui-même : stoïque, rustique et bambochard. Les lambris qui lui sont tombés dessus ne lui ont pas monté à la tête. Encore qu'il s'accommode moins qu'auparavant de la critique ou de l'admonestation, fussent-elles tutoyantes et conviviales. S'il n'a pas mis de distance avec ses vieux amis, comme François Pinault ou Jérôme Monod, il aime que les nouvelles générations lui marquent leur respect. Lui qui était naguère si familier avec les siens adore qu'on l'appelle, avec la pompe afférente, « M. le président ». Si féru soit-il de culture chinoise, il n'est pas du genre à croire, comme Lao-Tseu, que « celui qui excelle à employer les hommes se met au-dessous d'eux ».

Voilà pour les plaisirs. Et le destin ? Au cours de l'été 1995, alors que l'auteur lui demande comment il voit son avenir de président, Chirac lui répond tout à trac : « J'ai une grande force par rapport à mes prédécesseurs. J'ai décidé de ne faire qu'un mandat.

— Allons, on dit toujours ça...

— Non, vous verrez, je n'en ferai qu'un. À la fin de celui-là, je serai vieux. Ça me fera combien ? »

Il réfléchit, puis :

« — Je suis né en 1932. Ça fera donc 70 ans en 2002. Franchement, à moins d'être de Gaulle, on ne se présente pas à 70 ans. En plus, je serai mort.

— Pourquoi ?

— J'ai toujours pensé que je mourrais à 70 ans.

— Mais si vous passez ce cap, vous trouverez toujours de bonnes raisons de vous présenter.

— Eh bien, c'est une erreur. Quand on reste trop longtemps au pouvoir, dans nos démocraties, on finit toujours par être dégagé par un grand coup de pied au cul, sans parler de toutes les avanies qu'on vous aura fait subir avant. Voyez François Mitterrand ou Felipe Gonzales. Ils ne méritaient pas le traitement qu'ils ont subi sur la fin. Il faut savoir tirer la révérence avant la curée. Ça me sera d'autant plus facile que je voudrais profiter un peu de la vie, après l'Élysée [1]. »

Encore une parole non tenue. Inutile de gloser dessus. Henry Kissinger, l'ancien secrétaire d'État américain, prétendait, en orfèvre, que le pouvoir est un aphrodisiaque. C'est aussi un élixir de jouvence capable de maintenir debout des vieillards qui, sans lui, mangeraient depuis longtemps les pissenlits par la racine. Ils ont besoin de lui pour respirer, espérer et, enfin, vivre. Voilà sans doute une des raisons qui a poussé Chirac à se représenter, sept ans plus tard.

Mais si Chirac n'a pas respecté cet engagement prononcé d'une voix sans appel, devant une assiette pleine de grosses tranches de thon graisseuses, c'est sans doute parce qu'il aura conscience, à l'heure des comptes, de n'avoir rien fait ou presque pendant son premier mandat. Il lui fallait réparer ça et montrer ce dont il était capable.

Pour l'heure, son début de règne est tristounet. N'étaient les étincelles qu'il fait sur le dossier de l'ex-Yougoslavie, le bilan serait même franchement négatif. Rien de calamiteux, non, une gestion tranquille et pépère. Une sorte de service minimum. Avec quelques points forts.

D'abord, Chirac renoue, c'est bien le moins, les fils coupés avec Kohl qui, pendant la campagne présidentielle, avait joué ouvertement la carte Balladur, n'hésitant pas à rendre une visite privée à l'ancien Premier ministre dans sa résidence de Chamonix, le 5 janvier 1995.

Le chancelier allemand était horripilé par le flou artistique qu'entretenait le candidat RPR sur les affaires européennes, et notamment sur les questions monétaires. Si le

---

1. Entretien avec l'auteur, le 4 août 1995.

193

premier sommet franco-allemand du nouveau président, au lendemain même de son installation à l'Élysée, est une « réussite », comme l'écrit Michel Colomès[1], c'est parce que Jacques Chirac a levé la plupart des ambiguïtés. Il entend bien rester dans l'Histoire comme l'un de ceux qui auront porté l'union monétaire sur les fonts baptismaux.

Ensuite, il chausse les bottes du général de Gaulle quand il annonce, le 13 juin 1995, la reprise des essais nucléaires français dans le Pacifique, réclamée par les militaires, afin, notamment, d'effectuer des tests de qualification et de préparer la miniaturisation des engins du futur. Il respecte là un engagement de campagne en montrant que la France reste une grande puissance qui entend tenir son rang.

La reprise des tirs à Mururoa provoque une tempête de protestations, et d'abord en Australie. « Ces Australiens sont vraiment des va-de-la-gueule, proteste Chirac. Ils n'ont jamais accepté notre présence dans le Pacifique sud. Ils ne supportent pas l'attrait qu'exercent, dans la région, la Nouvelle-Calédonie et la Polynésie dont le revenu par tête est, vous ne me croirez pas, deux fois plus élevé que chez eux. D'où les frustrations contre nous de ce pays bizarre où l'on chasse le cheval en hélicoptère, après avoir chassé l'aborigène en Jeep. Cela, les médias français ne le disent pas, bien entendu. Ils crient tous : "Haro sur le baudet !" Autrement dit, moi, le baudet. Je m'en fous. Je suis payé pour entendre ça. Mais c'est bien la preuve que la France est un pays masochiste où on adore prêter la main aux étrangers quand ils vous flagellent[2]. »

Sur ce dossier, on peut penser ce que l'on veut, mais au moins Chirac tient bon, contrairement à son habitude. Il fait même face, avec un certain cran, à la terre entière, convaincu que la France ne peut, sur ce plan, se laisser dicter sa loi par quiconque.

---

1. *Le Point*, le 27 mai 1995.
2. Entretien avec l'auteur, le 4 août 1995.

Enfin, Chirac annonce, le 22 février 1996, la suppression du service militaire. La seule grande réforme de fond de son premier mandat, qui doit doter le pays, dans les six ans, d'une armée professionnelle, comme aux États-Unis ou en Grande-Bretagne. Il a tranché d'un coup, à la manière d'un autocrate, après avoir consulté les principales autorités des armées, souvent très hostiles à la professionnalisation.

Là encore, il se fiche pas mal d'avoir à affronter des oppositions. Notamment dans les villes de province où il faudra fermer des casernes. Il est sûr de son fait : moins coûteuse, une armée de métier devrait permettre d'envoyer 60 000 hommes hors de nos frontières et non pas 10 000 comme lors de la première guerre du Golfe, en 1991. Cette réforme s'impose donc comme une évidence si la France veut continuer à peser, dans les années à venir.

Pour parler de ce dossier qu'il prend « personnellement en charge », Chirac retrouve la même fibre nationaliste que pour défendre, quelques mois plus tôt, la reprise des essais nucléaires. Comme s'il avait besoin de compenser moralement son engagement pour la cause européenne.

C'est une constante que l'on retrouvera, désormais, tout au long de son mandat, marqué au sceau du gaullo-mitterrandisme. Chirac, l'homme qui ne pouvait penser ni faire deux choses à la fois, ne ménage jamais sa peine pour concilier ses élans patriotiques et son credo européen.

Que reste-t-il des deux premières années de son premier mandat présidentiel, hormis la création de l'armée de métier et ses succès dans le dossier de l'ex-Yougoslavie ? Pas grand-chose, sinon quelques paroles fondamentales. Le jour où les historiens du futur se pencheront sur son bilan, ils ne retiendront peut-être, au milieu de tant de décombres et de cacophonies, que l'allocution qu'il a prononcée, le 16 juillet 1995, sur les lieux de l'ancien Vélodrome d'Hiver, à l'occasion de 53e anniversaire de la rafle du Vel-d'Hiv, où 4 500 fonctionnaires de police français procédèrent à l'arrestation de 12 884 juifs parmi lesquels 4 051 enfants. Ce jour-là, à la surprise générale, le chef de l'État a rompu avec le dogme gaullien, repris par Mitterrand, qui voulait que le régime de Vichy fût totalement illégitime. Chirac a fait l'Histoire ou, plutôt, l'a refaite.

Jusqu'alors, il fallait mettre le régime de Vichy entre parenthèses, dans les livres d'histoire : c'est à peine si avait existé « l'État français » du maréchal Pétain. Tandis que les Allemands reconnaissaient leur faute collective dans l'accession à la chancellerie, par les urnes, d'Adolf Hitler, les Français niaient l'évidence en refusant de se souvenir que Philippe Pétain avait été porté au pouvoir par la Chambre du Front populaire. Falsification historique qui leur avait permis de figurer parmi les vainqueurs de la Seconde Guerre mondiale.

Chirac tourne, enfin, la page de cette fable et reconnaît la responsabilité de l'État français dans la rafle du Vel-d'Hiv. Écoutons-le :

« Il est, dans la vie d'une nation, des moments qui blessent la mémoire et l'idée que l'on se fait de son pays [...]. Il est difficile de les évoquer [...] parce que ces heures noires souillent à jamais notre histoire, et sont une injure à notre passé et à nos traditions. Oui, la folie criminelle de l'occupant a été secondée par des Français, par l'État français. »

Évoquant la rafle, il ajoute :

« La France, patrie des Lumières et des droits de l'Homme, terre d'accueil et d'asile, la France, ce jour-là, accomplissait l'irréparable. Manquant à sa parole, elle livrait ses protégés à leurs bourreaux. » À propos des 76 000 déportés juifs de France qui ne reviendront pas des camps, il déclare : « Nous conservons à leur égard une dette imprescriptible. »

L'Histoire, la vraie, n'a-t-elle pas aussi une dette imprescriptible à l'égard de Chirac qui l'a débarrassée, ce 16 juillet 1995, de ses impostures et sornettes officielles ?

35

Villepin, le Capitan matamore

« Pour devenir le maître, il faut agir en esclave. »
Tacite

C'est toujours le même rituel, entre 8 heures et 8 h 30 du matin : Dominique de Villepin se ronge les sangs, l'œil aux aguets, l'air impatient. À ce moment-là, généralement, il partage son petit-déjeuner avec un visiteur, un grand journaliste ou un homme d'affaires, tant il est vrai que les médias et le monde de l'argent sont les deux soleils autour desquels il fait tourner sa vie.

Pas les seuls soleils. Ce serait trop simple. À lui tout seul, Villepin est une planète voyageuse qui change d'astre au gré des heures et de ses humeurs. Un coup, c'est la poésie. Une autre fois, l'art africain. Après ça, le cinéma. Ou bien encore la littérature, l'histoire napoléonienne, ses trois enfants, le président et sans doute aussi, même s'il prend soin de ne jamais l'évoquer, son propre destin politique. C'est un homme qui vit de passions et ses passions le transportent. Mais quand on en a tant, c'est qu'on n'en a pas. Il ne le sait pas. Même s'il souffre d'un gros complexe de supériorité, il y a beaucoup de choses qu'il ne sait pas. Il est trop égocentrique, par exemple, pour se rendre compte que tous ses visiteurs le regardent comme un personnage anachronique. Un rodomont de passage en politique.

Chaque fois que le téléphone sonne sur son bureau, à quatre ou cinq mètres de la table où il prend son petit-déjeuner, Villepin bondit de sa chaise et se précipite pour répondre à la vitesse du chien qui s'en va retrouver son maître. Mais non, ce n'est pas lui. Quand il tombe enfin sur l'appel qu'il attendait, son grand corps se rétracte : c'est le chef de l'État. Le secrétaire général lui fait d'une voix saccadée, celle de l'émotion, une revue de presse express. Elle ne doit pas durer plus d'une minute et demie. Pourquoi faudrait-il passer plus de temps sur les journaux ? « Ces torche-culs ne racontent que des conneries », pour parler comme le Tartarin de l'Élysée.

C'est le surnom que lui ont donné les chiraquiens historiques. Ils ne supportent pas que Villepin soit devenu aussi vite l'autre chouchou, après Juppé, du chef de l'État. À peine est-il entré dans son orbite que Chirac, déjà, le traitait comme un fils, le fils cadet. Il est vrai que le secrétaire général de l'Élysée a beaucoup de points communs avec lui. Une boulimie d'action. Le même halètement dans la gorge. Un vocabulaire de corps de garde. Un caractère fantasque et imprévisible. Une faim jamais assouvie, à avaler la mer et les poissons.

Il est vrai aussi que Villepin est pourvu de qualités que Chirac n'a pas. Une confiance absolue en soi, doublée d'une capacité d'improvisation peu commune. Une écriture baroque qui peut prêter à sourire, avec ses enfilades d'adjectifs ampoulés, mais qui a au moins le mérite de n'être ni plate ni banale. Un vernis culturel, enfin, qui lui permet de musarder de l'art indien à Julien Clerc en passant par Saint-John Perse ou le dernier film de Danièle Thompson, l'une de ses meilleures amies.

C'est un ogre, comme Chirac. Il avale tout. Pas les dossiers, contrairement à son patron, mais les collaborateurs, les amis, les idées, les passions, les livres, les relations qu'il évacue sitôt qu'elles ont fini de lui être utiles. Outre la faim qui le tenaille, il est habité par les convictions que la gloire l'attend et que son heure viendra. C'est pourquoi il faut que le monde entier soit à son service. La fausse noblesse d'Empire dont il est l'héritier l'a convaincu que l'époque n'était pas à la hauteur. Il n'est fait que pour les temps mauvais, quand tombera sur la France une de ces nuits décrites par Schiller[1] : « Le ciel est orageux et troublé, le vent agite l'étendard placé sur la tour ; les nuages passent rapidement sur le croissant de la lune qui jette à travers la nuit une lumière vacillante et incertaine. »

Ce sera le moment. Pour l'heure, Villepin est embusqué et se fabrique, en douce, un réseau. On y trouve de tout. Ce qui compte à Paris. Ce qui brille aussi. Mais très peu de personnalités politiques. Ce diplomate les méprise et le clame à tout bout de champ. Les journaux sont pleins de gracieusetés qu'il répète à leur endroit, du genre : « Ces messieurs ont tous le cul sale. » Ou bien : « Le seul organe qui est développé chez eux, c'est le trouillomètre. » Ou encore : « Ces connards sont incapables d'avoir une seule idée en même temps. Dans leur vie privée, ils ont une maîtresse à Paris et une femme en province. En politique, c'est la même chose. Il ne faut pas leur faire confiance. »

À tous ceux qu'il a blessés ou humiliés et qui viennent se plaindre de lui auprès de Chirac, ce dernier répond : « La cavalerie cavale et celui-là est toujours sur la ligne de front. C'est mon meilleur dragon... »

Fils de Xavier Galouzeau de Villepin, un industriel qui représente la société Pont-à-Mousson à l'étranger, le petit Dominique a vécu loin de son pays, dans le culte de la France, comme beaucoup d'expatriés. Encore que le Maroc où il a résidé soit, pour lui, comme une seconde patrie qui lui a inculqué son engouement pour la culture arabe.

Après sa sortie de l'ENA, il rédige quelques notes diplomatiques pour Jacques Chirac à qui il a été présenté

---

1. *La Mort de Wallenstein.*

en 1980. Il fait ensuite une carrière traditionnelle au Quai d'Orsay. D'abord, à l'ambassade de France à Washington, puis à New-Delhi, avant d'être nommé par Alain Juppé, en 1993, directeur de son cabinet au ministère des Affaires étrangères.

C'est là qu'il fait des étincelles, sous la houlette d'un homme qui est alors la coqueluche de Chirac, de Mitterrand et d'à peu près tous les spécialistes de la chose politique. Sur tous les fronts en même temps, Alain Juppé réveille une diplomatie qui somnolait depuis des années. Dominique de Villepin n'est pas pour rien dans cette réussite.

Si Jacques Chirac le repère, c'est pour cela mais aussi parce qu'il se révèle tout de suite comme l'un des rares opposants, dans l'appareil d'État, à Édouard Balladur. Dominique de Villepin ne cesse de fustiger sa « mollesse » et son « immobilisme », devenant ainsi, avec Jean-Louis Debré, l'une des cibles favorites du Premier ministre.

« Ce pauvre garçon, aime dire Édouard Balladur, ce n'est vraiment pas une lumière. Un excité qui fait son faraud et ne se mouche pas du coude. Avec ça, pas un grain de bon sens. Quand je pense que Chirac en est réduit à utiliser des gens comme ça, franchement, j'ai de la peine pour lui [1]. »

Si Balladur avait été élu en 1995, Villepin aurait sans doute été banni au fin fond de l'Afrique, tant il était devenu sa fixette. Après ça, Chirac ne pouvait qu'en faire, dès son installation à l'Élysée, le secrétaire général de la présidence.

Dominique de Villepin fait-il, depuis, merveille à l'Élysée ? Ce n'est pas la question. Il rassure le président. Il rassure aussi sa fille Claude. Toujours à leurs petits soins, il suit les vents et les amplifie. Qu'importe s'il cherche à isoler le président et à le couper de ses anciens relais. Qu'importe s'il en rajoute, au lieu de le calmer, quand le président a ses foucades. Qu'importe, enfin, s'il ne sait pas

---

1. Entretien avec l'auteur, le 13 février 1995.

diriger une équipe et prend soin de ne laisser personne exister, fors lui, comme on l'apprend à l'ENA.

Pour asseoir son autorité auprès du président, il use, comme tout conseiller ambitieux, de la tactique du pompier pyromane. Analyse de Jean-Eudes Rabut, chef de cabinet de Jacques Chirac à la mairie de Paris de 1986 à 1995 : « À l'Hôtel de Ville, Michel Roussin et moi gérions les emmerdements avant de rendre compte. Dominique de Villepin, lui, fait monter les crises en neige avant de demander les pleins pouvoirs pour les gérer. Il cherche sans cesse à accroître son emprise. » Ce n'est pas un exécutant, c'est un conquérant.

L'aristocratie est le respect de soi pour Nietzsche, et Villepin, particule ou pas, est un aristocrate qui ne réserve son respect qu'à lui-même ou à sa famille. Il a donc tendance à diviser ses subordonnés de l'Élysée, autant que le reste du monde, entre « petits connards » et « gros cons ». Ils n'auront pas droit au moindre signe de déférence et, le jour de leur réunion hebdomadaire, devront attendre, tous ensemble devant sa porte, parfois plus de vingt minutes, le temps qu'il en ait fini avec le visiteur qu'il recevait à petit-déjeuner. Après quoi, il leur faudra tous rester debout, y compris les plus anciens, dans le bureau du secrétaire général qui leur passera ses instructions. Quelques années plus tard, quand il entrera dans l'équipe présidentielle, Jérôme Monod jettera un froid en prenant un fauteuil.

Malgré tous ses défauts qu'il a bien notés, le président passe tout à ce double ébouriffant : c'est un guerrier et la politique, n'est-ce pas le commencement de la guerre par d'autres moyens ? Villepin est toujours au combat. Il a trouvé un nouveau cheval de bataille, ces derniers temps : la dissolution de l'Assemblée nationale.

36

Poisson d'avril

« La ruse la mieux ourdie
peut nuire à son inventeur. »
La Fontaine

Il ne faut jamais être le premier de la classe. Enfin, en France. On se retrouve couvert de diplômes autant que d'horions : Giscard et Fabius en savent quelque chose. Énarque, normalien, dauphin, chef du gouvernement et homme-orchestre du président, Juppé n'a jamais eu la vocation au martyre. Trop sûr de lui, il est aussi trop coincé, trop maigre, trop technocrate, trop intelligent, trop cumulard. Il n'a pas non plus la manière.

Au fil des mois, Juppé est devenu un archétype nouveau dans l'histoire politique. Un mélange de bouc émissaire, de croquemitaine et d'ordonnateur des pompes funèbres. Qu'importe s'il reçoit, le 12 septembre 1996, un satisfecit de Raymond Barre : « Nous sommes en cure, en train de remettre de l'ordre dans nos affaires, et nous en avons grand besoin. » Les Français sont convaincus, dans leur majorité, que si tout va mal, c'est la faute du Premier ministre, du « franc fort » et de l'Europe qui impose les critères de Maastricht sur notre politique budgétaire.

Lui-même n'est pas loin de penser que si tout va mal, c'est la faute aux Français. Un jour de découragement,

Juppé confie ainsi à l'auteur : « On ne peut rien faire avec ce pays. Il se gargarise de réformisme, mais il ne supporte pas le changement, même quand il est nécessaire. C'est un peuple conservateur et frileux, crispé sur son passé. Il se met à hurler dès que je fais un geste. Maintenant, il faudrait un miracle pour que je réussisse[1]. »

On pourrait reprocher à Juppé de ne pas procéder assez vite à l'assainissement des finances publiques et de l'État-providence : de ce point de vue, la France prend du retard par rapport aux grands pays industrialisés. Mais les Français estiment déjà que le Premier ministre en fait trop. Ils ne se rendent pas compte qu'ils dégringolent une pente que le monde entier, au même moment, est en train de remonter.

Si un particulier s'inspirait de la gestion de la France pour celle de ses finances personnelles, il finirait en prison. Le pays n'est pas à découvert ; il est en quasi-faillite. Sa dette, qui représentait moins d'un quart du PIB il y a dix ans, culmine alors à 42 %. L'intérêt de cette dette, qui représentait 5 % du produit des impôts en 1980, s'élève désormais à 20 %. La Grèce ou l'Italie font pire mais ce n'est pas une excuse. Comme elles, nous vivons en plein délire, comptant sur les générations futures pour régler nos ardoises.

Le « modèle français » est en marche : une société à irres-ponsabilité illimitée qui bat des records en matière de pré-lèvements obligatoires (45 % du PIB) et où la part de l'emploi public dans l'emploi total (24 %) est l'une des plus élevées du monde industrialisé, loin devant les États-Unis (15,4 %), l'Allemagne (16 %), le Royaume-Uni (14,9 %) ou même l'Italie (17,9 %).

C'est bien à ce « modèle français » que Juppé entend s'attaquer pour donner tort à l'homme qui écrivait à propos de ses contemporains : « Je tremble, je le confesse, qu'ils ne se laissent enfin si bien posséder par un lâche amour

---

1. Entretien avec l'auteur, le 25 septembre 1996.

des jouissances présentes, que l'intérêt de leur propre avenir et celui de leurs descendants disparaissent et qu'ils aiment rien mieux que suivre mollement le cours de leur destinée que de faire au besoin un soudain et énergique effort pour le redresser [1]. »

Mais pour gouverner et réformer, il faut être suivi par son pays. Le chef du gouvernement a fini par le dresser contre lui. Pour un peu, le Premier ministre donnerait raison au député-maire UDF d'Issy-les-Moulineaux, André Santini, qui en raconte une bien bonne, ces jours-ci : « Si Alain Juppé continue à baisser comme ça dans les sondages, il va finir par trouver du pétrole. »

Alain Juppé avait tout pour réussir. Il ne lui a manqué que la réussite. Il fait donc du surplace, tandis que Jacques Chirac, lui, fait le mort.

Pendant les derniers mois de l'année 1996, le chef de l'État s'est mis en immersion profonde. Il a, pour ainsi dire, disparu et n'est réapparu que le 12 décembre à la télévision, pour annoncer une grande réforme de la justice, alors que le déballage d'« affaires » à répétitions transforme le débat politique en poubelle puante. Une société qui cède au vertige de la « traque médiatique » est une société qui ne se respecte pas. La France ne se respecte pas, ces temps-ci. Pour preuve, le procès honteux qui est alors fait à Laurent Fabius à propos du sang contaminé. Son crime : avoir été Premier ministre au moment de l'apparition du sida en France. Il est donc responsable de tout. Et, cela va de soi, coupable. Condamné même avant d'être jugé. Chirac déclare, ce jour-là, qu'il entend faire respecter la présomption d'innocence et qu'il envisage de rendre le parquet indépendant du ministère de la Justice, afin d'en finir avec les « soupçons » sur les interventions du pouvoir.

En petit comité, le chef de l'État est déchaîné contre les juges qui, depuis quelque temps, lui cherchent des noises

1. Alexis de Tocqueville, en 1840.

sur plusieurs affaires concernant la mairie de Paris. « Ils veulent ma peau, éructe-t-il. Ils veulent la peau de tous les hommes politiques. Je ne sais s'ils veulent foutre en l'air la société ou simplement s'attaquer à tout ce qui brille dans le pays et aux têtes qui dépassent. En tout cas, le résultat est le même. Ces olibrius, prêts à tout pour avoir leur photo dans le journal, créent un climat détestable en filant tous leurs dossiers à la presse, au mépris de la présomption d'innocence. Ils ne font pas le jeu de la gauche, contraire- ment à ce qu'on raconte. Ils font le jeu de Le Pen[1]. »

Sans doute une réforme de la justice s'impose-t-elle, mais on ne voit pas comment le président pourrait la mener à bien. Son gouvernement a les pieds dans le béton et le béton est sec. Chirac a juste parlé pour parler. Pour montrer qu'il pouvait encore garder l'initiative. Pour se rappeler au sou- venir des Français qui ne croient plus en lui. Mais il a la tête ailleurs. Juppé aussi.

Selon les experts du ministère des Finances, il manque plus de 50 milliards pour boucler le prochain budget et le Premier ministre n'entend pas procéder à de nouveaux pré- lèvements fiscaux. Que faire ? Eh bien, réduire les dépenses publiques. Par exemple, en ne renouvelant pas tous les départs à la retraite dans la fonction publique. Mais ce sera encore une épreuve de force.

Quelques semaines plus tôt, lors de leur traditionnelle rencontre du mercredi, avant le Conseil des ministres, le Premier ministre a tenu à peu près ce discours devant le chef de l'État :

« La situation économique ne se redresse pas. Sur le plan politique, c'est encore pire. Ma popularité atteint des fonds abyssaux. Il me semble que vous devez en tirer les consé- quences et rechercher un autre cheval pour mener la cam- pagne des législatives de 1998.

---

1. Entretien avec l'auteur, le 3 juillet 1996.

— Non, a répondu Chirac. Le Premier ministre doit rester tout au long du mandat du président. C'est ma conception. J'entends l'appliquer avec vous. »

Alors, Juppé :

« En ce cas, il faudra trouver un moyen de remonter sur notre cheval. »

Il a bien dit « notre cheval », tant il est vrai que les deux hommes jouent collectif. Jamais, dans l'histoire de la Ve République, ne se sont déroulés autant de petits-déjeuners à quatre plus ou moins informels, entre le président, son secrétaire général, le Premier ministre et son directeur de cabinet. C'est là, entre la brioche et le croissant, dans le bureau du secrétaire général de l'Élysée, que Jacques Chirac, Alain Juppé, Dominique de Villepin et Maurice Gourdault-Montagne refont le monde et la France. C'est là aussi qu'a mûri l'incroyable idée de la dissolution.

« À la fin de 1996, se souvient Juppé, j'étais laminé. Déjà, l'affaire de l'appartement m'avait terrassé. Le limogeage de Madelin n'avait rien arrangé. Ni l'éviction des "juppettes". Après le débat sur les régimes sociaux des retraites et la réforme de l'assurance-maladie, avec la colère des médecins, mon compte était bon. On pouvait dire que j'avais coulé. Je désespérais de refaire surface. Je me disais que je ne me remettrais jamais de tout ça [1]. »

À moins d'un électrochoc. Alain Juppé envisage un remaniement du gouvernement pour intégrer dans son équipe deux ex-balladuriens : François Léotard et, surtout, Nicolas Sarkozy qu'il considère comme le meilleur de la nouvelle génération. Un professionnel qui ne laisse rien au hasard. Avec ça, un brin populiste et très pédagogique. En somme, l'anti-Juppé. À un poste bien en vue et à sa mesure, comme l'Économie et les Finances, il le rééquilibrerait avantageusement à droite en rabibochant, dans la foulée, le pouvoir et les chefs d'entreprise.

---

1. Entretien avec l'auteur, le 22 juin 2005.

Quand Alain Juppé parle de son projet au président, l'autre se fait une tête de sphinx, puis, après un instant de réflexion, laisse tomber :

« Oui, c'est une bonne idée. Mais ne vaudrait-il pas mieux dissoudre ? »

Qu'on ne croie pas que Jacques Chirac veuille dissoudre afin d'éviter Nicolas Sarkozy à Bercy, même si cette perspective ne l'enchante pas. La dissolution est, chez lui, une sorte de réflexe pavlovien. Vingt ans plus tôt, alors qu'il était Premier ministre de Valéry Giscard d'Estaing, il réclamait des élections législatives anticipées sous prétexte que « s'accréditait petit à petit l'idée que la majorité ne représentait plus la majorité des électeurs du pays ». C'est le refus présidentiel de dissoudre qui avait motivé, du moins officiellement, sa décision de démissionner, à grand fracas, de Matignon.

Faut-il, alors, accabler Chirac, seul, pour la dissolution de l'Assemblée nationale, le 21 avril 1997 ? L'idée était dans l'air depuis longtemps déjà. Pendant sa campagne présidentielle, Jacques Chirac s'était engagé à ne pas dissoudre l'Assemblée nationale et ç'avait été l'une des rares promesses qu'il avait jusqu'à présent tenue. Mais le 3 décembre 1995, déjà, alors que le plan Juppé paralysait la France, François Bayrou et Charles Millon, deux membres du gouvernement avaient avancé publiquement la menace d'une dissolution. Et le 21 juin 1996, *Le Figaro* évoquait, dans un article prophétique[1], cette « hypothèse à risques pour la majorité » : « Malgré les démentis de l'Élysée et de Matignon, les propagateurs de rumeurs sur un possible bouleversement du calendrier électoral ne désarment pas. »

Avant de réapparaître dans *Libération*, le 3 avril 1997, l'idée avait beaucoup de partisans dans la majorité. Notamment chez les balladuriens qui voyaient là l'occasion de revenir aux affaires, après un changement de donne. Le chef

---

1. Une analyse de la politologue Colette Ysmal.

de l'État n'a donc pas inventé tout seul ce « poisson d'avril ». Ses parents ont même été nombreux. Aujourd'hui, le président entend assumer seul sa « connerie ». Juppé aussi prend tout sur lui, avant d'ajouter : « En fait, on s'est mis à quatre pour accoucher de ça, Chirac, Villepin, Gourdault-Montagne et moi. »

Ce sera l'un des plus grands fiascos politiques des dernières décennies. Un cas d'école. « La moindre de nos erreurs, observe Juppé, n'est pas d'avoir été incapables de donner un sens à la dissolution. On aurait dû dire plus clairement la vérité, à savoir qu'on voulait à tout prix participer à l'Europe monétaire, ce qui exigeait de respecter les critères de Maastricht. Donc de ramener le déficit budgétaire à 3 % du PIB après que je l'eus ramené de 5,6 %, quand je suis arrivé à Matignon, à 3,6 % cette année-là. L'effort n'était pas si considérable, mais une politique de rigueur était indispensable si l'on voulait respecter notre engagement européen. On voulait un mandat pour ça, c'est-à-dire pour l'Europe. Mais on n'a pas été fichus de l'expliquer et les Français n'ont rien compris à ce qu'on faisait. Ils ont cru que cette dissolution était une manœuvre politicienne [1]. »

Mais n'était-ce pas cela aussi ?

---

1. Entretien avec l'auteur, le 22 juin 2005.

37

Crise de nerfs

« Les trois quarts des folies ne sont que des sottises. »
Chamfort

La meilleure façon de paraître génial est d'être inintelligible. Ce vieil adage est encore confirmé par l'affaire de la dissolution. La décision du chef de l'État est si absurde qu'elle semble clairvoyante pour une grande partie de la classe politique. Les bons éditorialistes ont applaudi et rares sont les fortes têtes qui, dans le premier cercle de Chirac, se sont élevés contre cette extravagance.

D'abord, Jacques Pilhan. Le petit homme, miné par son cancer, n'a plus la même témérité. Il ne s'oppose pas de front au président. Le contournant pour mieux le retourner, il a plusieurs altercations vives avec Dominique de Villepin, après que le secrétaire général de l'Élysée eut appris que le conseiller en communication du président ne défendait pas la dissolution auprès des journalistes. Pour un peu, il se ferait accuser de forfaiture. En attendant, il a droit à quelques noms d'oiseaux.

Dominique de Villepin a beau dire que Jacques Pilhan, mort depuis, était le grand stratège de la dissolution, l'auteur peut témoigner du contraire, qui l'a entendu formuler son désaccord sans équivoque aucune. Écoutons Pilhan [1] :

---

1. Entretien avec l'auteur, le 16 mai 1997.

« C'est vrai qu'en l'état actuel des choses, il y a gros à parier que les élections législatives de 1998 auraient été perdues par la droite. Mais elle gardait une chance. Maintenant, elle n'en a aucune. Bien sûr, le président reprend l'initiative et crée la surprise mais il va rapidement s'apercevoir que le rapport de forces n'est pas en sa faveur. Qu'il n'a pas de thème de campagne. Que le Premier ministre, qu'il veut confirmer, est très impopulaire.

— Comment, alors, en est-on arrivé là ?

— Parce qu'on ne peut pas discuter avec Chirac. Il est sympathique, intelligent, travailleur, chaleureux, tout ce qu'on veut, mais rien ni personne ne peut le faire changer d'avis. Une tête de lard. Et pour ne rien arranger, il vit en vase clos. »

Bernard Pons est aussi l'un de ceux qui se sont opposés à la dissolution. Quand Alain Juppé le sonde en février, le ministre de l'Équipement explose : « Vous n'allez pas faire cette folie ! C'est une arme que le président utilise en cas de crise grave, pas un instrument pour faire des opérations politiques ! »

Sur quoi, Bernard Pons va voir le chef de l'État pour le convaincre qu'il ferait une erreur. Mais il a affaire, lui aussi, à la « tête de lard ». Intraitable et cabocharde. Quelques semaines plus tard, alors que la décision a été prise, il boit du petit-lait, lors d'une visite officielle en Chine quand, au cours d'un repas en l'honneur de Jacques Chirac, le Premier ministre Li Peng s'étonne de la dissolution auprès du président.

Chirac répond : « Mon gouvernement a bien travaillé pendant un an mais depuis plusieurs mois, il se heurte à un mur, il fait du surplace. J'ai besoin qu'il soit en phase avec l'opinion publique et la société civile.

— Il y a un risque, observe Li Peng.

— Je l'assume. »

Dans l'avion du retour, Bernard Pons fait du mauvais esprit. « La sagesse chinoise a du bon. C'est vrai que tu as pris un risque. Et tu vas voir le résultat, tu ne seras pas déçu.

— Mais je ne pouvais pas faire autrement, proteste le chef de l'État. Jean-Pierre Denis et toutes les personnes en qui j'ai confiance me disent qu'on ne pourra pas boucler le budget en 1998.

— Qu'est-ce que c'est que cette histoire ? As-tu déjà vu un gouvernement qui n'arrive pas à boucler son budget ? Ridicule ! »

En colère aussi, François Fillon. Ministre de la Poste et des Télécommunications, il était prévu dans ce même voyage en Chine. Après qu'il lui a dit que sa place était dans sa circonscription, le chef de l'État a haussé les épaules : « Allons, tu seras élu au premier tour et on aura cent sièges d'avance. »

Pierre Mazeaud est également furieux. Quelques jours avant d'annoncer sa décision, le président le convoque et le député de Savoie ne peut cacher sa fureur. De juriste, d'abord : « C'est une dissolution de convenance. Selon l'article 5 de la Constitution, le président est un arbitre. Il règle les problèmes et les conflits. En 1968, de Gaulle pouvait dissoudre. Il avait la rue contre lui. En 1981 et en 1988, Mitterrand pouvait aussi dissoudre. Il avait l'Assemblée nationale contre lui. Toi, tu n'as pas le droit. »

Après ce cours express du professeur Mazeaud, c'est l'ami et le politique qui parle et prend le président par la veste, tant il a du mal à se contrôler : « Tu commets une faute, Jacques, une lourde faute. Je devrais te mettre mon poing dans la gueule. »

Deux ou trois autres grandes figures du RPR sont déchaînées contre cette dissolution. Notamment, Philippe Seguin ou Pierre Messmer. François Bayrou aussi ne comprend pas. Mais dans l'ensemble, tout le monde, à droite, estime que le chef de l'État a bien joué. Y compris Valéry Giscard d'Estaing qui, trois semaines avant le scrutin, fait le pari devant Alain Juppé, venu lui rendre visite, que la droite l'emportera avec « cinquante députés d'avance ».

À gauche, on est souvent sur la même ligne que le « microcosme ». Qu'importe s'il se trompe tout le temps, ses prédictions consistant toujours à répéter les sondages du jour. Pour un peu, on dirait : « Chirac a bien joué. Bravo l'artiste ! » Quelques exceptions toutefois. D'abord, Laurent Fabius qui fait part de sa « stupéfaction » à Philippe Seguin. Ensuite, Laurent Joffrin aussi, qui écrit dans *Libération* . « Rarement dans son histoire la gauche avait trouvé devant elle un terrain électoral aussi favorable [1]. »

La petite embellie des sondages, qui avait précipité la décision de Chirac, ne dure pas. Le chef de l'État voulait croire que la gauche était « à ramasser, idéologiquement par terre » mais après quinze jours de campagne, elle talonne la droite. Lionel Jospin, son chef de file, fait une campagne pugnace avec des formules qui font mouche, du genre : « Je lance un avis de recherche. Où est le programme RPR-UDF ? »

Les résultats du premier tour, le 25 mai, constituent un désaveu sans appel pour la majorité : avec 36 % des suffrages, elle est tombée à son niveau le plus bas depuis le début de la Ve République, tandis que la gauche recueille 42 % et le Front national près de 15 %.

Que faire pour empêcher le naufrage de la droite qui s'annonce au second tour ? La politique et la navigation obéissent aux mêmes règles. Il faut, d'abord, se délester des poids morts, et puis changer de cap. Jacques Chirac n'hésite pas une seconde. Comme dit le proverbe auvergnat, « il faut savoir sacrifier son chien pour sauver sa tête ».

Ces dernières semaines, le chef de l'État appelait Alain Juppé jusqu'à quatre fois par jour pour le câliner, le bichonner et lui tenir à peu près ce langage : « Tenez bon, Alain. Ne vous en faites pas, ça passera. En politique, on

---

1. Le 22 avril 1997.

finit toujours par l'emporter quand on ne se laisse pas déstabiliser. N'écoutez personne, continuez à avancer et vous verrez, ça s'arrangera. » Parfois, il avait l'impression de porter le squelette du Premier ministre en faisant croire qu'il était vivant.

Au lendemain du premier tour, plus question de faire du sentiment. Il convoque Alain Juppé à l'Élysée pour l'exécuter. La scène ne dure que cinq minutes. Jacques Chirac a tenu à ce qu'un témoin soit là, pour cette séparation qu'il a retardée jusqu'aux limites du possible : Dominique de Villepin qui, en principe, a deux loyautés, s'il n'a pas oublié que le maire de Bordeaux lui a mis le pied à l'étrier.

Jacques Chirac fait tout à trac un petit discours qu'il semble avoir appris par cœur : « Alain, ce n'est plus possible, vous voyez bien. On va dans le mur. Il va falloir faire autrement. »

Alain Juppé réagit avec dignité en répondant qu'il lui avait déjà proposé, à plusieurs reprises, de « rendre son tablier ».

Après quoi, de retour à Matignon, le Premier ministre annonce qu'il quittera ses fonctions au lendemain du second tour. Même s'il continue de s'afficher comme « chef de la droite », il doit s'éclipser pour laisser la place à Philippe Seguin, devenu l'homme providentiel de la majorité sortante.

L'humiliation suprême. « Seguin, dira Juppé des années plus tard, a sans doute été à l'origine de mes seules occasions de friction avec Chirac qui voulait toujours lui donner des gages, comme s'il en avait peur[1]. »

Après cette rupture du 26 mai, il n'y aura pourtant pas l'ombre d'une brouille entre les deux hommes. Au contraire, l'échec de ce début de mandat présidentiel semble avoir resserré les liens entre les deux hommes.

---

1. Entretien avec l'auteur, le 4 avril 2005.

Écoutons encore Juppé : « Chirac aime se dévaloriser. Quand on parle, il dit souvent : "Vous qui êtes plus intelligent que moi..." Mais j'ai beaucoup d'admiration pour lui. D'abord, à cause de sa mécanique intellectuelle qui lui permet d'assimiler tout très vite. Ensuite, à cause de son attention à autrui, de sa vraie générosité et de ses qualités de cœur. Enfin, à cause de son goût du métier politique et toute l'énergie qu'il met pour l'exercer. Il se meut avec tellement d'allant. »

Il ne se reconnaît qu'une seule divergence politique avec Chirac : « Je n'ai pas digéré son discours de la campagne de 1995, sur les élites coupées du peuple. S'il y a un clivage dans ce pays, un vrai, c'est entre les riches et les pauvres [1]. »

Juppé reconnaît qu'il ne fait pas partie des intimes de Chirac : « Nous ne sommes jamais allés très loin dans le domaine extra-politique. » Mais il y a quelque chose de fusionnel entre eux, que rien ne peut briser. Ni le temps ni même l'exercice du pouvoir.

---

1. Entretien avec l'auteur, le 18 novembre 1996.

38

Les malheurs de Gribouille

« Un cheval ! un cheval ! mon royaume pour un cheval ! »
Shakespeare

En mai 1981, François Mitterrand disait aux siens : « Profitez-en. Vous ne reverrez jamais cela. » Le 1ᵉʳ juin 1997, Lionel Jospin serait en droit de répéter la même chose. La vague rose qui a déferlé sur la France donne, au soir du second tour, 320 députés à la gauche contre 256 pour la droite et 1 au Front national.

Le PS ne peut cependant pas gouverner seul. Certes, il compte 246 députés, 190 de plus qu'en 1993. Mais pour atteindre la majorité absolue à l'Assemblée nationale, soit 289 voix, il lui faudra l'appoint de plus de quarante élus, communistes et écologistes.

C'est à peu près la seule bonne nouvelle pour la droite, après ce désastre programmé qui a balayé pas moins de sept ministres, à commencer par Jacques Toubon, le garde des Sceaux, à Paris, ou Alain Lamassoure, le ministre du Budget, dans les Pyrénées-Atlantiques.

Sans doute ce camouflet est-il imputable, en partie, au Front national qui s'est maintenu au second tour dans 78 triangulaires afin de faire battre la droite, ce qui sera chose faite dans 49 cas. Il permettra à Jean-Claude Gaudin de déclarer que « Jean-Marie Le Pen a nommé de facto Lionel Jospin Premier ministre ».

Mais la droite a montré, au cours de cette campagne, qu'elle n'avait plus de ressort ni de projet, tout juste bonne qu'elle était à rabâcher des vieux slogans contre « les socialistes d'hier ». Elle est K-O, et pour longtemps. En attendant, elle aimerait bien se payer une tête.

Pas celle de Juppé, non, il l'a déjà offerte et elle a roulé dans la sciure dès la semaine précédente. Pas celle de Chirac, encore que ce n'est pas l'envie qui lui manque, mais le président, dans sa stature un peu ridicule d'arroseur arrosé, reste encore son dernier recours, même s'il a rapetissé sa fonction. Toutes les fourches de la « jacquerie » de la droite se tournent contre le grand chambellan : Dominique de Villepin.

Tout le monde ou presque pousse le chef de l'État à se débarrasser du secrétaire général de l'Élysée, si abrupt et si emphatique, d'où serait venu tout le mal. D'abord, Bernadette Chirac qui, à juste titre, reproche à « Néron » d'isoler son mari. Elle l'accuse, surtout, d'avoir mis dans la tête présidentielle cette absurde idée de la dissolution et d'avoir ensuite empêché tout débat avec ces formules à l'emporte-pièce dont il a le secret. Pour la conseillère générale du canton de Meymac, Corrèze, l'esbroufe et la boursouflure ne sauraient, de surcroît, tenir lieu de ligne politique.

Les vieux grognards du chiraquisme ne disent pas autre chose. Outre son « hystérie » ou son « exaltation », ils mettent aussi en question la « courtisanerie » de Villepin qui, selon le mode de fonctionnement du flagorneur professionnel, diabolise le reste du monde, comme si le chef de l'État n'avait que des ennemis partout et que son secrétaire général était là, le brave soldat, pour le sauver de tous les affreux complots ourdis, jour et nuit, contre lui. Passe encore qu'en prince de la métaphore, « Néron » parle de l'aventure chiraquienne avec les mêmes mots sonores qu'on emploierait pour l'épopée de Napoléon ou d'Alexandre le Grand. Il est avant tout coupable d'avoir fait le vide autour du président.

Quand il entend ce discours, Jacques Chirac hoche la tête. Il n'est pas dupe. Enfin, pas toujours. Il sait bien que Dominique de Villepin l'étouffe. De compliments, de lyrisme, de dévouement, de preuves d'amour. L'épisode Balladur lui a appris la méfiance. Il a, au surplus, envie d'air et de rebattre les cartes. Avant les vacances, le président annonce donc à plusieurs de ses proches que sa décision est prise : à son retour, il annoncera à son secrétaire général qu'il se sépare de lui. Pour respecter les formes, il lui donnera deux ou trois mois de préavis avant de vider les lieux. Il lui trouvera le point de chute qu'il mérite pour ses bons et loyaux services. Une belle ambassade. Washington, par exemple. Il en parlera bientôt à Lionel Jospin, le nouveau Premier ministre, qui n'y fera pas obstacle.

En bon limier de cour, Dominique de Villepin suit le chef de l'État à la trace. Il sait qui il voit et ce qu'il dit. Même s'il a vent des rumeurs sur sa « démission » à venir, le secrétaire général est convaincu qu'il restera à son poste : « Le président ne peut pas me virer. Il ne pourra jamais. Il m'a introduit dans le saint des saints. Je sais beaucoup trop de choses. À l'extérieur de son système, je deviendrais une bombe à retardement[1]. »

Forfanterie ? Tout Villepin est là. À peine l'a-t-on pris pour un hussard romantique, prêt à se faire massacrer pour son dieu vivant, que perce soudain chez lui un gros cynisme de maquignon. Rien ne permet de penser que Chirac ait à céder à un éventuel chantage personnel : ce n'est pas son genre. Mais quand il rentre de vacances, cet été-là, le président est bien décidé à garder son secrétaire général et le dit sans ambiguïté à l'auteur : « Quel homme serais-je si je faisais payer à un subordonné une décision que j'ai prise

_____

1. Entretien avec l'auteur, le 28 août 1997.

moi-même, en conscience ? J'exige la loyauté de mes collaborateurs. Je leur suis toujours loyal en retour. C'est la moindre des choses. Rien ne m'est plus étranger que la culture du bouc émissaire. »

Jacques Chirac meurt souvent. Déjà, il avait failli mourir en 1981 quand l'échec de la droite lui fut imputé, non sans raison, après la victoire de la gauche. Mais il est vraiment mort pour la première fois après sa défaite historique contre François Mitterrand en 1988. À peine ressuscité en 1993, avec le triomphe de son camp aux législatives, il mourait une deuxième fois en 1994, assassiné par son ex-dauphin, Édouard Balladur, avant de renaître à l'élection présidentielle de 1995.

Après la dissolution de 1997, il vit donc sa troisième mort. Il a fini par prendre l'habitude. Sa vie est devenue un rêve dont la mort le réveille de temps en temps, pour lui remettre les idées en place. L'expérience aidant, il ne s'inquiète pas et travaille tranquillement à sa résurrection, qu'il juge inéluctable. Il laisse donc courir le vent pardessus les tuiles et suit le précepte du Nouveau Testament que ce catholique de convenance ne lit jamais, pas plus que l'Ancien : « Celui qui, ayant la main à la charrue, regarde en arrière n'est pas propre au royaume de Dieu. »

Déjà, les rivaux s'avancent, le couteau à la main, pour l'échéance présidentielle de 2002. Jacques Chirac aime bien Alain Madelin, moins que sa fille Claude qui a longtemps roulé et roucoulé pour lui, mais il sait bien que cet homme est une blague, une vieille blague. Il a beau déambuler et gesticuler, il est tout sauf électoral, avec sa voix de scie et ses lubies idéologiques.

Jacques Chirac ne supporte pas Nicolas Sarkozy qu'il accuse, en petit comité, d'avoir balancé des affaires contre lui pendant la campagne présidentielle de 1995. Mais il pense qu'il est encore trop tendre pour devenir menaçant.

« C'est vrai qu'il les a longues, a-t-il dit un jour, mais il faut qu'il se fasse encore les dents. »

Comme il est convaincu que Valéry Giscard d'Estaing et Raymond Barre sont hors jeu, le président estime que Philippe Seguin est le seul qui, le jour venu, peut le défier et, dans la foulée, le supplanter. N'était son « caractère impossible », il partagerait l'analyse de François Mitterrand qui disait au député-maire d'Épinal : « C'est ce qu'il y a de mieux sur le marché aujourd'hui. Après Alain Juppé... »

Philippe Seguin est sûr que son heure a sonné et se pose déjà en successeur d'Alain Juppé à la présidence du RPR. Il parle comme un présidentiable, se disant prêt à « rassembler » toux ceux qui partagent sa « conception de la France ». Jacques Chirac, désormais, ne le quitte plus des yeux.

39

Le roi nu en son palais vide

« Je vais donc enfin vivre seul.
Et déjà, je me demande avec qui. »
Sacha Guitry

Les voici face à face, pour la première fois, dans le bureau du président à l'Élysée. L'un, légèrement couperosé et miraculeusement hâlé, qu'il vente ou qu'il pleuve : Jacques Chirac. L'autre, tout en muscles, ramassé sur lui-même, absorbé par ses introspections : Lionel Jospin.

Entre le président et son nouveau Premier ministre qui, grande première, a annoncé lui-même sa nomination, le contact paraît facile. Qu'importe si Jospin n'aime pas Chirac et s'avance vers lui, les poils hérissés. Chirac, lui, aime bien Jospin et mettra toujours du liant.

Le président se dit que c'est un adversaire à sa mesure. Comme lui, Jospin est un peu gauche et vite crispé sur ses positions. « C'est un homme d'une grande intelligence politique, dit-il, avec une pointe de condescendance. Dommage qu'il gâche ça par un tropisme idéologique un peu excessif. »

Beau joueur, il reconnaît que le PS a pris, grâce à Jospin, plusieurs longueurs d'avance en matière de modernité. D'abord, avec la règle du non-cumul des mandats qu'il reprendra, plus tard, à son compte ; ensuite, avec l'initiative d'un tiers féminin pour les candidatures de son parti aux élections : « De la sorte, les socialistes ont éliminé les vieux pour mettre les femmes en avant. D'une pierre deux coups. Génial[1] ! »

Lors de son premier entretien avec Lionel Jospin, Jacques Chirac explique au nouveau chef du gouvernement que l'Europe peut constituer un *casus belli*. La France, dit-il, devra respecter ses engagements européens, et notamment le traité de Maastricht. Il en sera le garant. « Pendant la campagne, Jospin avait été assez flou sur Maastricht et la monnaie unique, dit Chirac. J'ai voulu qu'il s'aligne. » Il est vrai qu'avant le premier tour, le numéro un du PS avait pu paraître moins maastrichtien que Juppé. Il est vrai aussi qu'il est à la tête d'une coalition hétéroclite qui compte beaucoup d'anti-européens professionnels, de Jean-Pierre Chevènement à la plupart des communistes.

Jospin a rassuré Chirac. Il n'en faut pas plus au président pour célébrer, pendant les mois qui suivent, l'ingénieuse stratégie de la divine dissolution. À l'en croire, c'est elle, finalement, qui devrait permettre à la France de faire l'euro et d'entrer dans le XXIᵉ siècle.

Écoutons Chirac[2] : « L'essentiel, pour nous autres Français, c'est de franchir la prochaine étape de la construction européenne dans les conditions fixées par Maastricht. Nous avons pris de mauvaises habitudes depuis le début des années quatre-vingt : nous dépensons plus que nous ne produisons. L'euro nous imposera des critères de bonne gestion et nous obligera à gérer, enfin, nos affaires sérieusement. Il correspond donc à notre intérêt. Lionel Jospin est un homme sérieux. Il sait tout ça et, j'en suis maintenant convaincu, ne prendra jamais la responsabilité de faire rater à la France son rendez-vous avec l'euro. Avec l'Histoire

---

1. Entretien avec l'auteur, le 21 octobre 1998.
2. Entretien avec l'auteur, le 29 juin 1997.

aussi. En conséquence de quoi, il poursuivra notre politique. Il n'a pas le choix, il n'y a pas de politique de rechange.

— Si la droite était si sûre de son fait, pourquoi n'a-t-elle pas tenté de continuer elle-même cette politique au lieu d'aller à l'abattoir avec cette dissolution ?

— Parce que tout ça aurait fini dans la rue. Il fallait faire la purge. Nous n'étions plus en mesure de gouverner. Tout aurait sauté. Nous étions dans un système où les Français refusaient toutes les contraintes. Ils ne pouvaient plus nous voir en peinture. Ils ne croyaient pas un mot de ce qu'on leur racontait. Si j'avais laissé filer les choses sans dissoudre l'Assemblée nationale, je n'ose imaginer ce qui se serait passé. N'importe comment, en 1997 ou en 1998, ça ne changeait rien, le résultat aurait été le même : la victoire de la gauche était inéluctable.

— En somme, vous auriez dissous pour donner à la gauche les clés du pouvoir !

— Ce n'est pas exactement ce que j'ai voulu dire. Mais, dans ma conception, le président de la République doit agir dans l'intérêt de la nation tel qu'il le conçoit avant de se préoccuper du sort de sa majorité. L'Europe est un enjeu considérable. Économiquement, elle pèse déjà plus lourd que les États-Unis. Il faut la faire exister sur le plan monétaire avant de passer, le jour venu, à la construction militaire. Ça me paraît plus important que les petits calculs d'arrière-boutique auxquels on réduit trop souvent la politique. »

Une moue de lassitude, puis :

« La France est un pays ingouvernable. Elle ne voulait plus de nous, ni de nos réformes. J'en ai tiré les conséquences. »

Réécriture de l'histoire ? Puisque la catastrophe est si grande, feignons d'en être l'organisateur : en la matière, Jacques Chirac n'a jamais été manchot. À en juger par sa mine, il ne semble pourtant pas si fier de son coup, après le raz-de-marée socialiste. Il se console au punch ou à la bière, le soir, en regardant la télévision et présente, le matin, le visage tuméfié et boursouflé des lendemains de cuite. Il a l'air triste et fatigué. Il y a de quoi.

Après le séisme du 1er juin 1997, Jacques Chirac a décidé de recevoir tous les députés battus de l'ancienne majorité. Difficile de tenir parole. Ils sont 222. « Parfois, dit-il, il y a des cas très douloureux. Je mets un point d'honneur à régler leurs problèmes. Avant d'être élu député, par exemple, Jean-Jacques de Peretti[1] avait une belle situation dans une entreprise. Il n'a plus rien. J'essaie de lui trouver quelque chose[2]. »

Quand il ne s'occupe pas des anciens députés qui sont sur le sable, le chef de l'État bétonne encore un peu plus son bunker. Dominique de Villepin excelle à l'ouvrage. Claude Chirac aussi. Le palais de l'Élysée ressemble à Fort-Alamo, désormais. Sauf qu'il est vide. Le président a connu des jours meilleurs qui, pour un peu, pourrait paraphraser Hamlet : « Combien le train du monde me semble lassant, insipide, banal et stérile ! »

Qu'importe l'état dans lequel macère aujourd'hui la droite. Chirac entend juste régner sur ses débris. Certes, il garde toujours un œil sur Philippe Seguin, Nicolas Sarkozy ou François Bayrou qui se sont détachés. Mais ils font des vagues, pas d'étincelles. « Tous ces types qui veulent devenir président, dit-il avec ironie[3], je les plains bien sincèrement. On vit une époque impossible, à vous décourager de faire de la politique. À la limite, on prendrait le premier clampin venu dans la rue et on lui dirait : "Allez, c'est vous le nouveau chef de la droite", les gens applaudiraient. C'est ce qu'ils veulent. De nouvelles gueules, plus de combines ni de vieux barbons. L'opposition est devenue un vieil

---

1. Maire de Sarlat, ancien ministre des DOM-TOM.
2. Entretien avec l'auteur, le 29 juin 1997.
3. Entretien avec l'auteur, le 28 octobre 1998.

organe fatigué qui ne sert plus à rien et n'inspire que de l'indifférence. Que voulez-vous que je fasse ? Que je sonne la mobilisation générale pour partir à la bataille ? Il faudrait être fou ou inconscient. Non, si je veux espérer revenir un jour en grâce, je dois me faire oublier et me planquer avec un casque de maçon sur la tête, à cause des jets de boulons des petits copains, en attendant des jours meilleurs. Alors, je me planque ! »

40

Jospin sans peur ni reproche

« L'homme n'est pas ce qu'il cache, il est ce qu'il fait. »
André Malraux

En apparence, les deux hommes sont le contraire l'un de l'autre. Ils aiment le faire croire et la presse, souvent, se laisse berner, qui pointe leurs différences à longueur de colonnes. En réalité, Chirac et Jospin se ressemblent beaucoup. La même incapacité à se lâcher qui confine à l'autisme et en fait deux grands « culs cousus », comme on disait jadis. La même absence totale de talent oratoire avec la même propension à lire d'une voix monocorde des discours vespéraux et monocordes à pleurer d'ennui. Le même manque de confiance en soi, qui les pousse à travailler plus que de raison pour rattraper leur retard, avec un esprit de sérieux qui, parfois, prête à sourire.

Ce sont deux complexés laborieux et introvertis. Ils reviennent de loin. On les a même donnés pour morts, il n'y a pas si longtemps, mais ils ont trop de choses à prouver et trop de comptes à régler. Avec eux-mêmes, pour commencer. Ils sont deux incarnations vivantes de l'axiome de François Mitterrand : « Tout échec qui ne vous abat pas vous renforce. » Ils seraient très forts, n'était ce doute en eux-mêmes qui les incite à la pusillanimité. De Lionel

Jospin, François Hollande a dit un jour, ce qui pourrait aussi s'appliquer à Jacques Chirac : « Il est prudent parce qu'il se méfie de ses impulsions premières. Son maître mot, c'est "se contrôler" [1]. »

Comme le président et son Premier ministre se contrôlent, il y a rarement un mot plus haut que l'autre, lors de leur rencontre hebdomadaire du mercredi, avant le Conseil des ministres. Pendant les premiers mois de leur cohabitation, Chirac se paie même le luxe de faire l'éloge de son chef de gouvernement : « C'est un homme d'une grande habileté politique qui mène très bien sa barque et qui a eu l'intelligence de laisser de l'espace à des gens comme Strauss-Kahn, qui est aussi socialiste que je suis archevêque et que le Tout-Paris adore. Mais Jospin a un défaut terrible qui, je crois, lui coûtera cher : c'est un idéologue qui a les tics et les réflexes des vieux militants. Je ne sais s'il est marxiste ou pas mais chez lui, l'idéologie prend, parfois, le pas sur son intelligence politique et alors, il est en danger [2]. »

Chirac étant totalement dépourvu d'idéologie, il a du mal à comprendre son Premier ministre qui fait toujours passer la politique avant le reste. Le président avait naguère des amis communistes en Corrèze. Il a beaucoup fréquenté Édith Cresson. Il considère Rocard comme un frère, malgré une brouille de plusieurs mois. Bref, il refuse de se laisser enfermer par des clivages qu'il juge archaïques.

Jospin, lui, est incapable de fraterniser avec un adversaire. Pour Villepin, c'est le signe d'une absence totale de recul. Donc, d'un manque d'intelligence. Le secrétaire général de l'Élysée assure, dès le premier jour de la cohabitation, que le Premier ministre n'est pas au niveau. Avec son sens de la mesure, il s'en faut de peu qu'il ne le traite d'imbécile.

Le chef de l'État ne va pas jusque-là, loin s'en faut. Mais il semble convaincu, d'entrée de jeu, qu'il en fera son

---

1. *Libération*, le 21 février 2001.
2. Entretien avec l'auteur, le 29 juin 1997

affaire : « C'est un homme très dissimulé mais quand on gouverne, votre vérité apparaît toujours, tôt ou tard. À la fin des fins, quand on en vient à la moelle de la quintessence, ça reste un manœuvrier trotskiste. Pas un gauchiste, non, une sorte de machiniste qui ne croit qu'aux appareils et ne peut s'empêcher d'être un peu sectaire[1]. »

Certes, il arrive à Jospin d'avoir des attentions comme cette boîte à musique ancienne jouant une valse de Strauss, qu'il a offerte au chef de l'État pour ses soixante-neuf ans avant de recevoir, en retour, Noël approchant, une édition originale des deux premiers tomes de *La Légende des siècles* de Victor Hugo. Mais quand il a un geste envers le président, ça n'est jamais gratuit ni naturel : le cœur n'y est pas vraiment. Il le fait par devoir. C'est un homme bien élevé, très formaliste de surcroît.

Apparemment, sa courtoisie suffit à Bernadette Chirac qui dira un jour à Claude Allègre, meilleur ami et ministre de l'Éducation nationale de Lionel Jospin : « Le Premier ministre est un homme civilisé, très poli et sympathique qui fait attention à moi. Figurez-vous que ça me change. Ce n'était pas du tout le cas de son prédécesseur. » Avis à Alain Juppé. Le chef du gouvernement ne souffre cependant pas les accointances qu'il voit naître entre le chef de l'État et plusieurs ministres socialistes.

Le moindre n'est pas Claude Allègre que le président donne souvent en exemple, du moins pendant les premiers mois de la cohabitation, à ses visiteurs de droite : « En voilà un qui a le courage de ses opinions ! C'est quand même autre chose que François Bayrou qui a passé cinq ans rue de Grenelle, à ne strictement rien faire ! » Chaque fois que les deux hommes se retrouvent ensemble en voyage officiel, c'est la fête. L'alter ego de Lionel Jospin est sous le charme présidentiel.

---

1. Idem.

227

Claude Allègre ne s'en cache pas, il aime le président : « Jacques Chirac est un tueur, il n'y a pas de doute là-dessus, mais il a le contact et on ne peut pas ne pas l'aimer. » À un dîner d'État, au Kremlin, il a vu le chef de l'État pompette porter un toast « en l'honneur de l'URSS », morte depuis quelques années déjà, devant Boris Eltsine hilare et lui-même bien beurré. En Guyane, il a été fasciné par sa connaissance du personnel politique local. Il n'est pas d'obscur conseiller général qu'il n'appelle par son prénom. À New Delhi, il s'amuse de l'observer célébrer les mérites des Mirage, des chars de combat et des vedettes lance-missiles *made in France* devant un Premier ministre indien que son expertise assomme. Avant quoi, le président avait proposé un maillot de corps à Dominique Strauss-Kahn qui se plaignait du froid. « J'emporte toujours deux ou trois Damart quand je pars en voyage. Je vais vous en passer un. » L'autre avait refusé.

Les journaux racontant que son ami s'entend très bien avec le chef de l'État, Jospin a, un jour, une explication de gravure avec le ministre de l'Éducation nationale : « J'ai pris une avoinée terrible, se souvient Allègre. Il me répétait tout le temps : "Mais non, Chirac n'est pas sympathique !" » Pierre Moscovici, ministre des Affaires européennes, aura droit aussi, une autre fois, à une colère de ce genre. Même chose pour Dominique Strauss-Kahn.

Le Premier ministre ne supporte pas que l'on puisse passer du bon temps avec le président. Il accuse de chira-comanie des ministres qui, somme toute, sont à l'image des Français, consultés par la Sofres : une large majorité d'entre eux préférerait passer une bonne soirée au restaurant avec Chirac qu'avec Jospin. Pour un peu, le chef du gouvernement parlerait de collusion ou d'intelligence avec l'ennemi.

Car il est en guerre, Jospin. Et, de surcroît, dans un état de fulmination permanente contre Chirac. C'est ce qui a frappé Jack Lang quand il a rejoint le gouvernement, au portefeuille de l'Éducation nationale. « Au conseil des ministres, se souvient-il, Jospin voulait sans cesse avoir le dernier mot. J'ai souvent vu, chose inimaginable sous la présidence de Mitterrand, le Premier ministre reprendre la parole après le chef de l'État. »

Après la mise en place de l'euro qui se passe beaucoup mieux que prévu, le président commente : « C'est un beau succès. » Jospin le coupe : « C'est un grand succès du gouvernement. Le ministre de l'Économie va nous dire pourquoi.

— Soit, embraye Chirac. Ce succès est l'œuvre du gouvernement. Il est aussi l'œuvre du pays. »

« Autour de la table du conseil, raconte Lang, il y avait un drôle de climat. Jospin se comportait en président et Chirac laissait courir avec une longue patience et, dans les yeux, une lueur d'ironie qui disait : "Cause toujours." »

Au fil des ans, il apparaît que Lionel Jospin n'a aucun respect pour le chef de l'État dont il dira un jour à François Hollande, le premier secrétaire du PS : « Le peuple ne peut pas redonner sa chance à Chirac. C'est impossible. Si c'était le cas, ça voudrait dire qu'il ne me mérite pas. »

Aveu stupéfiant. Les deux hommes se méprisent l'un l'autre. Mais Jospin s'estime trop. Il est vrai que Chirac ne donne pas le meilleur de lui-même, ces temps-ci : « J'en prends tellement plein la gueule que je me suis mis aux abris, dit-il [1]. Quand il y a une tempête, il n'y a pas cent solutions, il faut se retirer dans sa grotte et attendre des jours meilleurs. Actuellement, la droite n'a pas les forces nécessaires pour se redresser. Les vents soufflent à cent dix kilomètres par heure. Ce n'est pas le moment de sortir dehors avec son chapeau de paille... »

_____

1. Entretien avec l'auteur, le 20 avril 1998.

41

La marche des moutons

« Le monde n'est que franche moutonnaille. »
La Fontaine

Sous la Ve République, rien ne vaut une petite cohabitation pour permettre au chef de l'État de redorer son blason. Dès lors que son parti n'est plus au pouvoir, il cumule tous les avantages. Le prestige de la fonction, le poids institutionnel et la possibilité de se démarquer autant qu'il veut de l'action gouvernementale.

C'est une particularité française : le président d'opposition. Il règne et il fustige. Les deux en un. La première cohabitation avait profité à Mitterrand, aux dépens de Chirac. La troisième profitera à Chirac, aux dépens de Jospin. Les éditorialistes répètent souvent la formule de Balladur : « C'est le premier qui dégaine qui perd. » Ils ont tort : c'est toujours le chef du gouvernement qui perd. Il est pour ainsi dire condamné d'avance. Le président a bien appris les leçons mitterrandiennes. Après s'être enterré pour plusieurs mois, il ne sortira qu'à bon escient de son trou élyséen pour jeter ses pétards.

Au début de la cohabitation, la droite doute de lui. Il est vrai que Jacques Chirac semble s'accommoder de la situation, au point de fraterniser sans retenue avec plusieurs

230

ministres. Il est de surcroît souvent pris de revers. Même trois ans plus tard, à la croisée des siècles, quand il s'est refait une belle popularité, il lui faut encore encaisser des coups. Il encaisse bien. L'affaire du quinquennat, par exemple. Comme François Mitterrand, il a souvent changé d'avis sur la question. Le 2 décembre 1994, il déclarait : « Je suis plutôt favorable au quinquennat. » Le 2 mai 1995, il rétropédalait : « Je considère que le quinquennat n'est pas d'actualité. » Et maintenant qu'il est à l'Élysée, il a bien compris que la réduction du mandat présidentiel de sept à cinq ans, si elle va dans le sens de l'Histoire, rapetissera la fonction.

Ce n'est pas un hasard si les deux grands défenseurs du quinquennat sont ses deux principaux ennemis : Lionel Jospin et Valéry Giscard d'Estaing. Sans parler de Philippe Seguin. Ils entendent bien le diminuer et peut-être même le pousser à démissionner avant l'échéance de 2002.

Quelque temps après la dissolution, lors d'une manifestation officielle, le chef de l'État prend vivement à parti son ami Pierre Mazeaud, gardien du temple constitutionnel, qui s'est prononcé pour le quinquennat dans un article publié par *Le Monde* : « C'est inadmissible ! Comment peux-tu faire ça, toi le gaulliste ? » Rendez-vous est pris pour une explication, quarante-huit heures plus tard. Ce jour-là, le député de Haute-Savoie dit au chef de l'État : « Tu es au plus bas. Sur le principe, je suis contre le mandat de cinq ans mais je ne vois pas comment tu peux rebondir autrement qu'en le faisant adopter. Dans la foulée, tu démissionnes et tu te représentes. Comme ça, tu auras repris l'initiative. »

Chirac enregistre. Peu après, il revoit Mazeaud et lui dit : « J'ai retenu ton idée du quinquennat et je la sortirai dès que je sentirai que c'est mûr. Il ne me semble pas que ce soit encore le cas. »

Il attendra trop. Ce sont Jospin et Giscard qui, finalement, lui imposeront le quinquennat. Le président n'aura plus qu'à feindre, mais sans tromper personne, d'en être l'instigateur. Une fois encore, il n'aura fait que suivre le mouvement. Tout Chirac est là : indécis, pusillanime et récupérateur.

De Chirac, Jospin a dit un jour à Hollande : « Il est comme Mitterrand. C'est une éponge. Il absorbe et utilise tout ce qu'on dit, sans respect pour les droits d'auteur. » Ces temps-ci, l'éponge ne cesse de gonfler.

C'est sur les 35 heures que Jacques Chirac et Lionel Jospin ont leur première passe d'armes. Le 22 septembre 1997, déjà, le président avait qualifié de « fallacieux » les emplois publics et parapublics dits « emplois-jeunes » décrétés par Jospin. Le 20 novembre, au sommet des chefs d'État et de gouvernement sur l'emploi, il fait distribuer à la presse un document où il souligne que « sans un large accord du corps social, l'instabilité des dispositifs de la politique de l'emploi et le mirage d'expérimentations hasardeuses peuvent affecter gravement l'efficacité de la lutte contre le chômage ».

Chirac a-t-il pris la mesure du caractère néfaste des 35 heures (payées 39) pour l'économie française ? Il est permis d'en douter. Certes, il critique cette mesure mais avec une certaine retenue, sans prendre date. Il fait le service minimum.

C'est que la France est pour les 35 heures et que Chirac ne va jamais à rebours. Les médias sont en transe devant cette réforme et les sondages suivent. Le pays a le sentiment d'avoir ajouté une nouvelle pierre à ce modèle-social-que-le-monde-entier-nous-envie.

Cette réforme est censée créer des emplois, au nom d'une vision totalement administrative de l'économie. Pour ses concepteurs, les choses sont simples : le marché du travail est un gâteau à partager et si on supprime des heures ici, elles seront récréées là. Il suffisait d'y penser.

À leurs yeux, l'emploi est un monde statique qui répond à des critères arithmétiques. Ils ne savent pas qu'il ne sert à rien de déshabiller Paul pour habiller Pierre : l'économie, science inexacte par excellence, est dominée par une dynamique, et non par les lois de la mécanique.

Les 35 heures divisent les socialistes. Elles ont figuré jadis dans leur programme mais certains d'entre eux, et non des moindres, ont toujours pris soin de mettre un mouchoir dessus : ainsi Laurent Fabius. Il est piquant d'observer que c'est Dominique Strauss-Kahn qui les a réintroduites dans la plate-forme du PS pour les élections législatives de 1997. Sans doute celui qui passe pour le plus libéral des socialistes entendait-il donner un gage à gauche : ça ne fait jamais de mal, dans le parti. En petit comité, il assura plus tard, le farceur, qu'il n'aurait jamais commis cet impair s'il avait prévu la victoire de la gauche.

L'erreur de Lionel Jospin aura été de confier le dossier des 35 heures à Martine Aubry qui, malgré ses qualités, est totalement dépourvue d'esprit de finesse, au lieu de laisser à Dominique Strauss-Kahn, héritier d'Edgar Faure et virtuose de l'enfumage, le soin de s'occuper de son enfant. Avec le talent qu'on lui connaît, les idéologues du PS n'auraient plus retrouvé leur petit au bout de quelques semaines. Mais Martine Aubry est passée en force, à l'Assemblée nationale, sans prendre la peine de discuter avec les syndicats qui auraient sans doute apporté quelques utiles corrections à son projet.

Si le gouvernement Jospin avait institué les 35 heures pour soulager tous ceux qui font des métiers pénibles, ce n'aurait été que justice. Mais ses expérimentateurs de bureau en ont fait la panacée contre le chômage, appelée à créer incessamment sous peu 500 000 emplois, pas moins. C'est là que le bât blesse : avec ses effets pervers, la réforme va miner, et pour longtemps, l'économie française en détruisant plus d'emplois qu'elle n'en a sauvés.

Elle a fait de la France un pays où travailler trop devient un délit. Où les inspecteurs du travail vérifient que les lumières ne restent pas ouvertes, dans les entreprises, après l'extinction officielle des feux. Où les salariés doivent pointer ou remplir de la paperasse afin de justifier qu'ils ne font pas d'heures supplémentaires. Où l'on invente de nouveaux formulaires afin que la France reste, avec la Belgique et la Grèce, l'un des pays les plus bureaucratisés du monde [1].

Dès lors qu'ils ne travaillent pas dans les petites et moyennes entreprises, principales créatrices d'emploi et premières victimes de cette réforme, les cadres et les classes moyennes se félicitent des 35 heures. Les pauvres, eux, ont perdu, dans l'affaire : les heures supplémentaires leur sont désormais interdites. Mais qu'importe si leur fiche de paye se réduit : on leur donne des loisirs. De quoi se plaignent-ils ?

Les noces du malthusianisme et de l'esprit bureaucratique, les deux travers de la gauche scolastique, ont ainsi donné naissance à une réduction du temps de travail qui réussit le tour de force d'être à la fois anti-économique et anti-sociale. Les Français, dans leur majorité, ne s'en rendent pas compte. Ils sont trop occupés à s'admirer et à glorifier la lune des 35 heures qui, déjà, éclaire le monde. Charles Péguy avait bien résumé leur complexe de supériorité quand il faisait dire à Dieu : « C'est embêtant. Quand il n'y aura plus ces Français, il y a des choses que je fais, il n'y aura plus personne pour les comprendre. »

Après avoir lancé sa première salve contre la réduction du temps de travail, Chirac ne reviendra plus guère, les années suivantes, sur cette réforme. Quand on lui dit que son silence devient assourdissant, il répond, laconique : « À quoi bon faire le procès des 35 heures ? Les Français n'accepteront jamais qu'on leur retire un acquis social. » Des années plus tard, il ira jusqu'à déclarer que la réduction du temps de travail est « un progrès social qui ne peut être remis en cause sous prétexte d'idéologie [2] ».

---

1. Source OCDE.
2. Le 15 octobre 2003.

Si on insiste, le président reprend sa litanie sur le conservatisme de ce pays où la fonction publique a pris le contrôle de tout, et d'abord des esprits. Il est vrai que la France détient le pompon en matière d'emplois publics[1] : 24,7 %, loin devant l'Italie (17,8 %), l'Allemagne (15,7 %), les États-Unis (15,4 %), l'Espagne (14,8 %), le Royaume-Uni (14,4 %) ou le Japon (8,3 %).

En somme, la France reste le pays de Rabelais. Le grand homme avait tout dit quand il dénonçait le panurgisme qui conduit le mouton à « toujours suivre le premier, quelque part qu'il aille ». Inutile de réfléchir. Il faut emboîter le pas.

C'est ce que fait Chirac. Quand ses analyses ne sont pas dans l'air du temps, il les garde pour lui. Il élude, il évacue, il consensue.

Il ferme la marche. Il est le berger de derrière. L'Histoire est faite par des gens qui ne descendent pas la pente, mais osent dire non, contre les commandements de l'époque.

Chirac n'en a cure. Il a décidé depuis longtemps qu'il ne ferait pas l'Histoire mais que c'est elle qui le ferait.

---

1. Source OCDE.

42

Le saucisson de Seguin

> « Si vous voulez que la vie vous sourie,
> apportez-lui d'abord votre bonne humeur. »
> Spinoza

La droite peut-elle suppléer ce président altier qui répugne à descendre de ses limbes ? Apparemment pas. Elle a trop à faire, encalminée qu'elle est dans l'entrelacs de ses querelles intestines.

« La droite, c'est la haine », a dit un jour Simone Veil et elle en sait quelque chose. Soit. Mais la gauche aussi. C'est l'ambition pour les places qui dressent les politiques les uns contre les autres, avec un objectif tout bête que les plus doués excellent à habiller de considérations idéologiques : « Donne-moi ta place et dégage. »

Quand aucune autorité n'est parvenue à imposer sa loi dessus, le moindre parti politique se transforme en chaudron où bouillonnent les appétits, les vanités et les rancunes. Inutile de mettre un couvercle. Le miroton en fusion débordera toujours en attendant le chef.

C'est ce qui arrive à la droite, ces temps-ci. « Ces gens-là sont pathétiques, note Chirac, depuis son Aventin élyséen. Des lilliputiens, des fourmis, des morpions de l'ambition. Ils se tirent tous dessus à vue sans comprendre que l'opinion se fout et se contrefout de savoir qui va gagner, si seulement il en reste un vivant après la fusillade générale [1]. »

Après la dissolution, c'est Philippe Seguin qui a remplacé Alain Juppé à la tête du RPR en passant un accord de fortune avec Nicolas Sarkozy. Le chef de l'État observe Seguin avec un mélange de compassion, d'agacement et d'amusement. « S'il y a un métier pour lequel il n'est pas fait, celui-là, c'est chef de parti, ironise encore Chirac. Il est tellement solitaire qu'il sera incapable de se faire adopter par les militants ou par les élus. Il restera toujours un baryton sans orchestre. »

C'est ainsi que Philippe Seguin n'a même pas pu prendre le contrôle du groupe RPR à l'Assemblée nationale. Un jour, il vient demander à Jacques Chirac de pousser Jean-Louis Debré à se retirer de la compétition pour la présidence du groupe. Ce dernier étant l'homme lige du chef de l'État, plaide-t-il, son échec serait interprété comme un camouflet pour lui. L'effet serait désastreux pour tout le monde.

« Il faut vraiment que tu l'empêches de faire cette bêtise, insiste Seguin. Il ne fera que dix-huit voix, le pauvre, et encore...

— Tu rigoles ? fait Chirac. Il aura cent voix. »

À l'arrivée, Jean-Louis Debré l'emportera haut la main.

Quand il prend la présidence du RPR, le 7 juillet 1997, sur les décombres laissés par la dissolution, Philippe Seguin a beaucoup d'atouts. Jacques Chirac est discrédité et Alain Juppé, vitrifié. Quant aux autres, les Bayrou, les Sarkozy, ou les Madelin, ils ne sauraient constituer une menace. En somme, il a le champ libre.

François Fillon, son porte-parole, ne doute pas de son avenir : « Il a la force d'Obélix, l'astuce d'Astérix et la sagesse de Panoramix. » Une réserve, néanmoins : « Parfois,

---

1. Entretien avec l'auteur, le 28 octobre 1998.

on peut se demander s'il n'a pas perdu la recette de la potion magique. » C'est que Philippe Seguin ne sait pas déléguer, mobiliser ou entraîner.

Tout est hypertrophié chez lui. Le coffre. Le caractère. L'ego. Cet esprit chagrin a une si haute idée de lui-même qu'il a fini par la perdre de vue. Au lieu de chercher à ménager Chirac, il a tout de suite voulu rompre avec lui. Les militants l'ont rappelé à l'ordre. Le 31 janvier 1998, aux assises du RPR qui devaient tout chambouler, le projet et même le sigle à trois lettres, le nom du président a été ovationné pendant douze minutes.

Seguin n'a pas compris le message. L'imperator entend incarner, seul, le RPR et même l'union de l'opposition.

À la fin, il se retrouvera tout seul.

Il est vrai que l'Élysée ne le ménage pas, qui fait régulièrement donner les chiraquiens contre lui. Pour le neutraliser, Dominique de Villepin a même esquissé un rapprochement tactique avec Nicolas Sarkozy, secrétaire général du RPR et bras droit de Philippe Seguin. Ce n'est pas un retour en grâce. Juste une alliance de circonstance. Elle en dit long sur l'exaspération du président qui ne supporte pas, notamment, les dérives nationalistes de son mouvement.

L'opposition Chirac-Seguin n'est pas seulement épidermique. Elle est politique. Philippe Seguin appartient à la tradition du gaullisme prophétique et atrabilaire qu'incarnait si bien Michel Debré ou Marie-France Garaud. Tout le contraire de Jacques Chirac qui entend éviter à tout prix les dérapages anti-européens : ainsi un vote hostile à l'euro du groupe RPR à l'Assemblée nationale, vote auquel le président parvient à échapper in extremis grâce à Alain Juppé, en avril 1998.

Étrange attelage. Les deux hommes se respectent et se méprisent en même temps. Chirac est subjugué par l'éloquence et les tripes de Seguin mais il est convaincu qu'il a un grain. Seguin est fasciné par l'habileté et la persévérance de Chirac mais il a la conviction qu'il n'est pas au niveau. Derrière son dos, il l'appelle « le grand con ». Il fulmine contre sa « mollesse » face aux socialistes, répète qu'il a fait son temps et refuse, certains jours, de le prendre au téléphone.

Chirac entend le dégager de la présidence du RPR avant la campagne de 2002. S'il n'y arrive pas, il est prêt à toutes les extrémités. Leurs tête-à-tête sont parfois si tendus qu'il arrive au chef de l'État de proférer des menaces de ce genre : « Si tu continues comme ça, je vais être obligé de faire un parti du président. »

Entre Chirac et Seguin, la rupture est consommée après l'affaire de la présidence du conseil régional de Rhône-Alpes, quand, dans la nuit du 9 au 10 janvier 1999, le RPR et les « libéraux » de Madelin ont fait bloc contre la candidate UDF que soutenaient les socialistes.

Un vaudeville ridicule, qui illustre bien l'état lamentable de la droite. La présidence du conseil régional devait normalement revenir à Anne-Marie Comparini, la candidate UDF, une protégée de Raymond Barre dont elle fut longtemps l'attachée parlementaire. Le RPR la soutient comme prévu au premier tour, éliminant Charles Millon, le ludion de l'hyperdroite, puis au second tour, écartant l'extrême droite. Après quoi, le parti de Seguin décide de jouer la carte du doyen d'âge, un proche de Madelin, tandis que les socialistes se rallient à l'UDF qui sera élue.

Alors que Sarkozy se demande si Bayrou, le président de l'UDF, n'est pas tenté de rejoindre la gauche, le chef de l'État écume contre les dirigeants du RPR : « Que croient-ils, ces traîne-patins ? Que l'on pourra gagner l'élection présidentielle sans l'UDF ? Ils sont en train de gâcher toutes nos chances. » Chirac raconte volontiers, dans la foulée, l'histoire du saucisson de Seguin. C'est peut-être à cause d'un saucisson, en effet, que l'affaire a mal tourné.

Le soir de l'élection du président du conseil régional de Rhône-Alpes, Seguin a envoyé son chauffeur lui acheter un saucisson. L'autre revient, suprême sacrilège, avec un saucisson coupé. Le sang du président du RPR ne fait qu'un tour. Il pique une de ces colères dont il a le secret et qui fait trembler les vitres aussi bien que le petit personnel. « Un saucisson, éructe-t-il, ça se coupe soi-même. » Mandat est donné au chauffeur de trouver coûte que coûte un saucisson intact. Il en va de l'avenir du RPR et, peut-être, de la France. Il est tard et c'est dans un restaurant que sera finalement déniché le précieux produit. Quand il lui sera remis, Seguin fermera sa porte avec un air de conspirateur, puis tournera la clé, avant de passer la soirée en tête-à-tête avec le saucisson devant son poste de télévision.

On ne saura jamais si c'est à cause de la contrariété du début de soirée ou du ravissement de la dégustation charcutière devant un programme télévisé passionnant, toujours est-il que Seguin a laissé commettre la faute qui allait déchirer, et pour longtemps, la droite française : l'UDF prendra prétexte de l'incident pour adopter une stratégie d'autonomie et présenter une liste aux élections européennes, quelques mois plus tard.

Seguin le sait. La preuve : le 10 janvier, il est injoignable. Il a été hospitalisé pour une bronchite aiguë et une immense déprime.

Après ça, Chirac cherche en vain à ramener Bayrou dans le giron de l'union. Depuis que le président de l'UDF lui a annoncé qu'il ferait sa propre liste aux élections européennes, le chef de l'État l'a reçu trois fois, au grand dam de Seguin qui ne supporte plus la stratégie « centriste » de l'Élysée.

Le 15 avril 1999, Philippe Seguin pique une nouvelle rogne après avoir pris connaissance d'une interview à *Valeurs actuelles* de Bernard Pons, président de l'Association des amis de Jacques Chirac. Un texte consensuel et bénisseur où Pons déclare que Pasqua et Villiers font partie de la majorité présidentielle, tout comme l'UDF de Bayrou « qui en est une composante essentielle ».

Seguin appelle aussitôt Chirac et lui lance un ultimatum « Si demain, à 10 heures, aucun message de clarification n'est venu de l'Élysée, je démissionne. » Le lendemain, à 10 h 30, l'imperator annonce sa démission dans une lettre manuscrite à l'AFP où il reproche notamment au président « les tentations d'une cohabitation émolliente » et « les nouvelles stratégies suicidaires [...] inspirées par des sondages de popularité trompeurs » qui l'empêchent de mener contre le gouvernement Jospin une opposition digne de ce nom.

Jean-Michel Thénard exprime bien le sentiment général quand il écrit dans *Libération*[1] : « Le séguinisme, un nombrilisme ? Si le député d'Épinal avait souhaité apparaître pire que sa caricature, c'est réussi [...]. S'il avait voulu donner une image grotesque d'une certaine politique "politicienne", plus préoccupée par les querelles de boutique et les conflits de personnes que par l'intérêt général, c'est gagné. »

Cet homme qui avait tout pour réussir, n'était son caractère, a finalement tout raté, même sa sortie. Il s'est détruit lui-même. Il en restera bien quelque chose, comme un souvenir, qui vivotera jusqu'à l'explosion finale, lors de sa campagne suicidaire pour la mairie de Paris, en 2001.

Quant à Chirac qui vient d'ajouter un nouveau trophée à son tableau de chasse, on l'imagine bien s'écrier maintenant, en attendant le successeur de Seguin : « Au suivant ! »

---

1. Le 18 avril 1999.

43

Le trampoline de Sarkozy

« Hercule ne s'est pas fait en une seule nuit. »
Ménandre

Le suivant est un avatar de Jacques Chirac. En plus jeune et avec moins de complexes. Boulimique, increvable, toujours pressé, la voix haletante, Nicolas Sarkozy est aussi un *homo politicus*. Un professionnel de la politique, comme il aime le dire. « Mon problème, s'amuse-t-il, c'est que j'ai une tête de candidat à tout. » Il sait y faire, avec les militants, les électeurs ou les journalistes. Il a la bise et le tutoiement faciles. C'est aussi le roi de la tape dans le dos. Avec lui, de surcroît, tout le monde a droit au même traitement, fait de brutalité gouailleuse et affectueuse, le patron, le cul-terreux ou le moins que rien. Il ne se la joue pas.

Secrétaire général du RPR depuis 1998, Nicolas Sarkozy devient tout naturellement président du mouvement par intérim après la démission de Philippe Seguin. Né en 1955, il a quarante-quatre ans, toutes ses dents, un petit paquet de fidèles et toujours de grandes espérances. Il ne lui manque que la longue patience qui fait les grands hommes. Pour preuve, il a le même tic que Jacques Chirac, naguère : dans la position assise, il tape sans arrêt du pied. Il a toutefois appris à en rabattre et se compare volontiers, avec une autodérision toute chiraquienne, à « ces chandails qui rétrécissent au premier passage en machine à laver ».

Bien sûr, il feint d'être marri de la démission de Seguin qui n'avait pas cru bon de l'en informer. « Il me laisse tout sur les bras, soupire-t-il, le parti, la liste européenne et même une émission sur TF1. Dire que je devais partir à La Baule avec ma femme et mes enfants ! » Mais il sait qu'il a changé, enfin, de catégorie. Il est entré dans la cour des grands. Il ne lui reste plus qu'à amadouer Chirac.

Vaste programme. Deux ans plus tôt, après la bérézina de la dissolution, le chef de l'État avait refusé que Juppé, alors président, nomme « le petit Nicolas » secrétaire général du RPR. Quelque temps plus tard, Seguin qui succédait à Juppé avait passé outre. Mais Sarkozy n'était pas parvenu à remonter la pente auprès de Chirac qui a souvent dit à propos des balladuriens : « Ils ont le gène de la trahison. »

Le député-maire de Neuilly semble prêt à tout pour arriver à ses fins. Son destin est en marche, rien ne l'arrêtera. Un jour, Paul Sarközy de Nagy-Bocsa, aristocrate hongrois émigré, publicitaire reconnu et grand séducteur devant l'Éternel, a dit à ses trois fils : « Jamais, dans ce pays, un Sarközy ne sera président de la République. Pour cela, il faut aller aux États-Unis. » Nicolas Sarkozy a décidé de faire mentir son père et, contrairement à d'autres, ne cache pas ses intentions derrière ses airs entendus. Il ne pense même qu'à ça et s'en vante crânement.

Ce n'est pas une raison suffisante pour expliquer la sourde méfiance qu'il inspire à Jacques Chirac et qui tourne, parfois, à la haine froide. En fait, même s'il s'en défend, le chef de l'État le soupçonne toujours d'avoir lancé, quand il était ministre du Budget d'Édouard Balladur, toutes les affaires qui lui empoisonnent la vie, et notamment celle des HLM de la région parisienne, quand son parti rançonnait les entreprises de travaux publics. « Je n'ai pas de preuves, insiste Chirac, et je ne crois pas aux accusations sans preuves. » Soit. Mais on ne voit pas quelle autre cause pourrait motiver son anti-sarkozysme total et frénétique.

Bien sûr, Sarkozy dément : « C'est un mauvais procès. Les amis de Chirac ont eu tout le loisir de faire parler les gens. Ils n'ont rien trouvé. S'il y avait eu des preuves, croyez-moi, elles seraient sorties. » Une pause, puis : « Le président et moi, on n'a jamais parlé de tout ça. Parce qu'il sait que c'est faux[1]. »

Pour rétablir la confiance avec Chirac, Sarkozy ne lésine pas. Mais il a beau faire, le président n'est pas dupe. Même quand ils se rapprochent l'un de l'autre, les deux hommes restent dans la situation des vieux couples qui se sont trop déchirés pour se rabibocher : rien ne sert de remettre le couvert, la vaisselle est toujours cassée. La meilleure volonté du monde n'y changera rien. Sarkozy perd son temps quand, par exemple, il passe serrer des mains au dîner de l'Association des amis de Jacques Chirac qui, le 7 mai 1999, célèbre le quatrième anniversaire de l'accession de son champion à la présidence. « En 1995, blague-t-il, j'étais balladurien. C'est pour ça que, chaque 7 mai, je suis comme le padre Pio : "Les stigmates, dans mes mains, se remettent à saigner." »

La stratégie de Sarkozy est toute simple : s'imposer comme patron du mouvement derrière Chirac, candidat naturel à la prochaine élection présidentielle, en 2002. Il connaît les réticences du chef de l'État. Il entend lui forcer la main et, pour ce faire, s'imposer aux élections européennes de juin 1999. C'est pourquoi il se dépense sans compter dans cette campagne où il a remplacé Seguin au pied levé à la tête de la liste RPR, contre celles de Bayrou et de Pasqua. Rude tâche. « On a été si gentils avec moi, dit-il, le 8 juin, en meeting à Carpentras, que non seulement on m'a laissé la place, mais on a veillé à ce qu'il n'y ait surtout personne à mes côtés. » Enfilant les réunions

_____

1. Entretien avec l'auteur, le 4 octobre 2005.

publiques et les débats télévisés, il se prononce pour un service minimum dans les transports, la suppression du revenu minimum d'insertion (RMI) en cas de refus d'un emploi ou d'une formation, la baisse de la TVA, etc.

Sa campagne est à droite toute et il flingue sans sommation, comme en attestent ces propos rassemblés par Carole Barjon dans *Le Nouvel Observateur*[1]. Sur les 35 heures : « Pourquoi pas trente, ou vingt-cinq, ou dix, ou deux ? Deux, ce serait parfait. Mais à une condition, c'est qu'elles soient facultatives. » Sur l'insécurité : « La différence entre la gauche et la droite, c'est que quand un autobus est attaqué, la gauche organise un colloque avec trois philosophes, quatre sociologues et deux journalistes où elle pose la question : pourquoi l'autobus ? » Sur la droite : « On a compris une chose : quand on fait la politique de ses adversaires, on perd ses électeurs et on ne gagne pas un seul de ses adversaires. »

Il se sera démené pour rien, ou pas grand-chose. Au scrutin du 13 juin 1999, la liste Sarkozy n'obtient que 12,82 %, derrière la liste Pasqua-Villiers (13,05 %) Quant à Bayrou, il sauve l'honneur de l'UDF avec 9,25 % des voix.

C'est un fiasco. C'est aussi le plus mauvais score de l'histoire du parti gaulliste. « J'assume la responsabilité de cet échec », déclare Sarkozy qui parle aussi d'« électrochoc » et dit redouter, dans la foulée, la « dispersion complète » de la droite. Le lendemain, après s'être entretenu avec Chirac, il annonce qu'il abandonne la présidence par intérim du RPR et qu'« en toute hypothèse », il ne sera pas candidat à sa succession.

Même s'il se sent bien seul, Sarkozy tient le coup. Il a même trouvé dans cette déroute des raisons d'espérer : « Ceux qui ne peuvent supporter d'être haï ne doivent pas faire de la politique. Il n'y a pas de destin sans haine. » De

---

1. Le 3 juin 1999.

ce point de vue, il est servi. Encore que, contrairement à ce qu'il pourrait craindre, Chirac n'est pas dans le camp de ceux qui sonnent l'hallali contre lui. Bien au contraire, il cherche à calmer le jeu.

Le président répète à la ronde ce qu'il a dit à Sarkozy : « Des défaites électorales, j'en ai connu beaucoup, le tout est de savoir les surmonter. » Chirac s'attendait à un mauvais score. S'il l'impute d'abord à Seguin qui a « quitté le navire à la première bourrasque », il pense que le RPR doit « retravailler » son projet. Quelques jours avant les élections, alors que le député-maire de Neuilly se sentait des semelles de vent, il s'inquiétait de sa ligne politique, trop droitière à ses yeux. « La France, grommelait-il, ça n'est pas seulement Auteuil-Neuilly-Passy. Elle se méfie toujours des types en blazer qui ont l'air de sortir du Racing Club. » À quoi Sarkozy répondait par avance : « Ce que la gauche britannique met en pratique, il serait temps que la droite française ait le courage de le proposer. »

Tout le débat Chirac-Sarkozy est là. Le chef de l'État entend ramener son parti au centre, ce qu'il n'a cessé de faire depuis les années quatre-vingt, mais sans se priver pour autant du concours du député-maire de Neuilly dont il lui arrive – très rarement il est vrai – de célébrer les talents. Il aimerait juste que « le petit Nicolas » se contente de rester secrétaire général derrière un nouveau président moins libéral que lui, « ce qui ne sera pas difficile à trouver ».

Mais Sarkozy ne l'entend pas de cette oreille. Sitôt tombé, il remonte sur son cheval. Question de réflexe. « Il y en a pas mal qui vont attraper un torticolis à force de me voir rebondir sur le trampoline », rigole-t-il. Après une déprime de quelques jours, le député-maire de Neuilly décide de briguer, contrairement à son engagement, la présidence du RPR.

Bien entendu, il n'est pas question pour lui d'entrer en conflit avec Jacques Chirac. Son jeu, il l'a clairement expliqué au journaliste du *Monde*, Jean-Louis Saux : « Se rapprocher, étouffer l'autre et s'installer, voilà ma technique. Mais ça, vous ne le mettez pas. On est *off*, non[1] ? »

La dernière semaine de juillet, il prend rendez-vous avec Chirac et lui annonce qu'il a passé un pacte avec Seguin. En échange du soutien de l'imperator, Sarkozy appuiera sa candidature à la mairie de Paris, nommera son lieutenant François Fillon au secrétariat général et confiera aux séguinistes la direction de la revue du mouvement. « On verra ça après les vacances », dit le président, en s'efforçant de garder son sang-froid.

C'est tout vu. Retour de l'île Maurice, Jacques Chirac presse Nicolas Sarkozy de ne pas se présenter. Le 13 septembre, il remet ça, pour la quatrième fois en quinze jours, en jouant la flatterie et la séduction : « Tu es un des seuls sur lesquels je puisse compter. Ne t'abîme pas dans une histoire de parti. J'ai d'autres projets pour toi. »

C'est ce jour-là que Sarkozy commence à rêver de Matignon qui, désormais, semble à sa portée. De plus, Chirac lui parle d'égal à égal, comme s'il avait affaire à un futur présidentiable.

« Ni toi ni moi, poursuit le président, ne sommes intéressés par le parti. Nous, c'est la France qui nous concerne, n'est-ce pas ? Tu dois te préserver, Nicolas. »

Est-ce, enfin, le signe qu'il attendait ? Sarkozy ne sait pas trop comment prendre le conseil présidentiel qui, malgré tout, sonne doux à ses oreilles. Même s'il en est bien incapable, il choisira, à tout hasard, de se « préserver ».

----

1. Article de Jean-Louis Saux, « Sarkozy, off the record », le 1er juillet 1999.

44

À gauche toute

« Il y a peu à choisir entre des pommes pourries. »
Shakespeare

Le 15 juin 1999, deux jours après la déroute des européennes, un homme fait sensation lors de la réunion du groupe RPR du Sénat. Une armoire à glace (110 kg pour 1,93 mètre) qui semble sorti des années soixante, avec son brushing nickel et son blazer bleu à boutons dorés. On dirait Elvis Presley, mais sans banane et avec un embonpoint de notable.

C'est Jean-Paul Delevoye, sénateur du Pas-de-Calais et maire de Bapaume, capitale de l'endive. Président de l'Association des maires de France (AMF) qui regroupe 34 000 adhérents sur les 36 600 communes du pays, il est réputé pour son bon sens et son esprit consensuel. Ce jour-là, pourtant, devant ses collègues du Sénat, il n'arrive pas à réprimer sa colère.

Si le RPR est tombé si bas, tonne-t-il, c'est à cause de « l'opportunisme » des « apparatchiks » du mouvement et de leur « libéralisme fou ». Il est urgent, ajoute-t-il, de réconcilier le parti avec le peuple, et cela passe par un discours moins droitier et moins élitiste : Jean-Paul Delevoye est convaincu que la thèse de la « fracture sociale » reste toujours actuelle et qu'il faut la remettre en avant.

Dans l'assistance, il y a deux sénateurs qui sont aussi conseillers de l'Élysée : Maurice Ulrich et Roger Romani. Deux vieux fidèles de Jacques Chirac. Dès qu'ils ont été au rapport, le chef de l'État appelle Jean-Paul Delevoye. Il connaît mal le sénateur du Pas-de-Calais mais il a décidé d'en faire le prochain président du RPR. À ses yeux, cet homme cumule tous les avantages. Il est neuf, compétent et social. Politiquement, le chef de l'État se sent, de surcroît, totalement en phase avec lui. Il ne reste plus qu'à l'imposer au mouvement.

Ce n'est pas joué. Il faudrait que Jean-Paul Delevoye y mette du sien. Mais c'est une mule qui n'en fait qu'à sa tête. Quand les conseillers en communication que l'Élysée a mis à son service lui demandent de changer de coiffure, de lunettes ou de marque de costume, il ne veut rien entendre. De la même façon, il refuse de se laisser cornaquer par Dominique Perben et Hervé Gaymard qui, tout de suite, ont pris parti pour lui. Brut de décoffrage, il tient donc devant les militants, et sans précaution, le discours social qui plaît tant à Jacques Chirac.

C'est l'erreur. Comme l'a noté Nicolas Sarkozy, « le PS se prend à gauche et le RPR, à droite ». Philippe Seguin fut l'exception qui confirmait la règle. Encore que son nationalisme droitier compensait ses pulsions sociales. Jean-Paul Delevoye, lui, se présente avec un programme à gauche toute, et s'en va répétant dans toutes les fédérations du parti : « Le mouvement gaulliste doit retrouver ses assises populaires et humanistes. »

Ce n'est pas un hasard si Jean-Paul Delevoye est si apprécié des socialistes du Pas-de-Calais. Ou bien s'il est réélu, chaque fois, au premier tour à la présidence de l'Association des maires de France. Cet ancien grainetier est fondamentalement social-démocrate.

À l'heure où les socialistes gouvernent le pays, c'est évidemment un handicap. Jean-Paul Delevoye en a un autre. Il est le candidat officiel, celui que les Chirac, Jacques,

Bernadette et Claude, surveillent comme le lait sur le feu. Or, les cicatrices de la dissolution ne se sont pas encore toutes refermées. À l'égard du chef de l'État, les sentiments des militants sont ambivalents. C'est le père putatif et le chef naturel du mouvement. Mais ils s'en méfient. Ils pensent qu'il faut le protéger contre ses lubies et ses conseillers fantasques.

C'est pourquoi ils se tournent tout naturellement vers Michèle Alliot-Marie. Une chiraco-balladurienne bon chic bon genre, qui porte, avec énergie et méthode, le flambeau du centre-droit. Député-maire de Saint-Jean-de-Luz, elle s'est imposée devant le parti avec un discours libéral sans aspérité. Du Balladur sans Balladur. Le 4 décembre 1999, elle accède à la présidence du RPR avec 63 % des voix contre 37 % à Jean-Paul Delevoye, après avoir bénéficié du désistement des candidats séguiniste (François Fillon) et sarkozyste (Patrick Devedjian).

Le chef de l'État doit-il considérer ce résultat comme un camouflet ? Sans doute est-ce pire que cela. Un constat de divorce pour incompatibilité d'humeur et divergences politiques. Le RPR entend désormais vivre sa propre vie pour servir Chirac et l'aider, si besoin, contre lui-même.

Même si Jacques Chirac reste son candidat pour 2002, le mouvement a décidé de couper le cordon avec lui, à en juger par le score sans appel qu'obtient Michèle Alliot-Marie. Le RPR refuse de se laisser déporter plus encore à gauche et entend reprendre sa thématique libérale d'antan. En somme, c'est la victoire idéologique de Nicolas Sarkozy.

Le président de la République accepte d'autant plus volontiers sa défaite que Michèle Alliot-Marie s'est tout de suite rangée sous sa bannière. Sitôt élue, elle a en effet déclaré : « Ensemble, dans le cadre d'une opposition unie, avec et pour Jacques Chirac, nous préparerons les prochaines échéances. »

Chirac peut faire contre mauvaise fortune bon cœur. S'il n'a pu imprimer sa marque sur la ligne du parti, il a au moins la chance d'avoir désormais un petit soldat à sa tête. Une dame de fer-blanc, facilement ployable, qu'il ne faudra certes pas quitter des yeux : si elle fut jadis sa « créature », elle a en effet joué un jeu trouble avec Balladur, lors de la dernière élection présidentielle. Mais elle a au moins le mérite de n'avoir aucune ambition élyséenne. Enfin, pour le moment.

Il peut donc préparer tranquillement sa prochaine campagne. Il reçoit les élus par-ci, grappille des idées par-là. Il s'est aussi mis en quête d'un Premier ministre, pour le cas où il serait élu. À en croire les oracles de l'Élysée, il l'aurait même trouvé : Nicolas Sarkozy. C'est le candidat déclaré de Dominique de Villepin qui ne cesse de chanter ses louanges.

Sarkozy frétille. Il n'oublie pas que, le 14 septembre 1999, après qu'il se fut retiré de la course à la présidence du RPR, le chef de l'État l'a accueilli, dans son bureau de l'Élysée, en lui disant :

« Je salue le nouveau Nicolas Sarkozy qui ne sera plus le collaborateur de quiconque ni de moi-même, ce que je regrette, mais qui a pris une nouvelle dimension. Tu es passé au stade supérieur, Nicolas. Franchement, tu m'as épaté. »

Le député-maire de Neuilly a bu ces paroles. Il les tourne et les retourne dans sa tête : Matignon n'est plus un rêve impossible. Mais une petite voix en lui dit que rien n'est joué et qu'il lui faut se méfier. Il sait que Jacques Chirac a toujours suivi à la lettre l'adage de Louis XI : « En politique, il faut donner ce qu'on n'a pas et promettre ce qu'on ne peut donner. »

Mais s'il le pouvait, en l'espèce, Chirac le voudrait-il seulement ?

45

Mélange des genres

> « La vérité n'est jamais amusante.
> Sans cela, tout le monde la dirait. »
> Michel Audiard

La scène se passe en 1969 au début de la campagne présidentielle de Georges Pompidou, dans un des bureaux du QG du candidat, avenue de La-Tour-Maubourg, à Paris. Un des grands barons du gaullisme est venu rendre visite à Jacques Chirac. Ce n'est pas vraiment une conscience mais au moins un des compagnons de la première heure du général. Une figure, comme on dit.

Jacques Chirac est trésorier de la campagne. À trente-six ans, le secrétaire d'État à l'Économie et aux Finances du gouvernement sortant est l'un des hommes-clés du staff de Georges Pompidou. Il a la haute main sur les caisses qui sont aussi vides que les sondages sont bas. Au QG, il règne une ambiance de mort.

Georges Pompidou prend ça à la blague. Quand il boit son petit noir à la terrasse des cafés, il s'amuse de ne pas faire un tabac auprès des clients : « Offrons-leur un verre. Ça me fera au moins quelques électeurs. » La France est convaincue qu'elle élira Alain Poher, le président du Sénat qui assure l'intérim du général de Gaulle, à l'Élysée. Pompidou est, lui, convaincu du contraire.

Chirac se fait du mauvais sang. Aussi, quand le baron du gaullisme lui annonce qu'il a trouvé de l'argent, le trésorier de Pompidou retrouve le sourire. Voilà exactement ce qu'il lui fallait. Une somme immense. Elle sera en liquide et arrivera par valises dans les prochains jours. Origine : la monarchie saoudienne. Le secrétaire d'État n'hésite pas une seconde.

Quand Chirac annonce la bonne nouvelle à Pompidou, il se prend une avoinée dont il se souviendra longtemps : « Vous êtes fou, mon vieux, un irresponsable doublé d'un incapable ! Je ne veux pas d'argent étranger dans cette campagne ! Pas un centime d'argent étranger ! » Le trésorier transmet aussitôt le message au baron du gaullisme.

Quelques mois passent et, un jour, à l'occasion d'un débat un peu vif avec l'un des membres de la monarchie d'Arabie Saoudite, Georges Pompidou s'entend dire : « Comment pouvez-vous être si peu conciliant après tout ce qu'on a fait pour vous ?

— À quoi faites-vous allusion ?

— À tous ces millions qu'on a versés pour votre campagne. »

C'est une histoire que Jacques Chirac raconte volontiers. Façon de célébrer la rigueur morale de Georges Pompidou, tout en reconnaissant qu'il avait lui-même peu d'illusions sur la classe politique, avec tous ces intermédiaires, glorieux ou véreux, qui se remplissent les poches au passage, entre deux livraisons de valises.

Mais a-t-il bien reçu la leçon de Pompidou ? Ce n'est pas sûr.

Comme Mitterrand, Chirac n'est pas entré en politique pour faire fortune. Il n'a rien amassé, ce grand seigneur, pas chipoteur ni avaricieux, qui use ses chemises jusqu'à la corde avant de faire ourler le bout des manches. Mais il a toujours tendance à confondre ses poches et les caisses de l'État. Il n'a pas eu peur non plus de filouter le fisc quand c'était possible. Avec lui, pas de petits profits.

Passons vite sur l'affaire du château de Bity, à Sarran, en Corrèze. À peine a-t-il acquis cette ancienne demeure d'un mousquetaire du roi, le 3 mars 1969, qu'elle est classée « monument historique » par l'Académie des Beaux-arts, ce qui permettra au secrétaire d'État à l'Économie et aux Finances, un comble, de déduire de ses revenus les frais de restauration de sa propriété, et donc de ne pas payer d'impôts. Ce petit scandale, révélé par *Le Canard enchaîné* le 12 janvier 1971, provoque une grosse colère de Georges Pompidou : « Quand on fait de la politique, on s'arrange pour ne pas avoir de château. Sauf s'il est dans la famille depuis Louis XV ! »

Cette affaire n'est rien en comparaison d'une autre, révélée trente ans plus tard, par le même *Canard enchaîné*[1]. En 1978, Jacques Chirac, alors trésorier de la Fondation Claude Pompidou, obtient qu'elle achète à prix d'or une parcelle de cinq hectares, proche du château de Bity. Elle était à vendre et il était question d'y construire une micro-centrale électrique, pour profiter d'une petite chute d'eau, et puis aussi un centre de colonie de vacances pour des enfants de la Seine-Saint-Denis. Pensez ! Ça aurait troublé la tranquillité des Chirac qui, au demeurant, ne viennent pas souvent à Sarran. Mais bon, ils ne supportent pas l'idée que le chemin de terre qui mène à leur propriété soit emprunté par d'autres qu'eux ou leur personnel de maison.

Il n'y avait aucune raison que la Fondation Claude Pompidou « pour les personnes âgées et handicapées » acquière ce terrain qui, depuis, est resté en friches. D'autant que le prix était très au-dessus de ses moyens et qu'elle semblait condamnée à emprunter pour régler la transaction. Au conseil d'administration qui a entériné la décision, Jacques Chirac a évoqué, pour faire passer la pilule, un « don » qui

---

1. Le 1er août 2001.

assurerait « entièrement » le financement, et qui, bien sûr, ne viendra jamais. Il a prétendu, de surcroît, que son achat pourrait être « utilisé ultérieurement pour l'implantation d'un centre de vacances pour personnes âgées ». Il va de soi qu'aucune étude n'a été lancée par la suite.

Mais le pire n'est pas là. Après cette petite truanderie, le pire est dans le mélange des genres qui a conduit Jacques Chirac à faire payer la transaction par la ville de Paris. Le 17 mars 1978, la vente du terrain était signée devant notaire. Deux semaines plus tard, le 31 mars, le conseil de Paris allouait une confortable subvention à la Fondation Claude-Pompidou, une subvention qui augmenterait encore à partir de 1980. C'était certes moins visible et plus habile que de faire acheter directement les cinq hectares par la mairie de la capitale. Mais le résultat est le même. Légal, sans doute. Pas moral, c'est l'évidence.

La carrière politique de Chirac est émaillée d'embrouilles de ce genre. « Je ne suis pas un homme d'argent », a-t-il protesté un jour[1]. Soit. Mais il sait en faire avec celui des autres. À force de vivre et de travailler sous les lambris des palais de la République, tous ses privilèges lui ont paru naturels et, si nécessaire, il s'en arroge d'autres. Il n'a cessé de trichoter, comme n'importe quel notable de province, en prenant toutefois soin de ne jamais sortir des clous de la légalité.

L'exemple du pavillon de la rue du Bac symbolise tout à fait cet état d'esprit. C'est un rez-de-chaussée de rêve blotti au fond d'une cour. 189 mètres carrés avec un jardin privatif de 500 mètres carrées que les Chirac louent depuis 1977 pour une somme qui, en 1995, s'élève à 11 000 francs par mois. L'une des meilleures affaires de la capitale. À l'origine de ce miracle : une société immobilière, apparemment créée pour l'occasion, la SFIR, qui a acheté, en 1989, cet appartement désormais habité par

---

1. Le 14 décembre 2000, sur TF1.

Claude Chirac. Il se trouve, par un pur hasard, que la SFIR est une filiale de la SGIM, société détenue à 39,6 % par la ville de Paris et qui, jusqu'alors, ne possédait pas de logement en propre. Là encore, Jacques Chirac a confondu l'argent public et le sien.

Que l'affaire soit opportunément sortie pendant la campagne présidentielle de 1995, que Jacques Chirac ait soupçonné Nicolas Sarkozy, qui fut un familier des lieux, d'avoir vendu la mèche, tout cela ne change rien au constat qui s'impose : si ce n'est pas de la prise illégale d'intérêt, c'est au moins de l'abus de pouvoir. En somme, une faute. Ce sont là des mœurs de république bananière.

Depuis longtemps, une littérature de gare décrit Jacques Chirac comme un grand corrompu. Un spécialiste de l'extorsion de fonds qui n'aurait passé son temps qu'à ramasser de l'argent pour se constituer, comme Talleyrand à son couchant, une « immense fortune ».

De Mitterrand, la même littérature prétendait la même chose, avec aussi peu de preuves. On sait ce qui est arrivé ensuite. Le fils aîné de l'ancien président a fini à la ramasse, en faillite personnelle, tandis que Danielle, sa veuve officielle, en était réduite à vendre le mobilier familial pour assurer ses fins de mois. Feu son mari ne leur avait laissé aucun des châteaux ni des comptes en banque suisse qu'une certaine presse lui prêtait.

Ce sera la même chose pour Chirac. Tout l'argent qu'il a fait engranger, il l'a toujours remis aussitôt dans le circuit, pour les affiches, les obligés ou les campagnes électorales. Les poches de la veste pleines de liasses de fonds secrets, il est juste un politicien d'autrefois qui, comme Mitterrand, vit sur la bête et pour qui la fin justifie toujours les moyens. Un « parrain » de la République.

46

La boîte de Pandore

« Le scandale du monde est ce qui fait l'offense
Et ce n'est pas pécher que pécher en silence. »
Molière

Chirac n'avait pas vu le coup venir. Le 4 août 1994, quand Francis Poullain, P-DG de la SAR (Société d'application et de revêtements), a été écroué, il ne s'est pas tout de suite mis martel en tête. Poullain est un patron chiraquien qui, dix jours plus tôt, avait invité le tout-RPR pour son mariage qu'il fêtait au restaurant du Pré Catelan, dans le bois de Boulogne. Le maire de Paris, qui ne supporte pas les mondanités, avait délégué aux festivités sa préposée à la bonne société, Bernadette en personne. Il devait bien ça à ce bienfaiteur du parti, un ancien garde du corps d'André Malraux reconverti dans la rénovation d'immeubles.

Il faut quelques jours pour que les langues se délient. D'abord, c'est une petite rumeur qui court dans les vapeurs de l'été, puis elle monte et enfle en rongeant d'inquiétude tout l'appareil RPR. Le 14 septembre, *Le Canard enchaîné*, encore lui, révèle ce nouveau scandale avec ce sous-titre prophétique : « Les clans Chirac et Balladur s'affolent à l'idée de se voir dans le même pétrin que le PS dans l'affaire Urba. » En quelques mots, tout est dit : la droite vient de se tirer une balle dans le pied, comme la gauche, cinq ans plus tôt.

À l'époque, François Mitterrand avait décidé d'abattre Michel Pezet, l'un des espoirs du PS qui venait de prendre le contrôle de la fédération des Bouches-du-Rhône, l'une des plus importantes du parti. Cet avocat subtil et cultivé avait toutes les qualités. Sauf qu'il était rocardien. Un crime, sous Mitterrand. D'autant qu'il était capable, avec son abattage et sa force de conviction, d'ouvrir à Michel Rocard, alors Premier ministre, les portes de la direction.

Pierre Joxe, ministre de l'Intérieur et, à l'occasion, exécuteur des basses œuvres mitterrandiennes, se chargea de « coller » une affaire à Michel Pezet. C'était facile. L'honnêteté personnelle du député des Bouches-du-Rhône ne faisait aucun doute. Mais pour le financement du parti, il n'avait jamais mégoté. Son nom fut donc cité dans l'affaire de fausses factures de l'entreprise de travaux publics de la SORMAE. À partir de là, tout s'enchaîna. Pour liquider un rocardien, Pierre Joxe avait donné à la justice un fil qui lui permit de remonter très haut, jusqu'à la direction du PS, et de mettre au jour, à travers l'affaire Urba, le système de rançonnement mis en place par le parti pour les marchés publics, afin de financer sa campagne.

Sitôt après son inculpation, Michel Pezet avait prévenu Pierre Joxe : « Si tu crois que ça va s'arrêter au petit père Pezet, tu te trompes. Tu viens d'ouvrir la boîte de Pandore. » De la même façon, le gouvernement Balladur vient aussi d'ouvrir la boîte de Pandore.

Après Francis Poullain, le rançonné, c'est au tour de Jean-Claude Méry, le rançonneur, de tomber. Un personnage vantard et fantasque qui a siégé plusieurs années au comité central du RPR. La caricature de l'entremetteur, expert en commissions, ronds de jambes et promesses de Gascon. Avec ça, un culot d'enfer. Il dirige plus d'une quinzaine de sociétés immobilières et financières, à Paris et en province. Sans parler des bureaux d'études qui lui permettent de facturer plus aisément des prestations fictives.

C'est l'homme par qui il faut passer pour obtenir les marchés de l'office HLM de Paris. Il suffit d'être compréhensif en payant son dû et il vous ouvre toutes les portes. Il a ses entrées là-bas. Il les a aussi à l'Hôtel de Ville. Il lui est souvent arrivé de croiser Jacques Chirac qui a été bien mal inspiré de publier un communiqué, sitôt son incarcération, pour affirmer, contre toute évidence, que l'homme d'affaires n'avait « jamais été un proche de Jacques Chirac » qui, au demeurant, « ne connaît pas Jean-Claude Méry ».

Il est vrai qu'Alain Juppé, jugeant le personnage trop sulfureux, l'avait mis sur la touche dès 1992. Alors secrétaire général du RPR et adjoint aux Finances à la mairie de Paris, il l'a même déclaré *persona non grata*. Trop tard. L'homme d'affaires a laissé partout ses traces de doigts et le juge Halphen, en charge de l'instruction, n'aura aucun mal à remonter jusqu'à l'entourage de Jacques Chirac. Et, d'abord, jusqu'à Michel Roussin, son ancien directeur de cabinet devenu le ministre de la Coopération d'Édouard Balladur. Sans parler de Didier Schuller, ancien directeur de l'office HLM de Hauts-de-Seine, un proche de Charles Pasqua et d'Édouard Balladur.

C'est tout le RPR qui est menacé par cette affaire. Dieu le père, ses apôtres et ses Judas. La maison mère, les succursales et les canaux de dérivation.

Chirac, d'entrée de jeu, accuse Sarkozy. Avant l'élection présidentielle de 1995, il voit la main du ministre du Budget d'Édouard Balladur derrière toutes les « affaires » qui tombent sur lui, à un rythme soutenu, comme les obus à la bataille de Gravelotte. À cette époque, l'auteur l'a souvent entendu tenir des propos du genre :

« Il a dépassé la ligne jaune, Sarkozy. Je ne suis pas un type rancunier. Je lui avais déjà pardonné de m'avoir manqué et même trahi. Mais là, il en fait trop. Il prend tellement d'excitants, vous savez. Il perd ses nerfs. Il me cherche des poux dans la tête, lance le fisc à mes trousses et arrose les journaux de dossiers contre moi[1]. »

C'était dit sous le coup de la colère et Sarkozy, depuis, n'a cessé de clamer sa bonne foi : « Ce n'est pas ma conception de la politique et puis, au départ, ça semblait être une petite affaire de rien du tout. Comment pouvait-on savoir tout ce qu'il y avait derrière ? En plus de ça, si on avait monté tout ça, les chiraquiens l'auraient établi et ne se seraient pas gênés pour me demander des comptes[2]. »

Dans le cas de l'affaire des HLM de Paris, c'est cependant du ministère du Budget qu'est venu le coup. Quand, après avoir enquêté deux ans sur la SAR, les agents du fisc ont rendu leur rapport, Sarkozy et son cabinet avaient le choix entre deux solutions. Ou bien négocier un arrangement à l'amiable avec le groupe Poullain. Ou bien saisir le parquet qui, alors, ouvrait une information judiciaire. Ils ont opté pour la seconde voie.

Sans doute peuvent-ils arguer qu'ils n'ont pas lancé eux-mêmes l'enquête, autorisée par Michel Charasse, le prédécesseur de Nicolas Sarkozy au ministère du Budget. Sans doute sont-ils en droit d'ajouter que la voie de l'information judiciaire était inéluctable, vu ce que le fisc avait découvert dans les comptes de la SAR.

Mais le mal est fait. Jacques Chirac considère que Nicolas Sarkozy est au moins à l'origine d'une « affaire », celle qui, avec quelques autres scandales, lui pourrira son premier septennat. Il note aussi que sous Méhaignerie, le garde des Sceaux, et Balladur, le juge Halphen a obtenu une vingtaine de réquisitoires supplétifs. De là à imaginer un complot qui portait la marque de l'ami Édouard, il n'y a qu'un pas, vite franchi, et qui explique en partie la suite.

On n'est jamais trop prudent. Jacques Chirac a toujours

---

1. Entretien avec l'auteur, le 31 mars 1995.
2. Entretien avec l'auteur, le 4 octobre 2005.

géré de loin le financement occulte du RPR. Il a mêmement suivi à distance le déroulement des batailles judiciaires entre les juges et les siens. Quand son ancien directeur de cabinet Michel Roussin vient le voir, après avoir démissionné du gouvernement Balladur pour cause de mise en examen, il est surpris par sa méconnaissance des dossiers.

« Méfiez-vous, dit-il au chef de l'État. Après cette affaire, vous aurez le scandale des marchés truqués des lycées d'Ile-de-France. »

Sur quoi, Chirac ouvre de grands yeux : « Mais qu'est-ce que c'est que cette histoire ? »

Il ne joue pas la comédie, pour une fois. En la matière, il a toujours voulu ne pas le savoir, avant comme après. Il suit avec soin la politique de l'autruche et se gardera donc d'avoir, dans l'avenir, des relations trop fréquentes avec Michel Roussin.

Il considère de surcroît que son ancien directeur de cabinet lui a manqué. Quelques semaines avant sa démission du gouvernement Balladur, il avait convoqué Michel Roussin pour lui demander de se prononcer publiquement en sa faveur à l'élection présidentielle. Devant le refus du ministre de la Coopération, Chirac s'était emporté : « Vous n'avez jamais eu de colonne vertébrale. Sortez ! »

Roussin est un déçu du chiraquisme. Docteur ès lettres et diplômé de l'École nationale des langues orientales, cet officier de gendarmerie à l'œil malicieux fut directeur de cabinet d'Alexandre de Marenches, chef mythique des services secrets français pendant les années Giscard. Il ne se sentait pas traité à sa juste valeur par Jacques Chirac qui, à l'Hôtel de Ville, en avait fait un mélange de majordome, de chargé de mission et d'homme de confiance qui, entre deux dossiers, devait, à l'en croire, faire pisser le chien ou chercher des médicaments pour Claude. Il ne se sentira pas mieux traité, ensuite, quand il fera face aux juges sans jamais desserrer les dents, avec cette loyauté jubilatoire qui, chez lui, va de pair avec un sens de l'honneur peu commun.

Pour Chirac, la loyauté n'engage que ceux qui en font preuve. Il ne lui donne donc pas un signe de vie et le fait recevoir par sa femme. Avec son avocat, Pierre Haïk, il aura, à la demande de la première dame de France, plusieurs réunions de deux ou trois heures où, consciente des dangers encourus, elle tentera d'aller au fond des dossiers. À travers Roussin, n'est-ce pas Chirac que les juges veulent atteindre ?

Dans les moments difficiles, c'est toujours Bernadette Chirac et elle seule qui appelle pour prendre des nouvelles ou redire son soutien. Sur le répondeur de Roussin, elle laisse souvent des messages, du genre : « Ici Bernadette C. J'espère que tout va bien. »

Quand Michel Roussin est mis en examen, avec Alain Juppé, dans l'affaire des emplois fictifs de la ville de Paris, Jacques Chirac le convoque mais son directeur de cabinet lui demande d'entrer par la Lanterne, c'est-à-dire de passer par le parc. Blessé, Roussin dira au président :

« Désormais, je rentrerai par la grande porte ou je ne viendrai plus. »

Alors, Chirac : « Désolé. Ça ne se reproduira plus. C'était un malentendu. »

On a peine à croire que soit un malentendu l'étrange coup de téléphone que passe Dominique de Villepin, en charge des « affaires » à l'Élysée, à Michel Roussin, une quinzaine de jours avant son incarcération dans l'affaire des emplois fictifs :

« Il faut que tu voies d'urgence notre ami commun, le tout-petit. Il va t'appeler dans un instant. Il a quelque chose d'important à te dire. »

Michel Roussin comprend tout de suite. Le « tout-petit », c'est l'avocat Francis Szpiner qui mène, avec Dominique de Villepin, la stratégie de l'Élysée concernant les « affaires ». Rendez-vous est pris avec lui près de la fontaine Saint-Sulpice, comme dans un roman de John Le Carré.

« Il faut que tu partes tout de suite, dit Szpiner à Roussin. Sinon, tu vas finir en prison. On s'est occupé de tout. Il y a un avion qui part pour Casablanca à 23 h 50. Tu connais des gens au Maroc. Après, tu te débrouilleras. »

Roussin refuse la proposition sans hésiter. Il est choqué qu'on la lui fasse. On ne lui enlèvera pas de la tête que l'Élysée a voulu le piéger : sans doute redoutait-on en haut lieu qu'il ne supporte pas la prison et finisse par parler. C'était mal le connaître. Mais Chirac et Villepin ne connaissent pas les leurs dès lors qu'ils sont dans la tourmente.

47

« L'homme qui ne s'aimait pas »

> « Il y a des moments où tout réussit.
> Il ne faut pas s'effrayer. Ça passe. »
> Jules Renard

Il a maigri d'une dizaine de kilos. Très vite, en quelques semaines. C'est sans doute pourquoi son regard est si souvent nimbé de tristesse et son sourire, un peu cassé. Avant la campagne présidentielle, il s'est mis au régime pour retrouver son éclat d'antan. N'était cette mélancolie qui l'imprègne, ce serait tout à fait réussi. Mais elle lui donne un charme nouveau.

L'âge est venu et son exubérance s'en est allée. Il est désormais capable de rester en place sans taper tout le temps du pied. Il prétend même avoir abandonné depuis longtemps les plaisirs de la chair et paraphrase volontiers Alfred Capus qui disait : « Vieux, moi ? Je peux encore faire l'amour deux fois de suite. Une fois l'hiver, une fois l'été. »

S'est-il enfin trouvé ? Encore faudrait-il qu'il se fût cherché. Il a toujours donné le sentiment de ne pas s'intéresser à lui-même. Éric Zemmour, journaliste au *Figaro* et auteur d'un livre excellent mais féroce qui connaît alors un grand succès, a trouvé, pour son titre, la formule qui, sans doute, le résume le mieux : *L'homme qui ne s'aimait pas*[1].

---

1. *L'homme qui ne s'aimait pas*, Balland, 2002.

Voilà sans doute pourquoi il est encore aimé par beaucoup de Français au terme d'un septennat raté, avant d'engager ce qui semble, de l'avis à peu près général, son combat de trop. Cet homme incarne un curieux mélange d'égotisme, de lucidité et d'auto-dénigrement. Il ne cultive pas la haine de soi, non, mais il est convaincu de n'avoir pas été à la hauteur. Sa présidence ne l'a pas décomplexé. Au contraire, elle l'a blessé. S'il a décidé de se représenter, c'est justement pour se laver de ses défaites et de ses affronts, notamment des échecs du gouvernement Juppé et de la dissolution.

En somme, il est dans une position qui ressemble à celle de la campagne de 1995. Mais en pire. Comme Balladur à l'époque. Jospin est la coqueluche des sondages et des médias. À la différence de son ex-ami de trente ans, le Premier ministre a toutefois du coffre, de l'expérience et une bonne connaissance du jeu politique. Il est le grand favori de l'élection présidentielle. Pour preuve, il ne se déplace plus sans une cour de journalistes enamourés qui, comme au temps de Louis XIV, font la roue autour de lui.

L'*homo politicus* en général et Jacques Chirac en particulier refont toujours ce qui leur a réussi une fois. Comme pour l'élection précédente, il prend tout le monde, y compris les siens, par surprise, quand il annonce sa candidature en Avignon, le 11 février 2002, au hasard d'un déplacement consacré aux initiatives et créations d'entreprise.

« En politique, dira quelques jours plus tard Chirac à l'auteur, on a souvent l'avantage quand on agit par surprise. Mais pour ça, il faut savoir cultiver le secret. Je crois beaucoup au secret. Ça peut être un atout considérable dans notre monde hypermédiatisé qui a l'obsession de la transparence. Quand j'ai reçu l'invitation de la maire d'Avignon pour une réunion de chefs d'entreprise, je me suis tout de suite dit que c'était ça, la bonne idée. Je voulais me déclarer en province et, en plus, j'ai toujours eu beaucoup d'amitié pour Marie-José Roig, un petit bout de femme qui a la passion de sa ville, le modèle de l'élue désintéressée : ça me réjouissait d'avance de lui faire ce plaisir. J'ai gardé mon petit projet dans un coin de ma tête et, jusqu'au dernier moment, je n'ai rien dit à personne. Ni à Claude ni à Dominique [1]. J'avais trop peur qu'ils vendent la mèche. Vous savez, parfois, il suffit d'un petit sourire ou d'un air entendu pour qu'une rumeur parte. Sans compter que les gens ont parfois besoin de se rendre importants : Dominique aurait été capable d'expliquer, avant, qu'il avait tout imaginé lui-même ! »

L'annonce de sa candidature, sobre et sans mise en scène, est une réussite totale. Il y a notamment tout ce qu'il faut d'émotion dans sa voix rauque quand il répond à une question de Marie-José Roig, mise dans la confidence peu auparavant : « Oui, je suis candidat. » C'est le soir, sur TF1, face au journaliste Patrick Poivre d'Arvor, que les choses se gâtent.

« J'ai fait une bêtise d'aller sur TF1, dira plus tard Chirac [2]. J'étais fatigué. Déjà que je ne suis pas un animal de télévision. Je me suis laissé trimbaler. »

Patrick Poivre d'Arvor ne cherche pas à le mettre mal à l'aise. Il l'interroge simplement sur les sujets qui s'imposent. Les « affaires ». Son bilan. La dissolution de 1997. C'est un homme las et sans ressort qui lui donne la réplique en ânonnant des réponses toutes faites. Passe encore, quand il reprend ses tirades habituelles contre les socialistes : « Nous sommes dans un pays où toutes les décisions, même les plus modestes, sont prises dans un bureau parisien, en fonction d'une idéologie. » Ou quand il s'auto-célèbre : « Personne ne conteste que j'ai donné à la France une image forte dans le monde. »

Ce qui frappe, c'est la pauvreté de son discours dès lors qu'il parle de ses motivations : « Ce qui me guide, c'est la

1. Claude Chirac et Dominique de Villepin.
2. Entretien avec l'auteur, le 29 novembre 2002.

passion de la France. J'aime la France, j'aime les Français [...]. La passion, ça ne se décrète pas, ça se renforce avec l'expérience. Je ne suis pas, je ne suis plus un homme de parti. Je veux être non pas le candidat d'une idéologie, non pas de la nostalgie, mais de la passion. »

Après le parler faux, voici le parler creux. En plus, il donne le sentiment de ne même pas y croire. À quelques semaines du scrutin, il n'a apparemment pas encore trouvé la botte secrète. Ni même les deux ou trois formules choc qui mobiliseront les foules. « J'ai une chance sur deux, dit-il à l'auteur. Non, moins que ça. Ce sera dur, très dur. J'ai beaucoup de monde contre moi. Les médias, la justice, l'establishment. Je n'arriverai à renverser la tendance que si je trouve le truc qui déclenchera tout. Le déclic. »

En attendant, le candidat patine et Antoine Rufenacht, son directeur de campagne, s'inquiète. Désigné à ce poste parce que, selon le président sortant, il est « unanimement respecté », le député-maire du Havre n'est pas du genre à mâcher ses mots : « Chirac avait beaucoup de mal à quitter ses parapheurs pour se jeter à l'eau et entrer en campagne. Quand je lui disais : "Faut que tu bouges", il était très réticent. Il fallait toujours le violenter. »

Vision opposée à celle de Villepin qui assure que tout était programmé : « La chance de Chirac, c'était de vivre hors du système. Il se considérait comme prédestiné. Il savait où il allait. »

Réécriture de l'histoire ? Mis à part Villepin, tout le monde l'a vu tâtonner ou patauger pendant plusieurs jours. L'horizon commence à s'éclaircir après son premier déplacement de candidat, à Garges-les-Gonesse, dans le Val-d'Oise, le 19 février 2002. Il est venu tester là son nouveau discours sécuritaire, avec des propos du genre : « Plus personne n'est à l'abri [...]. À la violence d'appropriation qui ne cesse de s'étendre, s'ajoute la violence d'agression, sans bornes, dont le but est de terroriser, de blesser, d'humilier ou de détruire. » Ou encore : « Le sentiment d'insécurité qui se propage finit par imprimer sa marque à toute la vie en société. Et, bientôt, c'est la crainte de l'autre qui en vient à chasser le besoin de l'autre. »

Comme le remarque Gilles Bresson qui est venu écouter pour *Libération*[1] son premier discours de campagne, lu au prompteur, devant un public trié sur le volet, Jacques Chirac, fine mouche, « s'est refusé à hausser le ton pour éviter de tomber dans le tout-sécuritaire et de se droitiser ». Ainsi déclare-t-il que, pour répondre à l'insécurité, « il faudra une volonté politique » et « une autorité sans faiblesse mais aussi beaucoup d'humanité et de force d'âme ». Tout est dit : l'apôtre de l'« impunité zéro » n'oublie jamais la prévention, qu'on se le dise.

Sitôt plantées, ses premières graines ont commencé à germer. Il le sent au retentissement de ses propos parmi les siens et dans l'opinion. A-t-il déjà trouvé le « truc » ? Le 4 mars, il remet ça au Val-Fourré, un quartier réputé difficile de Mantes-la-Jolie, dans les Yvelines. « On a laissé s'effacer les repères, les règles, les références », dénonce-t-il avant cette péroraison : « Depuis "il est interdit d'interdire" jusqu'à "c'est la société qui est violente", on a imprimé dans l'esprit des gens que c'était comme ça et qu'on n'y pouvait pas grand-chose. C'est ça qui doit changer. Il n'y a pas de fatalité à ce que les gens soient agressés. »

Qu'importe si, au moment où il rejoint sa voiture pour retourner à Paris, des gamins s'écrient : « Supermenteur ! » Ou bien : « Chirac, voleur ! » Qu'importe s'il reçoit des crachats sur son grand manteau bleu marine. En dénonçant la « culture du laxisme et de la permissivité », il a marqué ses premiers points contre Jospin qui, un an plus tôt, déclarait benoîtement, comme s'il exonérait les délinquants : « C'est la société qui est violente. »

---

1. *Libération*, le 20 février 2002.

Jospin n'a pas pris la mesure du mécontentement qui monte dans le pays, contre sa politique de sécurité. Au lieu de ça, le Premier ministre s'arc-boute sur son bilan, pas particulièrement flambant en la matière. Après avoir baissé de 11,5 % sous Juppé, l'insécurité n'a-t-elle pas augmenté de 16 % pendant les trois premières années du gouvernement et de la « gauche plurielle » ? Sur cette question comme sur d'autres, il semble frappé du syndrome du sortant qui, enfermé sous ses lambris, nie tous les problèmes en célébrant son glorieux passé.

La sécurité permet aussi au président de ressusciter le clivage droite-gauche. Sur le reste, il ne parvient pas à accuser la différence avec le Premier ministre. Au point qu'un sondage Louis Harris-AOL pour *Libération*[1] a révélé que, pour 74 % des Français, Chirac et Jospin, c'est, pour reprendre une vieille formule communiste, « bonnet blanc et blanc bonnet ».

Certes, Lionel Jospin suit, sur le plan social, une ligne à gauche toute : des 35 heures à la loi de modernisation sociale qui freine les procédures de licenciement, il a même fait très fort. Mais dans le domaine économique, il apparaît aussi libéral qu'Alain Juppé. Il a même privatisé davantage que lui.

Quant à Jacques Chirac, il s'en tient, sur la plupart des sujets, au brouet radical-socialiste qui a fait sa fortune électorale pendant la campagne de 1995. Les siens ont tôt fait d'accuser sa fille Claude de le tirer à gauche par snobisme. À tort. C'est la pente du président et il ne craint plus, désormais, de se montrer à visage découvert.

N'était la politique de sécurité, Chirac peinerait à trouver des angles d'attaque contre Jospin. Son discours économique, notamment, n'accroche pas. Les Français ont compris qu'avec lui, les promesses n'engagent jamais que ceux qui les reçoivent.

---

1. *Libération*, le 25 février 2002.

Toujours aussi prompt à donner sa parole qu'à la reprendre ensuite, le président annonce ainsi un assouplissement des 35 heures, un « Grenelle des simplifications administratives » et une baisse de 33 % de l'impôt sur le revenu en cinq ans. En matière de promesses, rien n'arrête jamais « Monsieur toujours plus ». Il est vrai que Jospin n'est pas en reste, qui, dans cette campagne, a gagné le prix du slogan le plus démagogique : « Zéro SDF. »

Chirac ose tout, lui aussi. Avec un stupéfiant toupet, il n'hésite même pas à déclarer, alors que tant de magistrats aimeraient pouvoir frapper à sa porte : « Moi, je ne suis pas du tout contre l'idée qu'on modifie la Constitution et qu'on dise : "Le président de la République peut être entendu par un juge" [...]. Mais alors, qu'on le fasse sérieusement[1]. » Ce sera encore une nouvelle occasion de se dédire.

Même s'il fait tourner à plein régime la machine à faire des promesses, sa campagne tarde à prendre son envol. Il n'a plus l'allant de 1995. Ni même la foi. Sept ans plus tard, il se contente de lire d'une voix monotone des discours lisses sur le prompteur placé devant lui, qu'il ne quitte pas des yeux. Il est en pilotage automatique.

Si ses propos de campagne sont si mortels, c'est aussi parce qu'il ne laisse aucune place à l'improvisation. La préparation des discours est devenue, pour son état-major, une épreuve plus redoutable que jamais. « C'est inouï, le temps qu'on a pu y passer, se souvient Antoine Rufenacht, le patron du staff. Il avait un canevas qu'il corrigeait mot après mot et appelait sans arrêt sa secrétaire qui retapait les paragraphes au fur et à mesure. Parfois, on passait un quart d'heure sur un adjectif. »

Tout Chirac est là, dans ce mélange de perfectionnisme masochiste et d'anxiété vétilleuse qui l'amène à tout polir et polisser. S'il parle en candidat de la droite réunifiée, il

1. Entretien accordé à neuf lecteurs sélectionnés par quatre quotidiens du sud de la France. le 14 mars 2002.

penche, si l'on ose dire, au centre. D'autant que François Bayrou, le candidat de l'UDF qui a refusé de rejoindre le giron du parti unique en cours de formation (l'Union en mouvement), mène une bonne campagne.

Au fil des réunions publiques, Chirac reprend toutefois vie et confiance en lui-même. C'est ainsi que, le 3 avril, lors de son meeting de Bordeaux, le fief d'Alain Juppé, Raphaëlle Bacqué, l'envoyée spéciale du *Monde* [1], l'a vu « réagir à la salle, malgré la présence d'un prompteur, lever les bras, bouger les mains et sortir, en somme, de cette allure figée de chef d'État qui lit son discours ». Le titre de son article est prophétique : « Jacques Chirac retrouve les accents de sa campagne victorieuse de 1995. »

---

1. *Le Monde*, le 5 avril 2002.

48

La vraie nature de Bernadette

> « La maison n'est pas fondée sur le sol,
> mais sur la femme. »
> Proverbe albanais

À peine nommé à la tête de l'état-major de campagne du président, Antoine Rufenacht annonce à qui veut l'entendre qu'il souhaite mettre en avant Bernadette, « carte maîtresse » de Jacques Chirac. Souvent, son idée jette un froid. Surtout à l'Élysée. Est-il sûr que le chef de l'État le souhaite lui-même ? On peut en douter. Mais le candidat se fait violence. À en juger par les sondages qui donnent tous Lionel Jospin vainqueur, il n'a pas le choix. Il faut tout essayer.

Bernadette est désormais *persona grata*. Ce sera la revanche de la présidente. Depuis un an déjà, elle est sortie du placard en publiant *Conversation*[1], un livre d'entretiens avec Patrick de Carolis, qui s'est vendu à plus de 300 000 exemplaires. Il est vrai que les lecteurs en ont eu pour leur argent. Ils ont découvert une femme rosse, crue et batailleuse, à rebours de l'image compassée qu'elle peut donner sur les photos officielles. Elle ne cache rien, même pas les frasques de son époux.

---

1. *Conversation*, Plon, 2001.

En 1998, après qu'eut couru dans le Tout-État la rumeur d'une liaison entre son mari et l'actrice Claudia Cardinale, elle dit aux journalistes et photographes qui l'accompagnent pendant une tournée électorale en Corrèze : « Pourquoi toute cette presse ? Je ne suis pas Claudia Cardinale ! »

Avec le temps, elle s'est fait une raison. Jacques Chirac, rapporte-t-elle dans son livre, « avait un succès formidable. Bel homme, et puis très enjôleur, très gai. Alors, les filles, ça galopait ». Elle reconnaît qu'elle fut « très » jalouse : « Il y avait de quoi, écoutez ! La chance de mon mari, c'est que j'ai été une fille très raisonnable, je crois. » Elle avoue même, à demi-mots, avoir « hésité » à le quitter. Mais bon, si elle a tenu, c'est parce qu'elle avait « une bonne dose de volonté, de ténacité et de persévérance ».

Sans doute lui aussi a-t-il « hésité » à la quitter. Souvent, très souvent, il est rentré à plus d'heure, chargé de parfums qui n'étaient pas les siens. Quand il ne s'est pas fait la malle en fin de semaine, sous des prétextes variés. Ou quand il n'a pas profité d'un sommet européen pour passer la soirée avec Silvio Berlusconi, en galante compagnie. N'empêche qu'il n'a jamais fugué longtemps. Sauf une fois quand il était à Matignon et qu'il avait pris un appartement avec une journaliste dont il fut éperdument amoureux. Jusqu'à ce qu'il rompe, à sa façon, du jour au lendemain, avec une brutalité inouïe.

Écoutons Bernadette Chirac : « Mon père m'avait dit : "Vous êtes son point fixe." La suite lui a donné raison. Mon mari est toujours revenu au point fixe. De toute façon, je l'ai plusieurs fois mis en garde : le jour où Napoléon a abandonné Joséphine, il a tout perdu. »

Jacques Chirac confirme volontiers la thèse du « point fixe » : « Nous autres les hommes, nous sommes comme les Cro-magnon de la préhistoire, confie-t-il un jour à l'auteur[1]. Toujours à chasser et à courir la gueuse. Mais à la

---

1. Entretien avec l'auteur, le 4 août 1995.

fin des fins, il nous faut retourner dans notre grotte. Moi, j'ai besoin de cette grotte pour me retrouver. Sans elle, je serais malheureux comme les pierres. »

Il ne peut pas se passer de Bernadette. Enfin, au téléphone. Il l'appelle souvent. Cinq ou six fois par jour, parfois davantage. Quand il n'arrive pas à la joindre tout de suite, il demande de ses nouvelles à la secrétaire, au chauffeur ou à l'officier de police, avant de la faire chercher : où qu'elle soit, sa femme doit lui répondre.

Possessif, Jacques Chirac ? « C'est un fils unique, ironise son épouse[1]. Il n'est pas égoïste. Il est prêt à partager. Mais il faut toujours que les choses tournent autour de lui. » Pour preuve, quand il lui demande de l'accompagner à une réception ou dans un voyage impromptu, elle doit obtempérer toutes affaires cessantes. Même si elle a des engagements importants. Sinon, elle s'entendra dire : « Vous êtes la femme du chef de l'État et tout ce que je vous demande passe avant le reste. »

A priori, elle a tout de la femme-potiche. Elle est du dernier bien avec toutes les princesses et sous-baronnes de Paris. Elle est de la plupart des grandes soirées mondaines que son mari a toujours ostensiblement boudées. Elle n'hésite pas non plus à jouer, à l'occasion, les représentantes de commerce de LVMH dont elle arbore la plupart des marques, de la tête aux pieds, avec des airs de Reine d'un jour.

Mais ce n'est pas seulement une plante d'ornement. Elle parle beaucoup, sans afféterie, avec une sorte d'alacrité assassine. C'est pourquoi elle exaspère si souvent son mari qui, alors, la rudoie. Elle a tout entendu, y compris des accusations du genre : « Vous ratez tout et vous faites tout rater aux autres[2]. » Mais les colères de son mari ne durent

---

1. Entretien avec l'auteur, le 24 septembre 2003.
2. Cf. *Conversation*, Plon, 2001.

jamais longtemps. « Il tourne très vite la page, note-t-elle[1]. Un soir, il vous dit des choses épouvantables et puis le lendemain matin, il est gai comme un pinson, sautant de branche en branche. Alors, ça donne ce dialogue entre nous. Lui : "Vous n'avez pas l'air en forme, on dirait." Moi : "Après ce que j'ai entendu hier soir, c'est normal." Lui : "Mais je n'ai rien dit !" Moi : "Eh bien, retirez-le !" »

Bernadette Chirac raconte ça en riant. Il est vrai qu'elle rit souvent, d'un rire un peu dur, parfois même méchant. Elle a subi trop d'avanies. Depuis des années, elle a eu à supporter, souvent seule, la tragédie de l'anorexie de Laurence. Pour la plupart des questions, elle n'a cessé de prendre sur elle, sans jamais laisser échapper une plainte ni une larme, se souvenant toujours d'une des phrases favorites de sa mère, qu'elle aime citer : « Vous pleurerez un autre jour. » La vie ne l'a pas aimée. Et son mari ?

Jacques Chirac l'aime, il n'y a pas l'ombre d'un doute. Mais il ne supporte pas de l'avoir trop longtemps dans son champ de vision. Un jour d'été, à Brégançon, en 2005, elle a lâché, sur ce ton grinçant qu'elle affectionne, à l'intention de son époux : « Non, mais vous vous voyez, une fois sorti de l'Élysée, prendre tous les matins votre petit-déjeuner en tête-à-tête avec moi ? » C'est, à coup sûr, un avenir qu'il se refuse.

Un observateur extérieur, Jean-Pierre Elkabbach, les a surpris un jour en vacances à l'île Maurice. Des vacances à la Chirac. Transat et soleil. Lui, faisant des fiches sur le Japon, entre deux roupillons. Elle, lisant en cachette un livre de Marie-France Garaud sur l'Europe, qui reprenait le chemin du sac à main chaque fois qu'il se réveillait. « Ils étaient comme chien et chat, se souvient Elkabbach, mais il y avait une grande tendresse entre eux. Pour l'épater, elle avait décidé de faire un long parcours à la nage, entre deux lagons. "Mais ma pauvre amie, s'était-il exclamé, vous allez

---

1. Entretien avec l'auteur, le 24 septembre 2003.

couler comme un fer à repasser !" Avec son endurance, elle avait quand même fait l'aller et le retour. Hélas, il ne l'a pas vue revenir. Il ronflait. »

Il y a toujours entre eux un mélange de complicité et de rancœur. Ils s'insupportent mais ne peuvent se passer l'un de l'autre. En somme, un vieux couple. C'est toujours quand elle n'est pas là que Chirac l'aime le plus.

Elle le fascine aussi. Comme lui, Bernadette est une bête de terrain, toujours en action et à l'aise dans tous les milieux. Pas du genre à faire la pimbêche ou la renchérie. Quand elle a fini d'écumer les soirées chics du 16e arrondissement de Paris, elle patauge, en bottes, dans les cours de ferme de Haute-Corrèze. Élue et réélue conseillère générale du canton de Meymac depuis 1978, elle mène campagne, toute seule, dans une petite voiture rouge et obtient, à chaque scrutin, des scores qui impressionnent son mari. Tous ceux qui l'ont côtoyée, à la mairie de Paris puis au palais de l'Élysée, la voient de la même façon. Une dame de fer qui garde toujours les pieds sur terre. Le préfet Bernard Niquet, qui fut longtemps son plus proche collaborateur, n'hésite pas à dire : « Jamais, je ne l'ai surprise en train de flancher ou de défaillir. Jamais. » Elle sait faire semblant et sauver les apparences.

Comme elle ne se prend pas au sérieux, elle adore blaguer, pour détendre l'atmosphère. À cette époque, quand elle tourne en province, par exemple, elle dit souvent aux élus : « Mon collaborateur Bernard Niquet ferait un très bon candidat dans cette circonscription. D'ailleurs, il y pense. En plus de ça, il a des racines dans votre région. » Tête du notable local. De la même façon, elle a fait courir le bruit qu'elle envisage de se présenter à la mairie de Paris en 2001. Encore un canular. Même s'il n'y a pas seulement de l'ironie quand elle laisse tomber une de ses phrases rituelles, d'une voix faussement plaintive : « Et moi, pourquoi je n'ai rien eu ? »

Il lui a fallu tailler sa route. À la mairie de Paris, c'était tout naturellement la maîtresse de maison. À la fois hôtesse, dame d'œuvres et mouche du coche politique. Au palais de l'Élysée, elle a dû se faire elle-même une place. À la force du poignet. Rien n'était joué d'avance. Même si elle a su donner le change, elle s'est sentie humiliée et bafouée pendant ses premières années de présidente : en 1995, à l'aube du règne, tout avait été mis en place pour la marginaliser, avec l'accord plus ou moins tacite de Jacques Chirac.

Cette année-là, Mme Chirac, c'était Claude. La fille avait une position statutaire. Membre du cabinet présidentiel, donc rémunérée par l'Élysée, elle était l'un des trois piliers de l'équipe, avec Jacques Pilhan et Dominique de Villepin. Du petit personnel aux conseillers techniques, tout le monde se tournait vers elle. Pour la communication, bien sûr, mais aussi pour l'intendance.

L'arrivée de Jacques Chirac à l'Élysée se traduisit donc par une mise à l'écart de Bernadette. Il n'y en avait plus que pour Claude qui faisait la pluie et le beau temps. C'est ainsi que la fille décida, avec Pilhan et Villepin, que sa mère ne participerait pas au déjeuner du chef de l'État avec les jeunes, le 14 juillet 1995. Elle aurait fait tache. Trop vieille, trop cruche, trop ringarde. Jacques Pilhan avait été chargé de lui annoncer la nouvelle en termes galants : « Si vous y allez, comprenez-vous, ça fera papa, maman et les enfants. »

Elle en avait été mortifiée. Elle n'a cessé d'essuyer, ensuite, des offenses de ce genre. Il lui faudra des mois et des mois pour remonter la pente. Notamment contre Dominique de Villepin qu'elle exècre et affuble de sobriquets de toutes sortes : « Néron », le « Grand stratège », le « Monsieur assis dans son fauteuil Louis XV » ou encore le « Poète de mon mari ».

Lontemps elle s'est insurgée contre la place qu'avait prise Claude auprès de son mari. Elle la poussait à vivre une vie à elle. En Californie, par exemple, où sa fille prétendait avoir des projets, selon les jours, dans la publicité ou l'habillement. Mais Chirac n'imaginait pas la vie sans Claude. Il s'est rendu à elle.

Elle est revenue au premier rang grâce à un labeur acharné. « Fondamentalement, dit-elle à l'auteur[1], mon mari est un homme très positif et très optimiste qui pense toujours qu'il gagnera. Moi, je suis la porteuse de mauvaises nouvelles. Je sais que c'est assommant. Alors, je fais un tri. J'essaie de ne pas trop charger la barque. D'y aller par petites doses. Mais je lui dis tout, les loupés de ses amis, ses propres erreurs, les colères des gens du peuple. Je suis la voix de la base, de la France d'en bas. »

Ainsi est-elle redevenue une utilité pour Chirac. En labourant le pays et en lui rapportant tout ce qu'elle a entendu dans les provinces. « Il est si seul, ajoute-t-elle. Et ça ne s'arrange pas. Le pouvoir suprême isole affreusement. Il ne se partage pas, comprenez-vous. L'Élysée a tôt fait de se transformer en tour d'ivoire. C'est pourquoi mon mari a tellement besoin de gens comme moi, qui ne lui cachent pas la vérité. En plus de ça, je sais comment le prendre. Si on a des choses désagréables à lui dire, il faut toujours lui parler le matin. Jamais le soir, où il n'entend rien. »

La campagne présidentielle de 2002 aura été son apothéose. « J'ai circulé un maximum, dit-elle fièrement. Et j'ai écouté, parce que je suis une modeste femme de terrain. J'ai entendu le ras-le-bol des gens sur l'insécurité. Même des communistes m'ont dit qu'ils allaient voter Le Pen. Ils n'en pouvaient plus, que voulez-vous. Ils avaient le sentiment que ces questions ne pouvaient être traitées ni par la droite ni par la gauche. » Elle a donc pronostiqué un gros score pour le candidat du Front national. Elle a même dit à qui voulait l'entendre qu'il serait au second tour.

---

1. Entretien avec l'auteur, le 24 septembre 2003.

Moyennant quoi, le soir du premier tour sera une sorte de consécration pour Bernadette. En apprenant que Jean-Marie Le Pen devance Lionel Jospin qui, du coup, est éliminé pour le second tour, Jacques Chirac laisse tomber devant les siens : « Il n'y a qu'une seule personne qui avait prévu ça. C'est Bernadette. »

Alors, Bernadette : « Mais je ne le souhaitais pas, Jacques ! »

Les jours suivants, le président ne ratera jamais une occasion de saluer la perspicacité de son épouse. Désormais, elle n'est plus la dernière roue du carrosse. Elle est même davantage que la première dame de France. Une partenaire. Une sorte d'alter ego. Enfin, une femme, sa femme.

49

La stratégie de Louvois

« Amitié de cour, foi de renards, société de loups. »
Chamfort

Souvent, quand elle croise Dominique de Villepin dans les couloirs de l'Élysée ou dans le grand escalier qui mène au premier étage, Bernadette Chirac lui balance une vacherie. Elle tient le secrétaire général pour responsable de la dissolution de 1997. Des années après, elle ne le lui a toujours pas pardonné.

Pour elle, Villepin est le mauvais génie du chef de l'État. Sans doute lui en veut-elle d'avoir longtemps œuvré à sa marginalisation. Mais elle lui reproche, surtout, de se comporter en homme de cour, exagérant au lieu de les contredire les lubies ou les mauvais penchants de son mari.

À la cour comme à la mer, il faut sentir le vent. Villepin le sait. Certes, il n'a rien du courtisan mielleux et collant qui s'aplatit devant son prince. Il met les formes. Il est, en vérité, trop bravache pour se courber trop bas, du moins devant témoin. Mais il n'est jamais en retard d'une flatterie et donne du « Monsieur le président » bien sonore à chaque phrase ou presque.

Sa grande réussite est d'être parvenu, en sept ans, à faire le vide autour de lui, à l'Élysée. À la fin du septennat de

Chirac, plus une tête ne dépasse. Il est vrai qu'au début, il avait écarté toutes celles qui auraient pu lui faire de l'ombre. D'où la mésaventure qui est survenue à Jean-Eudes Rabut.

Un homme de confiance rayé, du jour au lendemain, de l'épopée chiraquienne. Né en 1954, il a d'abord travaillé à la préfecture de Paris avant d'entrer dans l'état-major de la mairie, en 1984, et de devenir chef de cabinet de Jacques Chirac, de 1986 à 1995. Quand tout le monde ou presque avait lâché le député de Corrèze en faveur d'Édouard Balladur, il tenait bon. S'il n'en était resté qu'un, ç'aurait pu être celui-là.

Sa proximité est si grande avec Chirac qu'il est seul avec lui dans les grandes occasions, comme l'annonce de la liste du gouvernement Balladur, en direct, à la télévision. Historiquement, c'est lui aussi qui a appris au maire de Paris, le 7 mai 1995, à 18 h 29, qu'il était élu président de la République. Il est de surcroît du dernier bien avec Bernadette, avec qui il déjeune de temps en temps. Elle n'a jamais cessé de lui tresser des lauriers.

Le lendemain de l'élection, Jean-Eudes Rabut demande à Jacques Chirac : « Comment fait-on ? » Alors, l'autre, un peu gêné : « Allez voir Villepin. »

Rabut va donc voir Villepin qui lui dit sans ambages : « On n'a pas besoin de vous à l'Élysée. »

Le chef de cabinet n'en croit pas ses oreilles. Après onze ans de bons et loyaux services, on ne peut pas le traiter comme ça, ce doit être une erreur. Il se précipite donc dans le bureau de Jacques Chirac pour lui faire le compte rendu de sa conversation avec Dominique de Villepin, le futur secrétaire général de l'Élysée.

Le président se défausse : « Je ne me mêle pas de la composition de l'équipe de l'Élysée. » Il lui a dit ça les yeux dans les yeux, comme chaque fois qu'il profère un gros mensonge. Pas d'autre explication. « Bien entendu, ajoute-t-il, je ne vous laisserai pas tomber. Réfléchissez à ce que vous avez envie de faire. »

Jean-Eudes Rabut ne sera même pas invité à la passation de pouvoir. Oublié, jeté, effacé. Tant il est vrai que le système chiraquien est sans pitié. Le chef de cabinet est si blessé qu'il ne laisse pas au président élu le soin de s'occuper de son reclassement. Il se trouvera lui-même un point de chute en appelant son ami Christian Blanc, président d'Air France, qui le nommera à la tête d'une de ses filiales. Après quoi, il mènera une belle carrière dans le privé.

Il n'est certes pas proscrit. Bernadette Chirac l'invite toujours à déjeuner et lui dit même une fois : « S'il n'avait tenu qu'à moi, vous seriez à la place qui vous revient dans cette maison qui est si mal tenue. » Quand il a le temps, ce qui n'est pas fréquent, le président lui-même reçoit son ancien collaborateur pour lui confirmer son affection. Un jour, il a même tancé Villepin qui, croisant Rabut dans la salle d'attente, l'avait traité d'un nom d'oiseau, sans doute pour lui couper l'envie de revenir à l'Élysée. « Je vous interdis de lui parler comme ça, avait dit le chef de l'État au secrétaire général. Jean-Eudes est un homme d'une honnêteté scrupuleuse qui mérite le respect et la considération. »

De la même façon, Dominique de Villepin est parvenu à régler son compte à Jean-Pierre Denis, secrétaire général adjoint à la présidence de 1995 à 1997. Un ancien de la mairie de Paris, lui aussi. Un inspecteur des Finances qui a le défaut d'avoir un gros carnet d'adresses, qu'il entretient avec soin. Il est notamment très proche de Jean-Marie Messier. Ancien conseiller technique d'Édouard Balladur, dont il est resté un fidèle, Messier s'est recyclé depuis dans la finance puis l'industrie. Mais il est devenu aussi l'une des bêtes noires du chef de l'État.

Villepin n'a pas supporté que Denis lui soit imposé comme bras droit. Après l'avoir accusé de tout ou presque, il finira par obtenir sa tête. Dès lors, il aura un cabinet à sa main : tous les collaborateurs de l'Élysée ont compris que le secrétaire général finit toujours par avoir gain de cause. Le chef de l'État n'a plus la force de lui résister.

Pour se donner un peu d'air, Jacques Chirac a fait entrer dans le staff présidentiel Jérôme Monod, qui a pris sa retraite de la présidence du conseil de surveillance de Suez-Lyonnaise des Eaux. Ce ne fut pas sans peine. Quand le chef de l'État lui a proposé de le rejoindre, Monod a laissé tomber : « Trouves-en un autre. Je suis trop vieux.

— J'ai besoin de quelqu'un qui s'occupe des politiques à l'Élysée. Je n'ai personne pour ça.

— Je ne connais que les grands-pères. Pas les types d'aujourd'hui.

— Ils te connaissent. Tu as réussi. Ils n'ont plus confiance, tu peux les ramener vers nous et les conduire à s'unir. Devant ses tribus, Gengis Khan disait que la flèche seule se brise. Il faut mettre toutes les flèches ensemble, l'une contre l'autre, pour en faire un bouclier. »

Depuis, Monod, l'anti-Villepin, s'est attelé à deux tâches : dénicher les nouveaux talents de la droite et créer son grand parti unique. Deux tâches qui, pour l'heure, laissent froid Villepin. Il a d'autres priorités.

Si Villepin a pris le contrôle du cerveau présidentiel, ce n'est pas seulement parce qu'il a su amadouer Claude, asphyxier l'entourage, éliminer les rivaux, promouvoir les nigauds, ou fermer la porte de l'Élysée aux nouveaux talents de la droite, qu'il couvre de sarcasmes. C'est, surtout, parce qu'il a su se rendre indispensable.

Pour ce faire, Villepin utilise une méthode vieille comme le monde qui, dans l'Histoire, a souvent réussi aux courtisans. Rien de plus transparent que son jeu : provoquer les crises ou les exagérer pour mieux les régler ensuite. C'est ainsi qu'il a pris le pouvoir. À l'Élysée et jusque dans le cortex du chef de l'État.

Il ne fait que dans le grandiose et la démesure. Il boit et mange comme quatre. Il prétend écrire tout seul, et sans l'aide du moindre « nègre », *Une Histoire de France* de plusieurs milliers de pages qui damera le pion à Tocqueville, Quinet, Michelet, Bainville et aux autres. Il parle de la France avec ce langage de charretier qu'on attribuait à de Gaulle : « La France a l'air à la ramasse. Mais observez-la de près. Elle a les jambes écartées. Elle attend désespérément qu'on la baise : ça fait trop longtemps que personne ne l'a honorée. » Il dit pis que pendre du malheureux député qui vient de quitter son bureau : « Comment faire confiance à un type qui a commencé comme conseiller général ? »

À la fin du premier septennat, Villepin ne sait toujours pas où il trouvera la gloire qui se fait tant attendre. Il se voit tour à tour, dans une même journée, scénariste à Hollywood, grand patron d'un groupe de presse, président de la République, essayiste à succès ou P-DG d'une société de ventes aux enchères, mais les années passent et il semble de plus en plus souvent rongé par un mélange d'aigreur et d'avidité forcenée. Cet homme est en guerre perpétuelle.

C'est Louvois ressuscité, avec le même mélange de « hardiesse » et de « présomption ». Louvois qui, à en croire Saint-Simon [1], « abattit tous les autres, sut mener le roi où et comment il voulut, et devint en effet le maître ». Louvois qui, un jour, se jeta à genoux devant Louis XIV en lui demandant de le tuer s'il ne faisait pas la guerre contre toute l'Europe. Villepin aussi a besoin d'être sans cesse en campagne. Contre les moulins à vent, contre ses rivaux en puissance et contre les ennemis du président qui, au crépuscule de son mandat, se déchaînent.

Il est ainsi devenu, auprès de Chirac, le chef du « cabinet noir », selon *Le Monde*. En fait, l'homme est en charge des « affaires ». Il a beaucoup de travail, sur ce plan. C'est pratiquement devenu un plein-temps. Il faut anticiper les coups, menacer les directeurs de journaux ou préparer les

---

1. « Terrible conduite de Louvois pour embarquer la guerre générale de 1688 », *Mémoires,* 1715, La Pléiade, tome V.

contre-feux. Il hurle et tonne comme l'officier qui défend son piton, avec un pathos où éclate cette virilité infantile qui est sa marque de fabrique et qui prête tant à sourire.

Le président observe de loin cette marée des « affaires » qui monte tous les jours davantage. Mais il sait gré à son secrétaire général de s'être emparé du dossier et de défendre sa cause avec une telle vigueur. C'est peut-être pourquoi il a mis son nom, avec celui de Raffarin, Sarkozy, Fillon et Douste-Blazy, dans la liste des « Premier-ministrables » qui trotte dans sa tête et qu'il donne parfois à ses visiteurs pour voir leurs réactions.

Le moins que l'on puisse dire est que Villepin ne fait pas un tabac.

50

Le vice et la vertu

« J'aime mieux un vice commode qu'une fatigante vertu. »
Molière

Chirac n'est plus Chirac. Tout au long de cette campagne, il y a quelque chose de cassé en lui. Dans la voix, sur le visage, jusque dans son maintien, un peu courbé, parfois. Même quand les sondages remontent, il imagine la perspective de la défaite et en parle volontiers, avec un mélange d'ironie et de tristesse : « Je ferai des voyages et cultiverai mes jardins secrets. J'irai faire des fouilles archéologiques en Chine, je remonterai le temps pour vivre dans ces civilisations disparues sur lesquelles nous marchons. »

Et les juges ? Il sourit et change de sujet. Il ne semble pas tracassé plus que ça par la perspective de les voir débouler à sa porte sitôt qu'il sera redevenu un citoyen ordinaire. Non, ce qui le chiffonne le plus, c'est cette détestation qu'il sent monter contre lui, dans le pays.

« Pourquoi tant de haine ? demande-t-il à haute voix, devant l'auteur, quelques jours après sa déclaration de candidature, en roulant de gros yeux étonnés. Les bras m'en tombent. Il y a certes l'usure du pouvoir. Je suis dans le paysage depuis si longtemps que les Français en ont soupé de moi, beaucoup ne peuvent plus me voir en peinture.

C'est un peu normal. Mais avez-vous vu tous ces livres, tous ces articles, toutes ces émissions qui me présentent comme un personnage maléfique, un affairiste de la pire espèce, une vieille crapule dépassée par les événements ? Je ne les lis pas, je ne les regarde pas, mais on me les résume. C'est du délire ! Que puis-je faire contre ça ? Rien. »

Un silence, puis : « Mais ce n'est que de la pluie, ça finira par glisser. »

En attendant, ça tombe dru. En 2002, l'anti-chiraquisme, primaire ou pas, est devenu l'idéologie dominante de l'édition et des médias. Les titres des livres donnent le ton : *Noir Chirac*, *Zéro politique*, *La Machine à trahir*... Quant à la presse, elle réserve au président le même traitement qu'à Mitterrand à son couchant.

La curée a commencé longtemps avant la campagne. Il a tout subi. Le persiflage et les ricanements habituels mais aussi des accusations terribles de concussion ou de corruption. Parmi tous les coups qu'il a reçus, l'un des moindres n'a pas été le reportage de Claudine Vernier-Palliez paru dans *Paris-Match*[1] sur ses fastueuses vacances dans l'un des plus beaux palaces du monde, le Royal Palm, fréquenté par la jet-set internationale.

Où est passé le président-citoyen qui, en 1995, prétendait en finir avec les dérives monarchiques ? Qu'est devenu celui qui déclarait lors du premier Conseil des ministres de son septennat que l'« exemple doit venir d'en haut » et que l'« État doit afficher sa modestie » en réduisant « son train de vie » ? Il passe des vacances à plus de 20 000 francs la nuit, tarif hors saison, dans un lieu fréquenté par le roi Carl Gustav et la reine Silvia de Suède, Boris Becker ou Catherine Deneuve.

Des vacances de nabab, décrites par le menu et avec une ironie corrosive par Claudine Vernier-Palliez qui fait parler

---

1. Le 10 août 2000.

tout le monde. La masseuse : « Le président n'est pas un angoissé. On voit qu'il a l'habitude de se faire masser. » Les marchands de la plage, aux pieds nus : « Le président est riche. Il a plein de gros billets de banque dans sa poche et sa femme ne marchande jamais. »

À la lecture de cet article, Jacques Chirac, alors au Royal Palm, pique une grosse colère dont les échos retentissent jusqu'au siège de *Paris-Match* qui lui présentera ses « excuses » pour avoir publié « en légende » des informations « inexactes » comme l'achat d'un tapis de soie qu'il n'aurait, en fait, jamais effectué. Mais bon, le mal est fait.

Un mois plus tard, nouvelle avanie, la presse fait état d'une rumeur qui court depuis le début de l'été, aux sommets de l'État. Le président a beaucoup grossi, ces temps-ci. De la tête, surtout. Il est désormais pourvu d'un double menton proéminent. Les pommettes et les paupières ont suivi le mouvement. N'était sa démarche encore assurée, on dirait Georges Pompidou à son couchant. C'est pourquoi les médecins interrogés par les gazettes [1] diagnostiquent tous un œdème facial, provoqué par un traitement prolongé à la cortisone.

De quoi souffre-t-il ? D'un cancer, pardi. Sa voix, de plus en plus éraillée, renforce les soupçons. Si certains médecins parlent d'une pathologie du larynx, beaucoup n'hésitent pas à évoquer un polype malin, planté dans ses cordes vocales, ou un cancer de la gorge, ce qui ne serait pas vraiment étonnant pour le grand fumeur qu'il a été.

Claude Chirac dément ces racontars avec humour : « Que voulez-vous, on ne peut pas l'empêcher de manger. » Le président lui-même répète à la cantonade : « C'est vrai que j'ai un peu forci. Mais je bois trop de bières et je n'arrive jamais à résister à un bon plat. On ne se refait pas. »

Ces dénégations ne convainquent personne. La rumeur durera le temps d'une saison avant de s'étioler, quand, après

---

1. *VSD*, le 27 septembre 2000.

un régime minceur, le chef de l'État retrouvera sa ligne d'antan. Entre-temps, la diffusion et la publication du « testament » de Jean-Claude Méry, l'homme-orchestre de l'affaire des HLM de la capitale, auront contribué à ternir davantage encore l'image présidentielle. Il n'est plus que l'ombre de lui-même quand *L'Express* révèle que le parquet de Paris a découvert un nouveau scandale, le 22 juin 2001 : Jacques Chirac aurait fait régler, en espèces, pour lui-même et son entourage, quelque 2,4 millions de francs de billets d'avion et de frais de voyage, entre 1992 et 1995. Encore une affaire de corne-cul qui met au jour le grand train mené par le président-citoyen aux poches pleines.

Il est comme Mitterrand. Il n'aime que le liquide, en grosses coupures qui plus est. Au point qu'à la messe, il lui faut souvent racketter ses voisins, pour la quête. Le montant des billets tout neufs, en liasses, dans sa poche de veste, ferait mauvais genre auprès du bedeau.

Ce sont les juges en charge du dossier HLM de Paris qui ont épinglé le chef de l'État, prétextant que ces voyages auraient pu être payés avec de l'argent issu de commissions occultes. Ils en ont profité pour demander l'audition du président. Mais l'Élysée a tout de suite trouvé la parade : bon sang, mais bien sûr, le liquide provenait des fonds secrets ou, pour reprendre la terminologie officielle, de « primes perçues par Jacques Chirac en sa qualité de Premier ministre ».

On croit rêver. Jacques Chirac aurait quitté les palais officiels, en 1988, avec assez de fonds secrets pour continuer à les dépenser des années plus tard ? Rares sont ceux qui croient à ces billevesées. Mais enfin, le président a réussi à faire diversion en déportant le débat sur les fonds occultes de la République, dont ses serviteurs patentés, à droite comme à gauche, remplissent leurs valises à tout-va, sans contrôle aucun. Bien joué.

Le 14 juillet 2001, Jacques Chirac met un terme à l'affaire avec une grande désinvolture, en contestant les sommes évoquées : « Ce n'est pas qu'elles se dégonflent, c'est qu'elles font "pschitt", si vous me permettez l'expression. » Après l'adjectif « abracadabrantesque » qui avait servi à commenter le « testament » de Jean-Claude Méry, voici une autre formule qui fera florès. C'est désormais la méthode Chirac face aux « affaires » : trouver le mot qui frappe pour retourner la situation.

Après l'affaire des billets d'avion, les relations entre l'Élysée et Matignon deviennent très tendues. Un jour, lors d'une rencontre du mercredi, avant le Conseil des ministres, le président demande à Lionel Jospin des comptes à propos d'une enquête commandée aux services secrets (la DGSE) sur la nature de ses voyages répétés au Japon. Une quarantaine de visites au moins.

C'est un officier de la DGSE qui est venu vendre la mèche à l'Élysée : les services secrets ont appris que le chef de l'État détenait un compte bancaire au Japon et en ont tiré toutes sortes de conclusions.

La première est que Chirac dépose sur ce compte l'argent de la corruption – il s'agit, en fait, de sommes versées par une fondation pour ses voyages [1]. La deuxième est qu'il a une autre vie au Japon – mais il en a tant. La troisième est qu'il a, de surcroît, un enfant naturel japonais.

Une fille. Enfin, une jeune fille, pour être précis : elle aurait dans les vingt ans. Sa mère serait proche de la famille royale. De la même façon, on prête au chef de l'État un fils marocain de quelques années. Sa mère serait proche, elle aussi, de la famille royale. Mais on ne prête qu'aux riches...

Le chef de l'État est bien décidé à ne pas laisser passer cela. Le général Rondot, l'homme des affaires secrètes sous

_____

1. Étant l'un des six conseillers internationaux du Prix Impérial, décerné à un artiste de renommée mondiale par le groupe de presse Fuji-Sankei, Jacques Chirac reçoit, à ce titre, une indemnité annuelle de 100 000 dollars, officiellement pour couvrir ses frais de séjour.

la droite comme sous la gauche, est aussitôt mis au parfum. Il informe alors Alain Richard, le ministre socialiste de la Défense, qui lui demande d'enquêter. À peu près au même moment, le président le convoque parce qu'il veut, lui aussi, savoir qui, aux sommets de l'État, a lancé les investigations.

Philippe Rondot dépose rapidement ses conclusions : plusieurs agents de liaison de la DGSE ont en effet commencé à enquêter sur la nature des liens du chef de l'État avec le Japon. S'agit-il d'un complot fomenté depuis Matignon par Alain Christnacht, en charge des services secrets auprès de Lionel Jospin ? Même si le général ne le dit pas, l'Élysée en est convaincu. D'autant que Jean-Claude Cousseran, le patron de la DGSE, l'un des meilleurs diplomates français, est un homme de gauche convaincu.

À quoi Matignon répondra que l'enquête du général Rondot a été menée à la requête d'Alain Richard qui avait prévenu Lionel Jospin. Mais Jacques Chirac croit à la bonne foi d'Alain Richard, un « homme d'une grande loyauté ». Pas à celle du chef du gouvernement.

À en croire Chirac, c'est la seule fois qu'il a élevé le ton contre son Premier ministre, lors d'un tête-à-tête. Il l'a accusé d'avoir lui-même fait rechercher des informations au Japon sur le prétendu enfant illégitime qui expliquerait sa fièvre japonaise. Pour l'histoire, il lui a adressé, dans la foulée, une lettre où il détaille les résultats de la contre-enquête, lettre à laquelle Jospin répondra sur le même ton offensé.

« Ce n'est pas convenable », dit, outragé, Chirac à Jospin. Formule benoîte qui signifie, dans sa bouche, que les bornes ont été dépassées.

« Des gens de la DGSE, dira-t-il[1], avaient été envoyés au Japon par l'État français pour y identifier mon soi-disant enfant naturel et mes prétendus comptes bancaires. J'ai prévenu très clairement Jospin que si ce type d'opérations était

---

1. Entretien avec l'auteur, le 29 novembre 2002.

poursuivi, je ferais un scandale public. Pour moi, ce comportement relevait de ce dont de Gaulle avait accusé Monnerville : de forfaiture. C'est pour ça que j'ai tout de suite viré le patron des services secrets après ma réélection. Pas rancunier, j'en ai quand même fait un ambassadeur en Égypte. »

Est-il sûr de l'implication de Jospin dans ce complot avorté ? « Jospin est un homme très intelligent, répondra Chirac. Mais il est aussi très dissimulé.

— Fourbe ?

— Non, ce n'est pas le mot approprié. Mais le fait est que je n'étais pas en confiance. »

Jospin non plus. Il est lui-même l'objet d'une campagne sur son passé trotskiste qu'il niait effrontément en 1995 (« Je n'ai jamais été trotskiste »), mais qu'il est obligé de reconnaître aujourd'hui, à la suite de révélations à répétition. Il est désormais établi qu'il a fait partie, au début des années soixante, de l'Organisation communiste internationaliste (OCI) et qu'après son adhésion au PS, en 1971, il a maintenu le contact avec elle jusqu'en 1987.

Il a beau répéter : « Il s'agit là d'un itinéraire personnel, intellectuel et politique dont je n'ai eu en rien à rougir », il a du mal à convaincre. On le sent à la peine quand, pour expliquer qu'il cachait cet engagement, il dit sans rire : « Je crois que cela n'intéressait personne [1]. »

N'était ce mensonge, nul ne songerait à mettre en question l'intégrité de Lionel Jospin. C'est la vertu faite homme. Jamais, contrairement à tant d'autres, il n'a confondu son portefeuille et les caisses de l'État. Chez lui, pas l'ombre d'une trace d'enrichissement personnel. Il est l'incarnation vivante de la République modeste, propre et vertueuse.

Mais la statue est ébréchée et les chiraquiens tapent comme des malades sur l'échancrure. Jean-Pierre Raffarin, ancien ministre d'Alain Juppé, sénateur et président du

---

1. Devant l'Assemblée nationale, le 5 juin 2001.

conseil régional de Poitou-Charentes, met les rieurs de son côté quand il dénonce une « campagne de déstabilisation » contre le chef de l'État, animé par une « sorte de réseau SOS-trotskiste ». « Tout cela est pitoyable », commente-t-il dans un entretien au *Parisien*[1] avant de laisser tomber : « Si la campagne présidentielle devient une bataille de nerfs, je crois que Chirac est le plus solide. »

Faut-il voir la main de Jospin derrière les « affaires » qui empoisonnent la campagne du président ? Pas sûr. Mais les partisans du Premier ministre ne restent pas inactifs. Jusqu'aux dernières semaines, ils balanceront des bouteillons dans les pattes du chef de l'État. Le moindre n'est pas le rapport provisoire de l'inspection générale de la ville de Paris publié par le *Canard enchaîné*, selon lequel les dépenses d'alimentation et de tabac du couple Chirac à la mairie se seraient élevées, de 1987 à 1995, à près de 14,5 millions de francs (2,21 millions d'euros), dépenses souvent réglées, de surcroît, en espèces.

C'est ce qu'on appellera, dans un langage qui évoque celui de 1789, l'affaire des « frais de bouche ». La publication de ce rapport commandé par Bertrand Delanoë, le nouveau maire socialiste de Paris, tombe à pic, à moins de trois semaines du premier tour, le 3 avril très exactement. Elle est censée écorner encore un peu plus l'image du président qui, apparemment, ne se serrait pas la ceinture, bien au contraire, quand il était le premier magistrat de la capitale.

On en apprend de belles, dans ce rapport. Par exemple, que les Chirac dépensaient cinquante-six euros par jour en thé, infusions et confitures. « Soyons sérieux, s'insurge Chirac avec aplomb, le 4 avril, naturellement que nous n'avons pas reçu cet argent. Pour le tabac, ajoute-t-il avec un sourire, au moins, je ne fume pas. »

---

1. Le 27 juillet 2001.

L'opération de Bertrand Delanoë fera chou blanc. Non que les Français aient gobé les démentis de Jacques Chirac. À tort ou à raison, ils le trouvent simplement plus sympathique que Lionel Jospin. Pour le reste, ils ne se font aucune illusion, la messe est dite depuis longtemps. Une affaire de plus ou de moins ne changera pas leur jugement.

Une campagne présidentielle n'est pas un concours de vertu. C'est le grand tort de Lionel Jospin d'avoir cru que Jacques Chirac n'était pas « qualifié moralement » pour faire un nouveau mandat. La France n'est pas la Scandinavie et la politique n'y a rien d'une science morale. Sinon, le candidat socialiste aurait fait un tabac.

La résurrection du « Vieux »

Ce n'est pas Jacques Chirac qui a gagné l'élection présidentielle de 2002, mais Lionel Jospin qui l'a perdue. Le 10 mars très précisément, dans l'avion qui le ramenait de la Réunion à Paris. Pour son voyage, le Premier ministre était accompagné d'une quinzaine de journalistes. Sur le chemin du retour, il a accepté de parler à bâtons rompus avec eux. Et c'est là que tout s'est noué.

Pour commencer, il profère, à propos du président, quelques banalités, du genre : « Sa réélection ne serait pas une bonne chose pour le pays. » Puis le ton se durcit et les journalistes n'en croient pas leurs oreilles. Voilà que le Premier ministre déclare, entre autres gracieusetés : « Chirac a perdu beaucoup de son énergie et de sa force. Il est fatigué, vieilli, victime d'une certaine usure du pouvoir. Il est marqué par une certaine passivité. »

Tollé à droite et malaise à gauche. En se laissant ainsi aller, Lionel Jospin a permis au chef de l'État de se poser en victime et de prendre, dans le même temps, de la hauteur. Surtout, il l'a réveillé. « Quand il a appris le dévissage du chef du gouvernement, il a été transformé, rapporte Antoine

Rufenacht, le patron de sa campagne. C'était comme si ça lui avait donné la motivation qui lui manquait. » À peine a-t-il vent de l'impair de son Premier ministre qu'il rajoute quelques phrases dans un entretien à paraître dans *Le Figaro* : « On voit utiliser toute la gamme des rumeurs et des pseudo-affaires et on constate que certains candidats privilégient l'agressivité, l'arrogance et le mépris sur la proposition et la réflexion. J'invite chacun à garder son sang-froid. »

« Vieilli », Chirac ? Il partait battu. Piqué au vif, il retrouve, soudain, sa combativité. D'abord, le 11 mars, lors d'un entretien télévisé sur France 2, où il répond à Jospin, sur un ton grinçant : « Dans un premier temps, cela m'a fait sourire et, je vais vous dire la vérité, dans un deuxième temps, je n'ai pas souri, pas du tout. Pas pour moi, naturellement, mais pour les Français. J'ai engagé la campagne, il y a un mois. J'ai fait des propositions que je croyais utiles. Et qu'est-ce que j'entends ? Des propos sur le physique, le mental, la santé... C'est tout de même un peu curieux, c'est une technique qui s'apparente un peu au délit d'opinion, même presque au délit de sale gueule ! »

Il pète le feu, tout d'un coup. Il accuse la gauche d'avoir « engagé une stratégie » pour l'« abattre, et ceci par tous les moyens ». Dans la foulée, il s'en prend avec virulence au bilan de Jospin : « Les statistiques de l'Union européenne montrent que nous sommes le douzième pays pour ce qui concerne la richesse par habitant. Nous étions, il y a encore quelques années, le troisième ou le quatrième. Nous avons décroché parce que nous travaillons de moins en moins. »

Chirac, enfin, est de retour : Jospin l'a regonflé à bloc. Le 12 mars, pour son premier meeting de campagne, à Marseille, il fait un tabac, après que Jean-Claude Gaudin, le maire de la ville, a enfoncé le clou jospinien : « Nous ne voulons pas d'un homme méprisant, arrogant, nous ne voulons pas de l'homme qui s'aimait trop. » Le président cogne dur. Contre l'idéologie socialiste : « La France est son dernier refuge dans l'Europe d'aujourd'hui. » Contre les 35 heures : « Ce qui est absurde et pervers, c'est la volonté de tout régenter, de manière autoritaire, autiste et uniforme. » Contre la politique de sécurité du gouvernement : « Une certaine naïveté, un certain angélisme [ont] prévalu. »

Quelques jours plus tard, les vents ont tourné : la cote de Jospin se tasse dans les sondages. Au point que le Premier ministre décide de faire sa repentance. Le 19 mars, il déclare à la journaliste Élise Lucet, sur France 3, qu'il est « désolé » d'avoir tenu des propos sur l'âge du président, avant d'ajouter, ce qui l'exonère de présenter ses excuses : « Ce n'est pas moi, ça ne me ressemble pas. »

Phrase qui révèle une si haute idée de soi qu'elle ne lave pas l'affront et ne répare pas la faute du Premier ministre aux yeux des Français. Elle correspond pourtant à la vérité : Jospin n'est pas un spécialiste de l'attaque personnelle. Des années après, on ne lui fera toujours rien dire contre Chirac, qu'il admet ne pas avoir compris ni vraiment connu, malgré leurs deux cents et quelques tête-à-tête, avant le conseil du mercredi.

Qu'importe si, pendant la campagne présidentielle de 1988, Chirac ne s'était pas privé d'évoquer l'âge de Mitterrand : personne ne lui avait demandé de comptes. Après l'agression verbale de Jospin, il peut jouer, sinon les victimes, du moins les bons garçons. Comme en 1995.

L'homme politique a toujours tendance à reproduire les schémas qui lui ont réussi. Chirac a donc ressorti toute la panoplie de 1995. Telle quelle ou à peu près. S'il n'a pas repris, par décence, la formule de « fracture sociale », toujours béante sept ans après, il veille à ne pas se laisser déporter à droite, comme l'y pousse une partie des siens.

Il s'agit d'abord d'être sympathique et social. Pour plaire à tout le monde, il donne donc à nouveau dans le

« ninisme ». Pas question de prendre le moindre risque. Sauf vis-à-vis de son électorat traditionnel qui lui semble, de toute façon, acquis. Le 14 mars, il laisse ainsi tomber sur les antennes de RTL : « Je ne suis pas de droite. » Il se garde aussi d'utiliser, encore moins de revendiquer, le mot « libéral ». Ce n'est pas encore devenu une insulte dans sa bouche mais on sent bien que ça le deviendra sous peu.

Jacques Chirac prend soin de se démarquer du discours de Nicolas Sarkozy. « La droite libérale, répète-t-il à son intention, ne sera jamais majoritaire dans le pays, jamais. Elle ne fera toujours qu'un quart des votants, et encore. » C'est pourquoi il s'inscrit en faux contre les déclarations d'un des hommes-clés de son état-major de campagne, Jean-François Copé, secrétaire général adjoint du RPR, coupable d'avoir évoqué la suppression de la tranche supérieure de l'impôt de solidarité sur la fortune (ISF) et des coupes claires dans la fonction publique. « Les départs en retraite des fonctionnaires ne seront pas remplacés », a dit Copé, aussitôt démenti par le QG du président sortant.

Après s'être défait, il y a des années, de ses habits d'homme de droite qui lui allaient si mal, il n'a pas l'intention de les enfiler de nouveau, le temps d'une campagne électorale, pour les beaux yeux des siens. Il restera lui-même. Autrement dit, un social-conservateur à la Mitterrand. Un enfant de Queuille, le pape du radicalisme corrézien, qui disait : « Il n'y a pas de problème si complexe qu'une absence de solution ne finisse par régler. »

Qu'importe si les libéraux de son camp sont accablés. Ils n'ont pas le choix. L'habitude aidant, il est devenu le porte-drapeau d'une droite qu'il n'aime pas et qui, souvent, le lui rend bien. Elle n'a pas le choix, cette année-là : elle n'est représentée, si l'on ose dire, que par Alain Madelin et Christine Boutin. C'est-à-dire pas grand-chose : un olibrius et une dame d'œuvres. Encore que cette dernière ait, sur des dossiers comme celui des prisons, de réelles compétences et d'authentiques convictions.

Charles Pasqua aurait pu remplir ce vide. Il l'a prouvé aux dernières élections européennes où il a obtenu un bon score contre le RPR. Mais l'ancien homme fort du RPR, sous le coup de nombreuses mises en examen, n'est plus que l'ombre de lui-même. Il a perdu son grand rire tonitruant et ses yeux se sont éteints. Il a déclaré forfait.

C'est sans doute à cause de ce déficit à droite que Jean-Marie Le Pen fera sa percée du premier tour, une percée à laquelle Jacques Chirac se refusera longtemps de croire, le soir du 21 avril. Pour écouter les résultats, il y a autour de lui tous ceux qui le représenteront sur les plateaux de télévision : Nicolas Sarkozy, François Fillon, Jean-Pierre Raffarin, Philippe Douste-Blazy, les quatre Premier-ministrables, ainsi qu'Antoine Rufenacht, Roselyne Bachelot, Jean-François Copé et Pierre Bédier. « Je vous demande à tous d'être offensifs, leur dit Chirac. Offensifs sur notre projet, offensifs contre les socialistes quand ils vous parleront des "affaires". De grâce, ne vous laissez pas intimider. »

À 19 h 05, Dominique de Villepin pointe une tête et laisse tomber : « Monsieur le président, les douze premiers bureaux de vote tests de la Sofres donnent Le Pen deuxième derrière vous. »

Le président sortant marque un temps, puis : « Écoutez, Dominique, on a du travail. Ce ne sont que des estimations d'instituts de sondage, pas des résultats. Laissez-nous tranquilles, s'il vous plaît. »

Dix minutes plus tard, Villepin fait une nouvelle apparition : « Monsieur le Président, ça se confirme, ce sont maintenant vingt bureaux de vote tests qui placent Le Pen en deuxième position. »

Alors, Chirac, exaspéré : « Je vous en prie, Dominique. Je vous répète qu'on a du travail. »

Quelques minutes plus tard, Dominique de Villepin, las de se faire rabrouer, envoie au feu Patrick Stéfanini, l'homme des élections au RPR. Après qu'il a confirmé les indications du secrétaire général de l'Élysée, Jacques Chirac semble très absorbé, tout d'un coup.

À Roselyne Bachelot qui, toute effusante, le félicite, le chef de l'État répond, le visage tendu : « Ce qui se passe est très grave. Personne ne peut s'en réjouir. »

Jérôme Monod lui trouvera un air étrange tout au long de la soirée : « On aurait dit un type qui avait avalé un gros morceau de fromage et que ça étouffait. »

Le chef de l'État est, comme une grande partie de la France, sous le choc devant les résultats du premier tour. Il obtient 19,88 % des suffrages, Jean-Marie Le Pen, 16,86 %, Lionel Jospin, 16,18 %, François Bayrou, 6,84 %, Jean-Pierre Chevènement, 5,33 %. C'est un séisme de grosse magnitude. Il révèle au grand jour les crises qui accablent la France. Crises politique, économique et sociale. Crise des valeurs aussi.

Qu'on ne compte pas sur Jacques Chirac pour analyser le phénomène. Pour l'heure, il s'agit d'abord de gagner et le chef de l'État tente de tirer tout le parti qu'il peut du score de Jean-Marie Le Pen.

Le lendemain, Chirac déclare donc sur un ton gaullien à son état-major réuni au complet : « L'heure est grave. Nous avons, aujourd'hui, une responsabilité historique : nous devons faire le grand parti de droite et du centre que les Français attendent. »

Mais un nouveau sigle pour le parti chiraquien et ses alliés est-il la meilleure réponse au poison qui ronge le pays et se traduit par une montée des extrêmes ?

52

La jouvence de Le Pen

« À force d'aller au fond de tout, on y reste. »
Hippolyte Taine

Il avait commencé sa carrière politique en « Facho-Chirac », la bave aux lèvres, stigmatisé par les bien-pensants. Le chef de l'État finit en rempart de la démocratie contre l'homme qu'il considère depuis longtemps comme son pire ennemi : Jean-Marie Le Pen.

Certes, Chirac accuse le coup : « La France est blessée, confie-t-il aux siens, après le premier tour. Je le suis aussi. C'est une tache et c'est dramatique pour l'image de la France dans le monde[1]. » Mais il a compris qu'il est l'unique rescapé du désastre du 21 avril, seul au milieu des décombres, comme de Gaulle en 1958. C'est une chance historique. Il ne lui reste plus qu'à être à la hauteur de sa tâche.

Il ne le sera pas. Il ne pouvait pas l'être. À moins de se remettre totalement en cause et de rompre avec le radical-socialiste, toujours branlant au manche, qu'il n'a jamais cessé d'être sous des déguisements variés. C'est plus de vingt ans de « ninisme » qui ont conduit la France dans cette sorte d'apocalypse. Vingt ans de mitterrandisme, de

---

1. Cf. l'article de Catherine Pégard, *Le Point*, le 25 avril 2002.

chiraquisme et de jospinisme, trois variantes d'une même politique où l'on traite le peuple comme un grand malade à qui l'on ne doit pas dire la vérité et qu'il faut, surtout, ne pas déranger.

C'est ainsi que près d'un tiers des suffrages exprimés du premier tour se sont portés sur les extrêmes, de droite ou de gauche. La France est le seul des pays développés où les trotskistes font toujours un score : près de 10 % des voix. Encore une « exception française ». Pourquoi le peuple aurait-il le sens des réalités quand ses dirigeants ne prennent même pas la peine de lui parler vrai ? Chirac ne fut pas le dernier à l'entretenir dans ses chimères et le voici, ironie de l'Histoire, grandi par une situation qu'il a lui-même contribué, avec d'autres, à créer.

À travers ce vote, les Français ont dit qu'ils en avaient assez du parler mou de leur classe politique. Aux yeux du pays, l'insécurité, le chômage et leurs conséquences dramatiques méritent mieux que les baveries de conteurs de fagot qui occupent alternativement les palais nationaux. Il y a, dans ces résultats, un appel au secours qui, bien sûr, ne sera pas entendu.

Jacques Chirac n'a jamais partagé l'analyse de François Mitterrand qui considérait que Jean-Marie Le Pen était un homme de droite comme un autre, un matamore nationaliste et rien de plus. « C'est la droite à visage découvert, disait Mitterrand. L'autre droite avance masquée, comprenez-vous. Bien entendu, il s'appuie sur des forces maléfiques et flatte les sentiments xénophobes mais il n'est pas nazi ni fasciste pour deux sous. Je l'ai bien connu sous la IVᵉ République. C'était un parlementaire très doué, président de groupe à 27 ans, toujours assoiffé de reconnaissance. Observez comme il est ému quand on lui serre la main. Un homme comme ça, on le calme avec un maroquin. »

C'est pourquoi Mitterrand a joué avec tant de bonne conscience la carte Le Pen contre la droite. Convaincu du contraire, Chirac a, lui, tout fait pour ostraciser le président du Front national. Après une période de flottement au début des années quatre-vingt, il s'est battu pied à pied, tout au long des années quatre-vingt-dix, contre tous ceux qui, dans son camp, étaient prêts à transiger avec le FN : Valéry Giscard d'Estaing, Édouard Balladur ou Alain Peyrefitte. Sur cette question, cet artiste du faux-fuyant n'a jamais tergiversé.

Pour des raisons morales, sans doute : on peut lui faire au moins ce crédit. Mais pour des raisons prosaïquement politiques aussi. Il les a explicitées ainsi, un jour, devant l'auteur : « Le symptôme de la déchéance de la droite, c'est cette campagne permanente en faveur de l'alliance avec le FN. Même si on évacue les objections morales, c'est idiot. Examinez les chiffres. Électoralement, la France est composée d'une droite et d'une gauche qui sont au même niveau, à 35 %. L'extrême gauche fait en moyenne 5 % et l'extrême droite, 15 %. Alors, évidemment, sur le papier, 35 % + 15 %, ça nous fait 50 %. Sauf qu'une moitié de l'électorat lepéniste est viscéralement protestataire et ne peut être récupérée par personne, sinon par le PC ou l'extrême gauche. L'autre moitié comprend une minorité de 2 à 3 % d'authentiques fascistes, et 3 à 4 % de gens de droite excédés qui votent pour le Front parce qu'ils nous jugent mollassons et qu'ils en ont marre de nous. Bref, si on s'alliait au FN, on empocherait au mieux 4 % de son électorat pour en perdre aussitôt 5 à 6 % au centre. On obtiendrait donc, dans la meilleure hypothèse, 35 % de suffrages. Total, on serait condamné à l'échec à perpétuité. Quand je traite le Front de parti "raciste et xénophobe", je sais que ça ne passe pas toujours bien chez mes amis. Mais mon devoir est de mettre des barrières. La politique, ça ne consiste pas à suivre le courant, mais à indiquer le cap[1]. »

---

1. Entretien avec l'auteur, le 20 avril 1998.

Il l'a indiqué crânement contre les vents qui soufflaient dans son propre camp. C'est parce qu'il a refusé de se résoudre à tout compromis avec le FN que la droite a été battue à plate couture aux élections législatives de 1997. Aux régionales suivantes, il n'a pas non plus accepté que s'échangent, comme beaucoup des siens l'y pressaient, la présidence de la région Provence-Alpes-Côte d'Azur (au FN) et la présidence d'Ile de France (au RPR en général, et à Édouard Balladur en particulier). Il n'a jamais fait le moindre signe à Jean-Marie Le Pen. Ce n'est sans doute pas un hasard s'il a confié la direction de sa dernière campagne présidentielle à un homme qui a tenu tête au Front national : Antoine Rufenacht. Pour n'avoir rien voulu négocier, le maire du Havre a perdu la présidence de la région Haute-Normandie. Un petit geste aurait suffi. Ce protestant rigoureux a préféré l'échec dans la dignité.

Contre Le Pen, Chirac a essayé toutes les stratégies. L'ignorance. La condamnation morale. L'invective sonore. Le cordon sanitaire. Toujours, il a échoué. Il admet volontiers n'avoir jamais mesuré vraiment l'ampleur du phénomène. « Depuis des années, confiera-t-il à l'auteur [1], j'annonce la fin du Front national. Il faut bien convenir que les faits ne m'ont pas donné raison. »

Et quand on lui demande s'il pense que la France en sera débarrassée un jour, il répondra sans hésiter : « Oui, à la mort de Le Pen. Après lui, il n'y a plus rien. »

Il n'a jamais cru que l'extrême droite s'installerait durablement dans le paysage politique français. Longtemps, il s'est imaginé qu'il serait facile de lui régler son compte, citant une conversation avec Helmut Kohl : « Quand les néo-nazis ont commencé à faire des voix en Allemagne, m'a raconté le chancelier, il a convoqué tout le monde. La droite, la gauche, les médias. "On ne doit pas parler de ces gens-là, leur a-t-il déclaré. On doit faire comme s'ils

---

1. Entretien avec l'auteur, le 25 septembre 1996.

n'existaient pas." Résultat : leur extrême droite a disparu. Je n'ai jamais été capable d'imposer ça en France[1]. »

Tactique désormais absurde. Le Pen est bel et bien là. Il faut le prendre de front, si l'on ose dire. Le 22 avril 2002, en meeting à Rennes, Chirac utilise les grands mots, contre le président du FN : « Ce combat est le combat de toute ma vie. C'est un combat moral. Je ne peux pas accepter la banalisation de l'intolérance et de la haine. Face à l'intolérance et à la haine, il n'y a pas de transaction possible, pas de compromission possible, pas de débat possible. »

Retournement saisissant : voici la tête de Turc des médias, promise aux tribunaux après son échec annoncé, métamorphosée, soudain, en chef de file du front républicain. Chirac est désormais, excusez du peu, le père de la nation et le rempart de la démocratie. Le rêve...

Quand elle ne se terre pas de honte, comme la plupart de ses dirigeants, la gauche défile contre Le Pen avant d'appeler à voter Chirac, la mort dans l'âme. Encore sonnée par ses résultats du 21 avril, elle vit l'une des pires humiliations de son histoire.

Chirac, lui, engrange. Dans un entretien au quotidien *Ouest-France*[2], il déclare : « À un électeur de gauche, je dis que je le respecte et que je le comprends mais qu'aujourd'hui, il s'agit de défendre le socle commun de nos valeurs républicaines. Et je lui demande d'aller jusqu'au bout de ses convictions en faisant barrage à l'extrême droite. »

Il est désormais le candidat de tous les Français ou presque. Des gaullistes et des communistes, des libéraux et des socialistes, des anti-chiraquiens et des démocrates-chrétiens. Il prétend même, sur le mode gaullien, les avoir tous « compris ». Il jure aussi que l'« élan démocratique »

---

1. Entretien avec l'auteur, le 29 juin 1997.
2. Le 3 mai 2002.

apparu après le 21 avril « ne restera pas sans lendemain ». « Il nous oblige tous », promet-il.

Le 5 mai 2002, il recueille 82,1 % des suffrages contre 17,9 % à Jean-Marie Le Pen. Sitôt le résultat tombé, il embrasse Bernadette : « Merci pour le demi-point que vous m'avez fait gagner.

— Vous devriez remercier aussi Jérôme Monod.

— C'est déjà fait. »

Bien sûr, il ment. Mais il se sent trop seul, soudain, pour congratuler les siens. C'est un formidable défi qui lui est lancé. Après avoir été leur candidat, pourra-t-il rester longtemps le président de tous les Français ou presque ?

53

Monsieur Raffarin

« Il ne suffit pas de dire : "Untel est arrivé."
Il faut encore voir dans quel état ! »
Alfred Capus

Jamais aucun président n'a été élu avec un tel score. Jamais aucun n'a bénéficié d'un pareil prestige au début de son mandat. Chirac a tout pour lui. L'onction du peuple. L'attente de l'opinion. L'autorité de l'expérience.

L'Histoire est là, enfin. Contrairement à Mitterrand et à tant d'autres, Chirac ne l'a pas cherchée. Elle ne l'a même jamais fascinée : pour lui, tant qu'on n'est pas de Gaulle, elle reste le refuge des vaniteux et la gloriole n'a jamais été son fort.

S'il va laisser passer l'Histoire, c'est sans doute parce que, comme le dit sa fille Claude, « cet homme n'a pas d'ego et ne songe jamais à sa trace ». Mais c'est aussi à cause de cette lassitude qui, à soixante-neuf ans, l'habite, et qu'a si bien définie Chateaubriand : « Quiconque prolonge sa carrière sent se refroidir ses heures : il ne retrouve plus le lendemain l'intérêt qu'il portait à la veille [1]. »

Il a un programme, mitonné par les siens, mais ne sait pas par quel bout le prendre. Il n'a pas trop réfléchi à sa

---

1. *Les Mémoires d'outre-tombe*, livre 13ᵉ, chapitre 2.

stratégie. Il est juste convaincu qu'il ne faut pas bousculer ce vieux peuple de France, toujours enclin à préférer les révolutions qui n'auront pas lieu aux réformes qui s'imposent. C'est pourquoi il lui a trouvé un Premier ministre rassurant et pépère, avec une bonne tête d'électeur : Jean-Pierre Raffarin.

Il a fait son choix depuis plusieurs semaines mais n'en a rien dit à personne, même pas au premier concerné. « Le secret, dit Chirac[1], c'est la meilleure et la pire des choses. La pire si l'on se referme sur soi. La meilleure quand on veut jouer l'effet de surprise. Lorsque je me suis présenté, j'avais plusieurs noms en tête pour Matignon. Raffarin figurait dans ma liste. Je l'ai observé pendant la campagne. Une chose est le comportement des gens à l'arrière. Une autre, leur attitude au combat. Avant le premier tour, mon opinion était faite, ça serait Raffarin. D'abord, parce qu'il a du bon sens. On peut discuter avec lui. C'est quelqu'un qui n'a pas de vérité révélée. Ensuite, parce qu'il sait ce qu'il veut et va toujours au bout de ce qu'il décide. Un homme carré dans un corps rond. »

C'était la définition de Barre et il est vrai qu'il y a du Barre dans cet homme-là. Ou bien du Mauroy. Il lui manque juste le caractère. Il est trop matois et prend sans cesse des chemins détournés, au point qu'il donne parfois le sentiment de revenir sur ses pas. Il se perd, il s'emmêle, il s'embrouille, mais sans jamais oublier la petite idée qu'il suit avec une obstination de campagnard. Le cinéaste Claude Chabrol l'a décrit ainsi, avec bonheur : « Le physique de Raffarin est formidable, il a un côté maquignon, la tête coincée dans les épaules. Il a une bonne tête de face, mais il est inquiétant de profil. Il a intérêt à ne pas trop se montrer de profil. Il a une vraie gueule, mais on ne sait pas une gueule de quoi[2]. »

---

1. Entretien avec l'auteur, le 25 mars 2003.
2. Entretien à *Libération*, le 3 mars 2003.

Chirac le couve depuis longtemps. Quand Raffarin était ministre des Petites et Moyennes Entreprises, du Commerce et de l'Artisanat dans le gouvernement Juppé, le président ne tarissait pas d'éloges sur lui. Voilà quelqu'un qui faisait de la politique comme il aime : à l'ancienne, sur le terrain, avec un mélange d'humilité, de passion et de pragmatisme. Sans oublier l'humour. Cet ex-pilier de la direction du marketing des Cafés Jacques Vabre, grand expert ès communication, est avant tout un terrien. Qu'il ait été un fidèle de Valéry Giscard d'Estaing, élevé au sein de Michel d'Ornano, ne l'a jamais éloigné de ses racines, à Chasseneuil-du-Poitou. Même s'il a hérité sa position locale d'un père qui fut longtemps député de la Vienne et aussi secrétaire d'État à l'Agriculture sous la IVe République, dans le gouvernement Mendès France, il est l'incarnation de la « France d'en bas », formule dont il fera son slogan.

Il en rajoute. Perpétuellement mal fagoté, le costume chiffonné, les chaussures pas cirées, le col de chemise souvent déboutonné, il semble débraillé plus par relâchement que par affectation. Ce n'est pas un homme qui s'aime ni se bichonne, comme le prouvent ses cheveux gras, coiffés avec les pieds du réveil. Pas le genre à s'attarder devant la glace ni sous la douche. Il n'a même pas pris la peine de se faire enlever le kyste, de la grosseur d'un œuf, qui lui a poussé sur la nuque et l'amène à pencher la tête, lui donnant la démarche des vieux paysans bossus. Il ne manque pas de charme, pourtant. Il a les yeux pétillants, toujours la blague aux lèvres et un visage bonhomme où se lisent la volonté et la loyauté, les deux qualités que recherchait d'abord Chirac.

Le 6 mai 2002, lendemain de son triomphe électoral, Chirac convoque Raffarin et lui annonce tout à trac : « C'est toi que j'ai choisi. Je te demande d'assurer la formation du nouveau gouvernement. » Le temps pour l'heureux élu d'accuser le coup et de bafouiller quelques remerciements, puis le président reprend : « Bon, allez, maintenant, on va appeler ta mère pour lui annoncer la bonne nouvelle. »

En le nommant à Matignon, Chirac a suivi sa pente. Raffarin est, comme lui, un radical-socialiste. Quand il parlait des « Premier-ministrables », il ne citait que par politesse les noms de Nicolas Sarkozy ou de Philippe Douste-Blazy. Il laissait même entendre, comme s'il attendait d'être convaincu du contraire, qu'il ne les « sentait » pas. Il est à peu près certain, en revanche, qu'il a envisagé un moment de désigner François Fillon.

Jérôme Monod, qui est alors le conseiller le plus écouté du président, plaide en faveur de Jean-Pierre Raffarin. Mais il reconnaît aussi les qualités de François Fillon. Son esprit de sérieux. Sa connaissance des dossiers. Son caractère qui l'a souvent amené, dans le passé, à s'opposer à Jacques Chirac.

La veille, alors que la France votait, François Fillon était à la messe, dans son fief de Sablé-sur-Sarthe, quand son portable a vibré dans la poche de sa veste. C'était l'Élysée. Autrement dit, Chirac. En bon chrétien, il n'a rappelé qu'après l'office. Trop tard : le président n'était plus joignable. Fillon laisse un message mais le chef de l'État ne le rappellera pas. Pourquoi ce coup de téléphone sans suite, le jour du second tour et, donc, la veille de la nomination du nouveau Premier ministre ? Mystère.

L'énigme ne sera jamais éclaircie mais on n'ôtera pas de la tête du député de la Sarthe que le président a pu avoir des doutes sur son choix de Raffarin, le temps d'une messe, avant de se décider pour de bon.

C'est finalement Juppé qui appellera Fillon, quelques jours plus tard, pour lui annoncer qu'il sera nommé ministre des Affaires sociales, du Travail et de la Solidarité. Fillon était annoncé à Bercy. Il fait part de sa déception à l'ancien chef du gouvernement.

Quelque temps plus tard, Chirac le rappelle : « On m'a dit que tu n'étais pas content de te retrouver au Travail.

— Non, ce n'est pas ça. Je ne me suis simplement pas préparé.

— Si tu voulais être ministre de la Défense, ça ne valait pas la peine. En l'espèce, c'est moi, le ministre. Si tu veux réussir pour la suite, il faut que tu aies un dossier à régler. Là, tu l'as, avec les retraites. »

Si Fillon a été écarté pour Matignon, c'est d'abord parce qu'il est RPR et que Chirac préfère, en guise d'ouverture, avant la mise en place de son nouveau parti présidentiel, un Premier ministre de l'autre droite, en l'occurrence celle du centre giscardien. Mais c'est sans doute aussi parce que le député de la Sarthe n'est pas, à ses yeux, un homme « fiable », mot que le président emploie souvent à propos des uns ou des autres.

« Pour lui, rapporte Jean-Pierre Raffarin[1], il y a les gens fiables et les autres. Il a eu trop de responsabilités tout le temps pour avoir de vrais amis. C'est un grand déçu de la nature humaine. Un jour, il m'a même dit : "La fidélité, ça n'existe pas." »

Chirac en est une preuve éclatante. Sur tous les plans, et notamment en politique. Mais s'il n'est pas fidèle, c'est parce qu'on ne l'a pas été avec lui. Sept ans après le choc émotionnel que fut la trahison de son « ami de trente ans », il souffre toujours du « syndrome Balladur » qui le dresse contre tous ceux dont il n'est pas sûr, les Sarkozy ou les Fillon.

Il n'hésite pas non plus à couper les branches mortes. « On avait toujours été comme deux frères, raconte Bernard Pons. J'étais avec lui depuis si longtemps. Secrétaire général du parti pendant cinq ans, président du groupe pendant sept ans et ministre pendant huit ans. Eh bien, il m'a excommunié du jour au lendemain. Parce que j'avais eu le tort, dans la griserie de 2002, de me prononcer contre le parti unique de la droite, l'UMP. Je pensais que le

---

1. Entretien avec l'auteur, le 8 juillet 2004.

bipolarisme n'existerait jamais en France, le pays des trois cent cinquante fromages, et qu'il ne fallait donc pas diaboliser l'UDF. J'avais écrit ça dans un article que j'étais venu lui montrer, dans son bureau. Après l'avoir lu, il m'a dit : "Que vas-tu faire avec ce papier ?

— Eh bien, le publier, pardi, ai-je répondu.

— Tu aurais tort, a-t-il conclu."

C'est à cet instant que j'ai été rayé pour toujours de la chiraquie. »

Au seuil de son nouveau septennat, après avoir été, pendant quelques semaines, à la rencontre des Français, Chirac s'en est retourné dans son bunker. Hormis sa fille Claude et Dominique de Villepin, il n'a laissé entrer que Jean-Pierre Raffarin. À l'essai ou en sursis, c'est selon, comme tout Premier ministre.

54

Le panache blanc de Bayrou

« La gloire se donne seulement
à ceux qui l'ont toujours rêvée. »
Charles de Gaulle

Il ne faut pas se laisser abuser par son discours, une eau
tiède qu'il égoutte de sa voix suave, un mélange de géné-
ralités humanistes et de bons sentiments. François Bayrou
a l'un des caractères les mieux trempés de la classe politique. Un dur à cuire.

Seul contre tous, il obtient à chaque élection un score
honorable : 9,3 % aux européennes de 1999 ou 6,7 % à la
présidentielle de 2002, après une campagne où, à Strasbourg, il a giflé un gamin qui tentait de lui faire les poches.
C'est tout lui et les Français ont apprécié.

Jean Lecanuet, son prédécesseur à la tête des centristes
qui fut aussi l'un de ses pères spirituels, disait volontiers :
« J'ai raté ma carrière politique. J'aurais dû être gaulliste
ou socialiste. Je n'aurais pas passé ma vie à courir après
des élus qui, chez nous, suivent les vents et ne songent qu'à
aller à la soupe. »

Il n'a pas les doutes de Jean Lecanuet. Ce fils de paysan
des Basses-Pyrénées, agrégé de lettres classiques, n'a
qu'une ambition : devenir président de la République. Et il
est convaincu qu'il le sera un jour. Comme Sarkozy ou

Villepin, il se sent prédestiné, avec la même idée fixe dans la tête, matin, midi et soir. Il ne pouvait donc pas se rallier au parti unique de la droite dont Chirac a jeté les fondements, au lendemain du premier tour. Il aurait été laminé. Il n'est pas de la famille.

En plus, il n'aime pas Chirac. Ministre de l'Éducation nationale dans le gouvernement Juppé, il a souvent été brocardé par le chef de l'État qui l'accusait de ne pas aller assez loin dans les réformes. Quand il ne débinait pas sa politique. Chaque fois que Bayrou lui a demandé des comptes, le président a démenti : « Allons, ne crois pas ce qu'on raconte. Ce sont des histoires de journalistes. » « J'ai été assez con pour gober ça », dira plus tard Bayrou.

Après quoi, leurs relations se sont encore dégradées. Avant les élections européennes de 1999, le chef de l'État a commis l'erreur de le menacer : « Philippe Seguin se retire. Notre candidat sera Nicolas Sarkozy qui est bien plus européen. Alors, fini, les conneries. Tu vas rentrer dans le rang, François. Sinon, je te casse et tu peux considérer que ta carrière est derrière toi. »

La légende dit que Bayrou a éclaté de rire. C'est son genre. Cet homme n'a peur de rien. Pas plus des menaces que des traversées du désert. Il a cette espèce d'inconscience tranquille qui mène les pas des grands ambitieux, au point qu'ils paraissent souvent sourds et aveugles au monde.

Contrairement à Chirac, Bayrou a une haute idée de lui-même et du métier politique. Le 25 mai 2000, les deux hommes ont eu l'occasion de s'en expliquer. « Un moment de sincérité et de vérité », dit le président de l'UDF qui venait d'apprendre que sa fille anorexique avait été hospitalisée. Après avoir parlé longuement de l'anorexie, leur calvaire commun, ils en viennent à la politique, leur passion partagée. Résumons leur conversation.

Chirac : « Qu'est-ce que tu as toujours à nous faire chier avec les idées ? »

Bayrou : « La politique, c'est fait pour donner aux gens des raisons de vivre. »

Chirac : « Tu exagères. La politique, ce n'est pas des idées. Le Premier ministre est là pour que ça ne se passe pas trop mal en France. Et le président de la République, pour représenter le pays à l'étranger. »

Bayrou : « Ce n'est pas ma conception. »

Après quelques digressions, ils en viennent au mode de scrutin proportionnel, favorable aux centristes, que soutient Bayrou.

Commence alors, entre les deux hommes, un débat hallucinant où le chef de l'État laisse libre cours, avec aplomb, à toute sa mauvaise foi.

« Aucun pays européen n'a jamais adopté la proportionnelle, affirme Chirac.

— Ce n'est pas exact, corrige Bayrou.

— Il n'y a qu'Israël qui l'a adoptée.

— Désolé de te contredire, mais tous les pays européens, sauf la Grande-Bretagne, ont la proportionnelle. »

Alors, Chirac, tranchant comme un couteau : « C'est faux, ça n'a jamais été le cas. »

Tel est Chirac. Une vérité ne le déstabilise jamais. Il lui suffit d'en inventer une autre. Qu'importe la réalité si elle ne va pas dans son sens. Il l'étouffe sous les mots. Le président ne fait pas partie des gens qui, comme disait Pascal, « mentent simplement pour mentir ». Il ment parce qu'il n'aime pas se laisser contredire, fût-ce par l'ordre du monde.

François Bayrou restera au moins comme l'homme qui, avant même l'aube de son second mandat présidentiel, a dit non à Jacques Chirac. Contrairement à Nicolas Sarkozy, il n'a même pas laissé sa chance au chef de l'État.

Le 22 avril 2001 au matin, lendemain du premier tour de l'élection présidentielle, il dit à Jacques Chirac : « Tu vas faire 80 % des voix. Tu es donc dans la même position que de Gaulle en 1958. Il faut que tu fasses un gouvernement d'union nationale.

— Tout ça, c'est des conneries, soupire le président. Je vais faire le parti unique.

— Je n'en serai jamais.

— On ne sera pas fâchés pour autant. »

Le jour suivant, François Bayrou entre en campagne contre le projet de parti unique concocté par Alain Juppé et Jérôme Monod. Un système qui, selon lui, consiste à mettre toute la droite « dans le même moule ». Avec un « parti unique », ajoute-t-il, il y aura « une opinion unique et une pensée unique ».

Les semaines suivantes, Bayrou tient bon contre Chirac et les siens qui veulent « rayer de la carte » son parti en attirant notamment tous ses élus dans le nouveau parti unique, l'UMP, afin de le priver de tout financement public.

Après le second tour des élections législatives qui suivent la présidentielle, le 16 juin 2002, l'UMP obtient 369 députés. Soit 70 % des sièges à l'Assemblée nationale. Agglomérant le RPR, Démocratie libérale d'Alain Madelin et une partie de l'UDF, emmenée par Philippe Douste-Blazy, elle est devenue, et de loin, la première force politique du pays.

Mais l'UDF de François Bayrou a résisté. Avec 22 élus, elle a sauvé la face et assuré l'avenir du centrisme. C'est le seul os que n'aura pas réussi à avaler l'ogre Chirac, qui en a englouti tant. Le seul avec Nicolas Sarkozy.

François Bayrou et Nicolas Sarkozy n'ont pas grand-chose en commun. À un détail près : ce sont tous deux des survivants. Ils ont échappé à la faucheuse chiraquienne qui, depuis des générations, coupe tout ce qui dépasse.

55

La tyrannie du statu quo

« La France est un pays qui cultive le courage
de l'indignation, la passion de la révolution
et l'intelligence de rester tranquille. »
Blaise Mortemar

Comme Alain Juppé sept ans auparavant, Jean-Pierre Raffarin n'est pas préparé. Une des grandes constantes du chiraquisme : son culte du secret amène le chef de l'État à nommer ses Premiers ministres au dernier moment.

Le soir du second tour, Chirac ne dit rien à Raffarin. Pas même une indication, du genre : « À demain. Nous aurons une journée très chargée. » Le lundi matin, quand il convoque le sénateur de la Vienne pour lui annoncer sa nomination, c'est à 11 heures pour 11 h 30.

À midi, en raccompagnant à la porte son nouveau Premier ministre, le chef de l'État laisse tomber : « Jospin veut une passation de pouvoir très rapide. Ce sera aujourd'hui vers 15 heures. D'ici là, il faut que tu trouves un directeur de cabinet. »

Pas le temps de se retourner. À 16 heures, Jospin parti, Raffarin se retrouve seul ou presque à Matignon avec cent dix personnes, au bas mot, à nommer quatre-vingts collaborateurs pour son cabinet et trente ministres pour son gouvernement. Depuis plusieurs semaines, il a bien tourné des noms dans sa tête, mais jamais très longtemps. Pour ne pas risquer de tomber de haut, le jour venu. Peut-être par superstition aussi.

Ce ne serait pas grave, si Raffarin savait quelle politique il allait mener. Mais non, il ne sait pas trop où il va. Avec le recul, il reconnaît qu'il pataugeait : « On avait pas mal de slogans mais peu de projets concrets. On avait bien annoncé qu'on assouplirait les 35 heures. Oui, mais comment ? Mystère. On avait pareillement annoncé qu'on réglerait le problème des retraites. Oui, mais comment ? Là encore, mystère[1]. »

Il règne ainsi un climat de grande improvisation pendant les premiers jours. Pour un peu, on se croirait en 1981, quand les socialistes découvraient le pouvoir. À un détail près, qui est essentiel : les nouveaux gouvernants ont décidé de ne pas se presser et de procéder en douceur. Telle est la ligne fixée par Jacques Chirac.

Ce fut longtemps un homme sans convictions, et qui les soutenait avec autorité, d'une voix de stentor. Il a baissé le ton et décidé qu'il serait désormais un homme reflet. Capable de tout, sauf de résolution.

Un débat a agité la droite, en coulisses, pendant la campagne électorale. Il a été lancé par Nicolas Sarkozy. Pour lui, il faut faire les réformes dans les cent jours. Après ça, les habitudes reprendront le dessus, le pays ne voudra plus rien changer et le gouvernement sera condamné, comme l'expérience l'a montré, à l'immobilisme.

C'est ce qu'on appelle la tyrannie du statu quo : les meilleurs projets deviennent lettre morte s'ils ne sont pas mis en œuvre dès l'arrivée au pouvoir de la nouvelle majorité. Dans un livre qui connut un certain succès dans les années quatre-vingt[2], Milton et Rose Friedman ont prouvé,

---

1. Entretien avec l'auteur, le 15 décembre 2005.
2. *La Tyrannie du statu quo*, de Milton et Rose Friedman, J.C. Lattès, 1984.

exemples à l'appui, la validité de la théorie des cent jours. Elle se vérifie sous tous les cieux, pour la droite comme pour la gauche.

Si Roosevelt, Thatcher, Reagan ou Mitterrand ont chacun réformé en profondeur, c'est parce qu'ils ont agi vite après leur élection. « Un nouveau gouvernement, écrivent le prix Nobel d'économie et sa femme, bénéficie d'une période de six à neuf mois au cours de laquelle il peut opérer des changements fondamentaux. S'il n'en profite pas pour agir avec détermination, une telle occasion ne se représentera plus. » Les forces d'opposition, un temps mises en déroute, auront eu le temps de se refaire en coalisant toutes les résistances aux réformes.

Corollaire à ce principe : un candidat aux responsabilités suprêmes, édictent Milton et Rose Friedman, « devra avoir un programme détaillé et parfaitement défini avant l'élection. Si un nouveau chef d'État attend en effet d'avoir remporté les élections pour transformer ses prises de position de politique générale en un programme précis, ses dispositions ne seront jamais prêtes à temps pour pouvoir être adoptées ».

Apparemment, Chirac n'a pas lu *La Tyrannie du statu quo* du couple Friedman. Sinon, il aurait fait fissa après son élection, au lieu de se hâter si lentement. Il ne fouette pas Raffarin, il le bride. Pour lui, il s'agit, avant toute chose, de ne rien bousculer ni personne.

C'est sa pente. C'est aussi la leçon qu'il a tirée du scrutin. Pour un chiracologue averti comme Jacques Toubon, le chef de l'État a voulu rester assis sur son capital de 82 % des suffrages. De même que l'« avare ne possède pas son or, c'est son or qui le possède », le président est devenu prisonnier de son magot électoral.

Écoutons Toubon : « Chirac s'est dit qu'élu par tout le monde, il devait faire la politque de tout le monde. Il a décidé de ne mécontenter personne. C'est ainsi que l'année 2002 a été perdue. Il n'y avait aucun raisonnement

319

idéologique derrière tout ça, mais juste la volonté de conserver son acquis. Cet homme est un empirique complet qui se fiche pas mal du libéralisme ou des concepts de ce genre. En cela, il ressemble aux Français. Il n'a simplement pas compris leur message du premier tour qui était un coup de colère et un appel au changement[1]. »

La faute historique de Chirac aura en effet été d'avoir fait l'impasse sur les enseignements du premier tour. Pour son second mandat, il s'est ainsi caparaçonné dès le premier jour, comme Mitterrand en 1988, dans le « ninisme ». Pas de dérangement et encore moins de grandes transformations en vue. Les Français pourront dormir tranquilles. Bonne nuit, les petits.

Tant pis si la France continue de vivre cul par-dessus tête avec un endettement galopant qui s'élèvera, cette année-là, à 934 milliards d'euros : grâce à la croissance économique, il a certes baissé sous le gouvernement Jospin, mais pas significativement. C'est le signe d'un dérèglement général dont les prémices sont apparues en 1981. Les deux grands coupables en sont François Mitterrand et Jacques Chirac. Avec une mention particulière pour Édouard Balladur et pour Pierre Bérégovoy.

Tant pis si la France a trop longtemps laissé filer ses dépenses publiques sans jamais songer, comme la plupart de ses partenaires économiques, à réduire le train de vie de l'État. Pensez ! Pour ce faire, il faudrait diminuer le nombre de fonctionnaires. Pas en licenciant, simplement en ne remplaçant pas systématiquement tous ceux qui partent à la retraite. Pour Jacques Chirac, c'est impensable. Même si le nombre d'emplois publics est plus important en France qu'ailleurs : 10 pour 100 habitants, la moyenne européenne étant à 6. Soit un surplus de 2 500 000 agents.

Tant pis si la politique de l'emploi a fait la preuve de son inefficacité : en la matière, la France est l'un des pays

---

1. Entretien avec l'auteur, le 2 septembre 2005.

qui, dans le monde, a dépensé le plus avec les plus mauvais résultats. Cas d'école : les 35 heures. Il a fallu les financer. Elles ont certes créé des emplois mais si on estime leur nombre à 200 000, on en arrive, selon les calculs de l'économiste Jacques Marseille, à une facture de 55 000 euros annuels par emploi. « Chaque poste créé, ajoute-t-il, aura ainsi coûté au citoyen-contribuable 4 500 euros par mois [1]. » Comme nos retraites ou nos acquis sociaux, nous les avons fait financer par l'étranger, en empruntant sur les marchés.

Le 10 mai 2002, quand se tient à l'Élysée le premier Conseil des ministres du quinquennat, tout pourrait laisser croire que l'heure des réformes a sonné. D'autant que contrairement au gouvernement Juppé, l'équipe de Raffarin n'est pas composée que de manchots, loin de là. Beaucoup de nouvelles têtes : sur vingt-sept ministres, vingt et un n'ont jamais exercé de responsabilités ministérielles. Beaucoup de personnalités fortes aussi : Nicolas Sarkozy à l'Intérieur, François Fillon aux Affaires sociales, Dominique de Villepin aux Affaires étrangères, Michèle Alliot-Marie à la Défense, Luc Ferry à l'Éducation, Jean-Jacques Aillagon à la Culture, Francis Mer aux Finances, Jean-François Copé aux Relations avec le Parlement ou Roselyne Bachelot à l'Écologie.

Avec sa tête d'électeur, Raffarin s'est tout de suite imposé dans le pays. Pour preuve, les sondages d'opinion placent rapidement très haut cet homme qui dit incarner la France d'en bas. Il aurait un boulevard devant lui s'il savait forcer, de temps en temps, la main de Chirac qui recule comme jamais devant l'obstacle.

La loyauté est parfois un grand tort...

---

1. *Le Grand Gaspillage*, de Jacques Marseille, Plon, 2002.

56

Les colères de Sarkozy

> « Ah ! il n'y a plus d'enfants... »
> Molière

C'est l'homme qui ne se le tient jamais pour dit. Rien ne le démonte ni ne l'abat. Pas plus les clameurs de ses ennemis que ses déboires familiaux, ou l'espèce de haine sourde que lui vouent l'Élysée en général et Claude Chirac en particulier. Les avanies coulent sur lui comme sur une toile cirée.

Feu follet ou feu de paille ? Jacques Chirac est convaincu que l'étoile de Nicolas Sarkozy pâlira vite. En attendant, à l'aube de son second mandat, elle est au firmament. Dans les médias, il n'y en a que pour le nouveau ministre de l'Intérieur : à en croire les sondages, c'est la nouvelle coqueluche des Français.

Dès le premier jour, Nicolas Sarkozy se pose en candidat à la succession de Jacques Chirac. Il entend bien, de surcroît, faire la course en tête et le dit avec une désarmante sincérité. Quatre ans plus tard, après avoir tout vécu et tout subi, il donnera à l'auteur la clé du personnage qui l'aura habité tout au long du quinquennat :

« Je suis Forrest Gump. Il y a une petite voix en moi qui me répète sans cesse : "Cours, cours, Forrest." »

Il ne sait pas s'arrêter. Il a toujours besoin de courir ou de pédaler. L'été, par exemple, il est du genre à faire ses soixante kilomètres par jour en bicyclette. « J'aime les efforts longs, dit-il. J'adore dégouliner de sueur. Quitte à m'arrêter de temps en temps au bord d'un lac. Le lac, c'est la sérénité. »

Il y a du Chirac en lui. La même obstination increvable. La même endurance à toute épreuve, qui frise le masochisme. Sans parler de cette aptitude à circuler à l'aise dans tous les milieux ou de cette connaissance de la France profonde qu'ils ont l'un et l'autre labourée sans discontinuer.

Quelque chose les dresse pourtant l'un contre l'autre. Une sorte de répulsion réciproque. Ils se voient mutuellement sous les traits diaboliques d'un avatar du duc de Noailles, tel que le décrit Saint-Simon dans ses *Mémoires* : « Une vie ténébreuse, enfermée, ennemie de la lumière, tout occupée de projets, et de recherches de moyens d'arriver à ses fins, tous bons, pour exécrables, pour horribles qu'ils puissent être, pourvu qu'ils le fassent arriver à ce qu'il propose, une profondeur sans fond[1]. »

Si en termes galants, ces choses-là sont énoncées par Saint-Simon, Chirac et Sarkozy usent de mots plus crus encore pour parler l'un de l'autre. Souvent, ses visiteurs ressortent, estomaqués, du bureau du président après avoir entendu des propos du genre : « Nicolas est fou, complètement fou. » Le ministre de l'Intérieur n'est pas en reste, qui décrit le chef de l'État, selon les jours, comme un « trouillard », un « fourbe » ou un « vieillard carbonisé ».

Pourquoi leur relation a-t-elle pris ce tour ? Sans doute le président aperçoit-il la grande faux de la mort dans les yeux de son ministre, successeur auto-désigné : rien que le voir le tue. Sans doute aussi Sarkozy a-t-il été meurtri de n'avoir pas été nommé Premier ministre. Jusqu'au dernier moment,

---

1. « Caractère du duc de Noailles », *Mémoires*, 1715, La Pléiade, tome V.

Chirac lui a fait croire qu'il était sur sa liste, alors qu'il l'avait écarté d'entrée de jeu. Pas dupe, le petit Nicolas avait tenté de lui forcer la main. Et il avait cru qu'il réussirait avec son entregent, comme d'habitude.

Toujours la même méthode : voir et convaincre. Nicolas Sarkozy l'a expérimentée en 1983, quand il a décidé de devenir maire de Neuilly, à la mort d'Achille Peretti. Le gringalet, alors âgé de vingt-huit ans, a rendu visite à tous les conseillers municipaux. Un à un. Et il leur a démontré qu'il ferait mieux, à la tête de la ville, que Charles Pasqua, sénateur des Hauts-de-Seine et président du groupe parlementaire RPR au palais du Luxembourg.

C'était David contre Goliath. Le petit avocat contre le grand potentat. À priori, il n'avait aucune chance. Charles Pasqua, qui le considérait comme l'un de ses protégés, avait toutes les raisons d'être sûr de son coup. Il était entré au conseil municipal de Neuilly pour remplacer, le jour venu, Achille Peretti qui se trouvait être, de plus, l'un de ses meilleurs amis. Affaire pliée. À tout hasard, quand le freluquet lui annonça ses intentions, il l'invita quand même à passer chez lui et lui offrit, pour le suborner, une boîte de cinq cents grammes de foie gras. C'est ce foie gras qui décida de tout. En rentrant chez lui avec son cadeau, Nicolas Sarkozy fut pris d'une rage qui s'arrêta seulement le jour où il s'assit dans le fauteuil du maire de Neuilly.

« Neuilly, c'est son chef-d'œuvre », dira, vingt ans plus tard, Jacques Toubon, encore ébahi par la performance. La victoire de la force de conviction qui a permis à Nicolas Sarkozy de circonvenir, à la surprise générale, plusieurs dizaines de conseillers municipaux.

Avant l'élection présidentielle de 2002, Sarkozy a employé la tactique qui lui a permis de prendre la mairie de Neuilly. Il a rencontré la plupart des amis du président et, après leur avoir déroulé le discours de politique générale qu'il avait déjà dans la tête, leur a demandé de faire passer le message. Comme quoi, il était le mieux préparé pour Matignon. Le plus apte. Le moins « tendre ». Chaque fois, après avoir entendu le petit couplet sarkozien, Chirac a feint d'en prendre note.

« C'est une bonne idée, en effet », a-t-il même dit à certains, mi-figue, mi-raisin.

Sans doute le président a-t-il entendu naguère, au cours d'un de leurs nombreux déjeuners, la sentence que Robert Hersant, feu le patron du *Figaro*, aimait répéter : « Il ne faut jamais redonner une chance à quelqu'un qui vous a trahi. Il vous trahira toujours une deuxième fois. Pas par vice, non, simplement parce qu'il aura besoin de se prouver à lui-même qu'il avait raison la première fois. »

Chirac considère que Sarkozy lui a manqué en choisissant Balladur à l'élection présidentielle de 1995. À l'évidence, il a été plus affecté par sa défection que par celle de l'ami Édouard. Tant il est vrai qu'il s'était entiché du maire de Neuilly. Pendant la campagne électorale, il avait même demandé à Patrick Stefanini, homme lige de Juppé, de passer des messages du genre : « Vous qui l'aimez bien, dites à votre ami Nicolas de ne pas en rajouter et de ne pas insulter l'avenir... »

Pour qu'il y ait eu trahison, il aurait fallu que Nicolas Sarkozy doive quelque chose à Jacques Chirac. Là-dessus, les avis divergent parmi les amis les plus proches du chef de l'État. C'est dire s'il est malaisé, avec ces deux-là, de démêler le vrai du faux et l'apparence de la réalité.

Pierre Mazeaud est formel : « En 1995, Chirac s'est senti trahi parce qu'il a toujours pensé qu'il avait fait Sarko. C'est même lui qui l'a découvert au congrès de Nice et lui a proposé, dès 1975, d'entrer en politique dans son giron. » Jérôme Monod est tout aussi formel, mais dans l'autre sens : « Si Chirac l'a remarqué, Sarko n'a jamais été l'une de ses créatures. Il s'est fait tout seul comme un grand, à la force du poignet. »

Il est vrai que Sarkozy se sent, depuis longtemps, l'égal de Chirac. C'est à peine s'il lui a reconnu, parfois, un droit d'aînesse. La preuve en est qu'il n'a cessé de garder avec lui une grande liberté de parole. On ne trahit que par-derrière, ou par surprise. Or, à la façon de Mitterrand ou de Chirac, il prend toujours ses rivaux de face et ne tire jamais avant les sommations d'usage.

Sarkozy n'a jamais supporté, de surcroît, les méthodes de travail de Chirac. Sa fille Claude raconte : « Ce qui a toujours énervé Nicolas au plus haut point, c'est sa façon de faire les tours de table en encourageant la confrontation et puis, après, de se retirer pour n'en faire qu'à sa tête. »

Ce n'est pas un hasard si Chirac et Sarkozy se traitent mutuellement de « cyniques ». Ce sont deux affectifs contrariés qui n'arrivent pas à se défâcher. Il y a trop de soupçons entre eux. Trop de mots qui tuent. Des deux, l'enfant prodigue est sans doute le plus sentimental. Il ne pardonne pas au président ses doubles jeux. Il a fini par se convaincre qu'il n'avait rien à attendre du chef de l'État. Sauf des mauvais coups.

Dès le début du quinquennat, Sarkozy a donc décidé qu'il lui fallait se méfier de Chirac. Qu'il était condamné à construire avec lui un rapport de force s'il ne voulait être balayé aux premiers orages. Qu'il travaillait, en somme, en territoire ennemi sous la férule d'un président « dépassé » que sa politique « timorée » conduisait « droit dans le mur ».

S'il n'avait pas été nommé Premier ministre, alors qu'il était le meilleur, et de loin, c'était bien le signe, à ses yeux, que les Chirac n'avaient pas levé leur fatwa. Les Chirac : en l'espèce Jacques et Claude. Pas Bernadette. Elle n'a pas eu la même histoire avec lui. Contrairement aux deux autres, elle a ravalé sa rancune.

Quand *Le Monde* révéla, le 22 mars 1995, à quelques semaines de l'élection présidentielle, que Bernadette Chirac avait réalisé, deux ans plus tôt, une plus-value foncière de 1,4 million de francs, tous les doigts avaient pointé Nicolas

Sarkozy, le ministre du Budget d'Édouard Balladur. Il était accusé d'avoir organisé la « fuite ».

C'est un réflexe : chaque fois que sort une affaire contre leur champion, les chiraquiens voient la main de Sarkozy qui, on l'a vu, clame toujours son innocence.

Une affaire apparemment banale, cette vente au Port autonome de Paris d'un terrain de 103 hectares appartenant en indivision aux Chodron de Courcel, la belle-famille de Jacques Chirac. Bernadette a reçu la quote-part qui lui revenait. Mais ce qui étonnait, c'était que les héritiers fussent passés par un intermédiaire. Ils lui avaient cédé pour 63,56 millions de francs un lot qu'il revendait quelques heures plus tard 83 millions. Quelque chose clochait, à l'évidence. Que les installations prévues sur le site n'aient toujours pas été construites, dix ans après cette transaction, est mêmement troublant.

Mais bon, la justice n'a rien trouvé à redire à tout cela. Bernadette Chirac n'a pas supporté que cette petite affaire familiale fasse les choux gras de la presse. Elle a longtemps soupçonné Nicolas Sarkozy d'avoir balancé l'affaire. Quand elle a acquis la conviction que le coupable était Nicolas Bazire, le directeur de cabinet d'Édouard Balladur, elle s'est rapprochée à grands pas de l'ex-ami de la famille.

C'est ainsi qu'elle appelle Nicolas Sarkozy, le 15 juillet 2004, après que le président eut tancé, la veille, son ministre avec une formule qui claquait comme un soufflet : « Je décide, il exécute. »

La femme du président veut le voir de toute urgence. « Ça ne sert à rien, répond Sarkozy. Je suis très en colère contre votre mari. »

Rendez-vous est quand même pris une semaine plus tard dans l'appartement de Bernadette à l'Élysée.

« Jacques est très malheureux, dit-elle. Que peut-on faire ?

— S'il est malheureux, il m'invite et j'arrive. C'est à lui de prendre l'initiative de la réconciliation. »

À la fin de l'entretien, elle le regarde droit dans les yeux et laisse tomber comme une évidence : « Mon mari ne se représentera pas et je vous soutiendrai. »

Elle ne cessera plus, ensuite, de répéter à la ronde tout le bien qu'elle pense de Sarkozy : « C'est le meilleur. Il connaît le terrain, lui. »

57

Jacques s'en va-t-en guerre

« Être inerte, c'est être battu. »
Charles de Gaulle

Mitterrand disait souvent, avec une pointe de regret non dénué d'ironie : « Ah ! si j'avais eu une guerre ! » Chirac l'attendait aussi. Il l'aura. La France n'ayant plus les moyens d'en faire une vraie, ce ne sera, bien sûr, qu'une guerre diplomatique menée à coup de mots, de moulinets et de gesticulations. Mais ce sera l'occasion pour lui de montrer son caractère et aussi son panache.

Quand il était son Premier ministre, Jospin avait entendu Chirac prononcer à plusieurs reprises, notamment lors d'un sommet européen avec Blair et Schröder, des propos du genre : « J'ai un principe simple en politique étrangère. Je regarde ce que font les Américains et je fais le contraire. Alors, je suis sûr d'avoir raison. »

Tout en comprenant l'ironie du propos, Jospin était choqué par la vulgarité du raisonnement qui a pu inspirer, parfois, la diplomatie chiraquienne. La sophistication, en la matière, n'est pas le fort du président. Même quand il connaît bien les dossiers, ce qui est souvent le cas, il ne s'embarrasse pas de précautions. Il fait simple.

Quand, à la suite des attentats du 11 septembre 2001 à New York, George Bush commence à préparer le monde à une opération militaire en Irak, Jacques Chirac multiplie les mises en garde contre le président américain. Au journaliste du *New York Times* qui invoque la « dangerosité » du régime irakien, accusé de détenir des armes de destruction massive, il répond : « S'il existe des preuves, je ne les ai pas vues. » Quand le même journaliste lui demande si le monde peut vivre avec une pareille tyrannie, il laisse tomber : « Tony Blair me dit la même chose pour Mugabe au Zimbabwe, alors si on commence chacun à dire : "On ne peut pas accepter", bientôt il y aura la moitié du monde qui se battra contre l'autre moitié[1]. »

Pendant des mois, Jacques Chirac tient tête aux États-Unis. Crânement, il se pose en croisé du réalisme contre une administration américaine dominée par ses passions. Il lui donne, avec des accents gaulliens, des leçons d'histoire, de stratégie ou de géopolitique. Enfin, il sonne l'alarme et lance des appels à la raison. « Si elle a lieu, dira-t-il un jour à l'auteur, les grands vainqueurs de cette guerre seront les terroristes et les champions du "choc des civilisations". Les Américains ne se rendent pas compte de la puissance, dans une grande partie du monde, de l'anti-américanisme et de l'anti-occidentalisme. En attaquant l'Irak, ils déclencheront un mouvement dont ils n'ont pas idée. »

C'est toujours la même analyse qu'il sert à ses visiteurs, jugulaire au menton, sur un ton prophétique. Saint Jean de l'Apocalypse reçoit les journalistes à la chaîne et par fournées pour leur annoncer qu'avec leur politique messianique, les États-Unis vont mettre le feu de la géhenne dans le monde arabe. Qu'ils laissent faire les grandes personnes ou les vieux sages comme lui.

Sans doute y a-t-il une part de dépit dans son attitude. George Bush n'a pas pris la peine de le consulter, lui le connaisseur de la chose arabe. Pour le président américain,

---

1. Entretien au *New York Times*, le 9 septembre 2002.

c'est bien simple : « Les États-Unis décident, l'Europe exécute. » Alors, à quoi bon demander son avis au Vieux Monde ? D'autant qu'ils comptent en son sein quelques caniches de Pavlov qui les suivent sans même qu'ils aient à les siffler.

Chirac qui adorait Bush père, europhile averti, n'aime pas Bush fils. Il estime que le cerveau du président américain est passé sous le contrôle des néo-conservateurs. Des « illuminés », ces gens formés par la gauche socialiste et reconvertis dans la droite dure, qu'habite une seule obsession : exporter partout le modèle démocratique. « Ils s'imaginent qu'ils peuvent changer le monde, les benêts, ironise le chef de l'État français, mais il ne les a pas attendus pour vivre et prendre des habitudes. Ils se fichent les doigts dans l'œil, s'ils croient qu'ils lui vendront leur démocratie comme du Coca-Cola ou des Mc Donald's. »

Aux néo-conservateurs qui rappellent que les Alliés ont réussi, après la guerre, à « démocratiser » l'Allemagne nazie, Jacques Chirac répond que les États-Unis commettent une faute, pire, une sorte de crime contre l'humanité, en se trompant aussi lourdement d'ennemis. Ce qu'il faut combattre, ce ne sont pas les Arabes laïcs, fussent-ils aussi abominables que Saddam Hussein. Ce sont les fondamentalistes, notamment chiites, à qui la guerre redonnera un nouveau souffle.

En somme, le président français accuse à la fois les États-Unis d'ignorance et d'inexpérience. Sur ce dernier point, il se laisse volontiers aller : « Vous allez dire que j'élucubre, mais la seule question qui se pose aujourd'hui, c'est : voulons-nous d'un système où une seule nation, à savoir l'Amérique, décide pour tout le monde contre l'opinion mondiale ? C'est ce qui est en jeu aujourd'hui. »

Aristide Briand est revenu. Il s'appelle Jacques Chirac. Les harangues présidentielles semblent souvent sorties de *Paroles de paix* quand le vieil ennemi de Georges Clemenceau écrivait dans son style si particulier, qui réussit la gageure d'être aussi pauvre qu'ampoulé : « Moi, je dis que la France [...] ne se diminue pas, ne se compromet pas, quand, libre de toutes visées impérialistes et ne servant que les idées de progrès et d'humanité, elle se dresse et dit à la face du monde : "Je vous déclare la Paix !" »

Jacques Chirac en a-t-il trop fait ? Des mois durant, il a pris parti contre la stratégie américaine. « Cette région, déclare-t-il ainsi, le 16 octobre 2002, en Égypte, n'a pas besoin d'une guerre supplémentaire si on peut l'éviter. » Et il ajoute : « L'éviter serait de l'intérêt de la région, de la morale et d'une certaine idée de l'ordre international où chacun doit être respecté. » Façon de dire que la guerre de George Bush serait amorale.

On ne compte pas les déclarations de ce genre avant l'intervention américaine. Souvent, Jacques Chirac semble même avoir choisi le camp de Saddam Hussein, son ami des années soixante-dix avec lequel il passa des nuits à jouer aux cartes, contre celui de George Bush, personnage confit de certitudes, qui lui a toujours été antipathique. Détail qui ne trompe pas : sa résistance au président américain chaque fois que ce dernier tente, lors des sommets des Grands de ce monde, les G8, d'imposer sa mode vestimentaire. Un coup, il offre des bottes à ses hôtes. Jacques Chirac ne les portera pas. Une autre fois, le Texan arrive avec une chemise à col ouvert. Le Corrézien gardera sa cravate.

Jusqu'à l'intervention américaine, Jacques Chirac laisse libre cours à sa détestation de George Bush et à son exaspération contre ce qu'il appelle l'« unilatéralisme américain ». La France redevient l'« embêteuse ». Comme l'écrit le *Wall Street Journal*[1], « après presque une décennie de retraites diplomatiques, la France boxe à nouveau au-dessus de sa catégorie, offrant une vue du monde alternative à celle

---

1. Le 19 novembre 2002.

des États-Unis dominants [...]. C'est la France, pas la Russie ou la Chine, qui prend la tête de la tentative de dompter la puissance américaine. »

On a beaucoup dit que sa ligne antiaméricaine lui avait été soufflée par Dominique de Villepin, son ministre des Affaires étrangères, qui lui aurait même, à plusieurs reprises, forcé la main. C'est faux. Que son ancien secrétaire général, croyant bien faire, en ait parfois rajouté, c'est sûr. Mais le président l'a aussitôt recadré, paternellement, parfois avec une pointe d'amusement. « Des erreurs de jeunesse », commentera-t-il avant de plaisanter sur le caractère de « chien fou » du patron du Quai d'Orsay.

Il éprouvera même une certaine fierté en prenant connaissance du discours que Villepin lira, le 14 février 2003, devant le Conseil de sécurité des Nations unies :

« La lourde responsabilité et l'immense honneur qui sont les nôtres doivent nous conduire à donner la priorité au désarmement dans la paix. Et c'est un vieux pays, la France, un vieux continent comme le mien, l'Europe, qui vous le dit, aujourd'hui, qui a connu la guerre, l'Occupation, la barbarie. Un pays qui n'oublie pas et qui sait tout ce qu'il doit aux combattants de la liberté venus d'Amérique et d'ailleurs. Et qui pourtant n'a cessé de se tenir debout face à l'Histoire et devant les hommes. »

Une prose au phrasé un peu bancal, voire maladroit, mais la voix est là. Du grand Villepin. Une étoile est née. Chirac l'observera désormais d'un autre œil. En attendant, ce n'est encore qu'un exécutant. Sur le dossier irakien, le président est à son affaire. Il lui suffit de suivre sa pente, celle qui le conduit depuis si longtemps et qui explique sa popularité en Afrique ou dans le monde arabe. Y compris en Algérie où, en visite d'État, du 2 au 4 mars, il a fait un triomphe.

Il ne mégote pas. Au contraire, il cogne. En déclarant, quand George Bush entend faire la guerre avec un mandat de l'ONU, que la France est prête à lui opposer un veto au Conseil de sécurité. En envoyant Villepin rameuter les pays africains qui, au Conseil de sécurité, pourraient flancher devant les injonctions américaines : le Cameroun, la Guinée et l'Angola. En répétant à qui veut l'entendre que, contrairement aux affirmations de Bush et de Blair, l'Irak ne détient plus d'armes de destruction massive. En coalisant, contre Washington, la Russie et la Chine. Commentaire de Nicolas Sarkozy : « Voilà un peuple avec lequel on n'a jamais été en guerre et qui est même venu nous aider deux fois. Ce n'est pas une raison pour nous fâcher avec eux[1]. »

Que reste-t-il de tout cela, des années après ? Un souvenir qui s'éloigne. Une nostalgie qui remonte. Si elle est une « embêteuse », la France n'aura pas été une « empêcheuse ». Sur cette affaire, finalement, elle se sera comportée en spectatrice engagée, rien de plus. Pays moyen-petit, que pèse-t-elle auprès de cette Amérique fière et resplendissante ? En dépit de nos objurgations, les États-Unis ont donc mené leur guerre avec leurs alliés britanniques, italiens, espagnols ou roumains. Sans se couvrir de gloire mais sans déclencher non plus l'apocalypse mondiale longtemps prophétisée par Villepin, à grand renfort d'imprécations fracassantes.

Depuis, après l'avoir longtemps boudé, Bush a recommencé à téléphoner, comme par le passé, à Chirac. La France et l'Amérique se sont raccommodées. Il est vrai que les fils n'avaient jamais été rompus, même dans les pires moments, entre Maurice Gourdault-Montagne, le conseiller diplomatique de l'Élysée, et Condoleezza Rice, l'égérie du président américain.

Même si la même Rice avait dit, au plus fort de la crise franco-américaine, qu'il faudrait pardonner à l'Allemagne et punir la France, tout a fini par s'arranger. Tant il est vrai que, sur ce dossier, Chirac a fait la preuve de capacités qu'il avait déjà déployées en réglant l'affaire de l'ex-Yougoslavie.

---

1. Entretien avec l'auteur, le 15 octobre 2003.

Détermination, responsabilité, souplesse. Il a suivi les préceptes du *Fil de l'épée* en n'écoutant personne : « Face à l'événement, c'est à soi-même que recourt l'homme de caractère. »

Gaullien, Chirac ? Oui, quand il s'agit de porter haut la voix de la France dans le monde. Pour le reste, c'est moins sûr. À l'époque, un économiste, Nicolas Baverez, a fait un parallèle cruel entre l'« activisme forcené » du président français sur le plan international et son « absence de stratégie et d'action » devant la « dégradation de la situation intérieure ». À son article, il a trouvé un titre qui fera mouche, et rire aussi : « Debout face à Bush, couché devant Blondel[1]. »

De Gaulle au-delà des frontières, Pétain en deçà ?

---

1. *Le Point*, le 14 mai 2003.

58

Quand les masques tombent

« Un mensonge peut faire le tour de la terre
le temps que la vérité mette ses chaussures. »
Mark Twain

Il a soixante-dix ans, l'âge où l'on ne peut tricher ni avec les autres ni avec la mort qui guette. Sa vérité apparaît, enfin, derrière les impostures sur lesquelles il avait bâti sa carrière. Tout vermoulu, le personnage qu'il s'était construit ne peut plus faire illusion, désormais.

Il se lâche et tient régulièrement des propos qui révulsent son propre camp. Ainsi : « Le libéralisme, ce serait aussi désastreux que le communisme[1]. » Sa langue aurait-elle fourché ? Non, c'est vraiment ce qu'il pense. L'âge venant, il n'hésite plus à dire tout haut ce qu'il se contentait, jusqu'à présent, de ravaler.

Pour arriver, Chirac s'était inventé un profil de bonapartiste autoritaire. Il faisait comme n'importe quel politicien de basses eaux. Il suivait le peuple et le sien, du moins celui de son parti, était de droite. Pendant plus de trois décennies, il a donc ressassé des slogans auxquels il ne croyait pas, ou peu.

---

1. *Le Figaro*, le 16 mars 2005.

C'est pourquoi il a toujours eu besoin de vraies consciences de droite à ses côtés. De stratèges articulés avec un vrai corps de doctrine. Ce rôle a été dévolu tour à tour à Marie-France Garaud, Charles Pasqua, Édouard Balladur et Alain Juppé. Souvent, pourtant, il n'a pu s'empêcher de faire valser ces béquilles.

La bonne presse se gaussait de lui car elle s'imaginait, la cruche, qu'il avait besoin de gourous. Mais non, il lui fallait juste des repères. Des poteaux indicateurs grâce auxquels il suivrait le droit chemin sans suivre sa pente de rebelle compassionnel et tiers-mondiste, toujours prêt à hurler, mais sous cape, contre l'égoïsme des riches ou l'impérialisme des États-Unis.

Contrairement à la plupart des politiciens, de droite ou de gauche, Chirac n'est pas fasciné par le monde de l'argent. Il le fréquente, bien sûr, et n'a jamais craché sur ses gratifications ni sur les invitations à utiliser son avion personnel de Rafic Hariri, l'ancien Premier ministre du Liban et homme d'affaires milliardaire, qui sera assassiné par les services syriens.

Si François Pinault restera jusqu'au bout l'un de ses meilleurs amis, sinon le plus proche, ce n'est pas parce qu'il figure en tête des plus grandes fortunes de France, mais parce que cet homme est un iconoclaste paradoxal. C'est ce qu'il aime chez lui.

Avec les autres, Chirac se tient sur ses gardes. Il faut l'entendre parler à ses proches de Serge Dassault, le patron du groupe du même nom, qu'il évite comme la peste : « Toujours à me harceler avec ses idées à la noix pour réformer l'impôt sur la fortune ! Il voudrait que je pleure sur son sort. J'ai beau y mettre la meilleure volonté, je n'arrive pas à avoir pitié de lui. Déjà que je me décarcasse pour qu'il vende des avions à l'étranger. Je crois que j'en fais assez pour lui. »

Non, il ne sera jamais une « petite sœur des riches » comme tant d'autres politiciens de droite, toujours prompts à pleurer sur les malheurs des rentiers et possédants. Le monde des chefs d'entreprise lui est plus insupportable encore. À propos de l'un ou de l'autre, il reprendra volontiers cette formule qu'il utilisait pour feu Jean-Luc Lagardère, lui aussi patron du groupe du même nom, un homme qu'il appréciait néanmoins : « C'est un type formidable. Tant qu'on n'a rien à lui demander. »

En somme, Chirac est un coucou. Un drôle d'oiseau qui a été longtemps couvé par la droite. Il a fallu l'expérience du pouvoir pour qu'elle découvre qu'il n'était pas l'un des siens. Enfin, pas tout à fait.

L'un des actes fondateurs de son « radicalisme », au sens tranchant et américain du mot, fut son refus de célébrer le bicentenaire de la découverte de l'Amérique par Christophe Colomb. Au lieu de quoi, il patronna une exposition sur les Taïnos, un peuple précolombien disparu : « Mon idée était de ressusciter cette grande civilisation massacrée... »

C'était certes au temps de la « fracture sociale ». Mais la passion de Chirac pour les arts premiers ne s'est plus jamais démentie. Jusqu'alors, il la cantonnait dans ses jardins secrets. Depuis qu'il a été élu à la présidence, il l'a laissée se déployer. Après Pompidou et Mitterrand, il a même décidé qu'il aurait, lui aussi, son musée, mais dédié, celui-là, aux « peuples oubliés de la terre ».

N'est pas Pompidou ni Mitterrand qui veut. Dix ans après qu'il l'eut annoncé, le musée des « arts premiers » n'était pas encore ouvert. Il est vrai que, comme dit le poète, Paris n'a pas été bâti en un jour et n'est même pas encore terminé. Mais bon, Chirac n'a jamais été atteint, on le sait, par la fièvre bâtisseuse.

D'où lui est venu cet amour pour les civilisations disparues et les arts dits primitifs ? C'est une histoire qui commence après la guerre. Il a treize ou quatorze ans et sèche souvent ses cours du lycée Carnot, à Paris, pour aller rêver dans les salles du musée Guimet, près du Trocadéro.

C'est un fou d'Inde. Il se la fait raconter par des « messieurs savants » qui, parfois, l'invitent à prendre une chaise pendant leurs réunions et se servent de lui comme garçon de course, pour aller chercher les cafés.

Un jour, le jeune Chirac décide d'apprendre le sanskrit, la langue des Aryens qui, venus d'Asie centrale, ont dominé, à partir de 1500 avant Jésus-Christ, le sous-continent indien. Une langue qui est à l'origine de presque toutes les autres. Un des « messieurs savants » lui indique un très bon professeur de sanskrit. Un vieux Russe à crinière blanche qui a fui la révolution de 1917 et vit pauvrement dans une chambre de bonne du 13ᵉ arrondissement, où il fabrique des écorchés en papier mâché, pour les écoles.

C'est « Monsieur Belanovitch ». Après lui avoir donné des cours de sanskrit pendant trois mois, il convainc son élève, apparemment ni doué ni motivé, d'arrêter pour se mettre au russe. Bientôt installé à demeure, dans une pièce qui jouxte l'appartement familial, il devient rapidement une sorte de précepteur et de père spirituel pour le jeune Chirac. C'est lui qui l'introduira dans le monde des vieilles civilisations, perse ou chinoise, d'où, depuis, il n'est plus jamais sorti.

Aujourd'hui, Jacques Chirac revendique volontiers la paternité de l'expression d'« arts premiers ». Soit. Il prétend aussi qu'il a fait des notes pour André Malraux quand il écrivait son *Musée imaginaire*. Possible. Dans les années soixante, il le fréquentait pas mal, partageant souvent avec lui ses déjeuners très arrosés chez Lasserre, restaurant où le ministre de la Culture du général de Gaulle avait un rond de serviette.

L'âge venant, Jacques Chirac aime aussi se poser en expert international que la Chine appelle à la rescousse, sur un point particulier. Par exemple, à propos de bronzes archaïques ou de fouilles en cours. Il rappelle volontiers qu'il a souvent été invité à donner des conférences, notamment au Japon, sur des sujets érudits. Il évoque régulièrement son amitié avec Jacques Kerchache, un grand marchand d'art, qui avait « l'œil ». Depuis sa mort, il est devenu très proche de Christian Deydier, un grand antiquaire et un des meilleurs spécialistes des arts premiers.

Désormais, il ne dissimule plus son goût pour l'art. Il a baissé son masque d'inculte crasse. Il est devenu lui-même. Au point que son bureau de l'Élysée est devenu, au bout de dix ans, une sorte de brocante. Un musée pas imaginaire où on trouve de tout. Une statue mumuyé en bois du Niger représentant une femme, datant de la fin du XIXᵉ siècle. Deux haches olmèques du Mexique, vieilles de près de trois mille ans. Sans parler de pièces boli, taïno, toumaï, shang, et on en passe.

Le président connaît tout de ces objets qui peuplent son bureau et peut faire l'article pendant des heures, avec une science qui n'est pas feinte, avant de partir dans une digression sur l'hindouisme ou le zoroastrisme. Lui que l'on croyait d'une ignorance encyclopédique a des civilisations disparues plein la tête. C'est ce qu'ont noté tous ses Premiers ministres.

Alain Juppé : « Chirac pense toujours le monde en terme de civilisations. C'est ce qui a expliqué sa position en faveur de l'entrée de la Turquie dans l'Union européenne. »

Jean-Pierre Raffarin : « Giscard résonnait en décennies. Chirac, lui c'est en siècles. Et encore, souvent, je me demande si ça n'est pas en millénaires... »

Dominique de Villepin : « Chirac n'est pas tout à fait d'ici. C'est un Oriental ou un Asiatique qui se place toujours très au-dessus du monde d'aujourd'hui. »

Certes. Ce pourrait être une explication à son immobilisme. Une version politique du nirvana, une philosophie de la contemplation appliquée à la France des années 2000. Mais ce refuge dans le passé n'est-il pas aussi un alibi à son inertie et à son « à-quoi-bonisme » ?

En tout cas, au terme de sa carrière, Chirac ne s'animera plus que pour évoquer le martyre des civilisations disparues ou des oubliés de la terre. Il est devenu leur porte-parole et s'exprime au nom de leurs charniers avec une fureur de prédicateur.

Écoutons-le : « Je ne suis pas un fanatique du bouddhisme, du taoïsme, de l'islam ou d'autre chose. Mais je ne supporte pas le rejet des autres cultures par la civilisation occidentale. La moutarde me monte au nez quand j'entends tous ces ignorants arrogants, européens ou américains, couvrir de leur mépris les arts premiers. Des pithécanthropes de la culture, voilà ce qu'ils sont. Ils croient tout savoir, mais ils ne font que perpétuer une tradition qui nous a amenés à écraser et détruire tant de civilisations. Après l'arrivée des hordes hispaniques en Amérique, c'est un des plus grands génocides de l'histoire de l'humanité, qui a été perpétré : 80 millions d'Amérindiens massacrés en un peu plus de cinquante ans, du Mexique à la Terre de Feu, voilà le travail ! Tout ça, au nom des grands principes, de la soif de l'or et de la prétendue supériorité de notre religion ! Pour moi, on ne me refera pas, l'art des Indiens de la côte ouest des États-Unis est aussi beau que la peinture française du XVIIIe siècle. Tous les hommes sont égaux. Tous les chefs-d'œuvre aussi. Si on veut se respecter soi-même, il faut d'abord respecter les autres. C'est par la tolérance que l'on enracinera la paix dans le cœur de l'humanité [1]. »

Il y a là, dans ce grand corps usé et courbé, un esprit de révolte qui n'en finit pas de brûler.

---

1. Entretien avec l'auteur, le 30 janvier 2005.

59

Les griffes du « Tigre »

« Il est plus facile de faire la guerre que la paix. »
Georges Clemenceau

Quand la guerre a-t-elle été déclarée ? Il n'est pas sûr qu'elle ait jamais cessé. Aux premiers temps du quinquennat, lorsqu'il est question de donner du galon à Brice Hortefeux, l'alter ego de Nicolas Sarkozy, dans les instances de l'UMP, le chef de l'État téléphone lui-même à Alain Juppé et grommelle avec sa voix des mauvais jours : « Je ne suis pas d'accord. »

Hortefeux sera donc limogé avant même d'être nommé. Tel est le lot de la plupart des sarkozystes, à l'aube du deuxième mandat de Jacques Chirac. Ils sont priés de rester à l'office. On verra plus tard s'il reste des places à table. En attendant, ils n'ont qu'à se tenir tranquilles.

C'est au bout d'un an que les relations commencent à s'aigrir vraiment entre le président et son ministre de l'Intérieur. Un ministre populaire, qui fait ce qu'il dit et dit ce qu'il fait. Une sorte de farfadet qui aurait le don d'ubiquité. Avec ça, turbulent et médiatique, toujours le mot pour rire ou faire un titre.

Il a, avec lui, l'une des meilleures équipes de la place, dominée par Claude Guéant, un préfet qui a le culte de l'État, et composée de personnalités fortes, comme Rachida Dati, Franck Louvrier et Emmanuelle Mignon.

Alors que baissent sans discontinuer les chiffres de la délinquance et des accidents de la circulation, il a transformé son ministère en vitrine du sarkozysme. Il a réformé autant qu'il pouvait. La garde à vue. La double peine. Les contrôles de vitesse. La place Beauvau est ainsi devenue son tremplin. Il ne cache pas l'ambition qui l'habite : la présidence de la République à laquelle il pense « chaque matin, en se rasant », et même davantage.

Pour ne rien arranger, l'image présidentielle de Sarkozy s'installe dans les têtes. À en croire les sondages, il est même devenu le candidat préféré de la droite pour la prochaine élection, assez loin devant Chirac. Mauvaise nouvelle pour le chef de l'État à l'heure où vacille le destin national de Juppé, son dauphin naturel, aux prises avec la justice dans une affaire d'emplois fictifs au RPR.

Chirac est comme tous les hommes de pouvoir. Plus méfiant encore que la moyenne, il ne souffre pas qu'on ait prise sur lui et entend avant tout garder les mains libres. Or, n'est-ce pas une stratégie de garrottage que mène contre lui le pétaradant ministre de l'Intérieur ?

À force de voir Sarkozy faire des galipettes sous ses fenêtres en jetant ses insolences comme des crachats, Chirac finira un jour par laisser tomber, sur un ton de grande lassitude : « J'ai compris ce qu'il veut. Faire de moi un roi fainéant. Eh bien, qu'il ne compte pas sur moi pour l'aider ! »

Il la joue fine, cependant. La plupart du temps, Chirac fait la chattemite, comme le montre une explication de gravure, tout en douceur, le 14 octobre 2003, après les journées parlementaires de l'UMP, à Nancy. Sarkozy a prononcé un discours de la méthode où, entre les lignes, il faisait la leçon à Raffarin. Le chef de l'État avait alors fait savoir, par voie de presse, qu'il condamnait les « manquements à la solidarité » gouvernementale. Colère du ministre de l'Intérieur

À l'époque, Chirac et Sarkozy sont un peu en froid. Quelque temps auparavant, lors d'un aparté pendant un Conseil des ministres, le président avait tranché : « Il n'y aura pas de loi sur l'immigration et s'il y en a une, ce ne sera pas toi qui la feras. » Sarkozy avait répondu : « On ne parle pas de choses aussi importantes de façon aussi sommaire. »

« Je sais que j'ai commis une chose terrible, dit Sarkozy, ce 14 octobre, au chef de l'État. J'ai dit aux parlementaires : "Il faut réfléchir." Je reconnais aussi que j'ai commis une faute plus impardonnable encore en déclarant : "Il faut agir."

Sarkozy s'interrompt un moment, puis :

"Et ça va durer combien de temps, toutes ces petites attaques contre moi ?

— Je n'y suis pour rien, jure Chirac. J'ai interdit que l'on dise du mal de toi à l'Élysée." »

Pour un peu, on dirait qu'ils n'ont plus qu'une chose en commun : l'hypocrisie. Ils sont néanmoins bien décidés à ne rien commettre d'irréparable. Sarkozy, notamment, parce qu'en attendant l'Élysée, il serait tout disposé à faire une escale à Matignon. « Je suis prêt, dit-il à l'auteur[1]. J'ai été assez longtemps en bas. C'est là, dans la vallée, qu'on emmagasine la chlorophylle et construit l'énergie que l'on consommera en haut de la montagne. Il ne faut jamais arriver en hélico, au sommet. Après, on se plante. J'ai eu le temps de me préparer et, franchement, je ne désespère pas. Poincaré a bien fini par appeler Clemenceau parce que, comme il l'a dit, tout était perdu et si ça ne l'avait pas été, le bougre aurait été capable de tout faire perdre. »

Référence qui en dit long. Raymond Poincaré, c'était l'irrésolution faite homme et, comme l'a dit Paul Morand, une « caravane de lieux communs dans un désert d'idées ».

---

1. Entretien avec l'auteur, le 15 octobre 2003.

Georges Clemenceau, lui, c'est une grande page de l'Histoire de France.

Sans doute Sarkozy se reconnaît-il dans le portrait que Jules Renard a fait du « Tigre » : « Un téméraire qui tâche, à chaque instant, de se faire pardonner ses audaces[1]. » Sans doute le verrait-on bien dire de Chirac, comme Clemenceau de Briand : « Même quand j'aurai un pied dans la tombe, j'aurai l'autre dans le derrière de ce voyou. »

Tant il est vrai que Sarkozy est un avatar du Tigre. Le même caractère épineux. La même hargne au combat. La même rosserie aussi, qui a fait dire à Clemenceau tant d'horreurs dont la moindre ne fut pas sa réponse, en 1913, à Antonin Dubost, président du Sénat et candidat à l'Élysée, qui lui disait :

« Vous avez une drôle de façon de me soutenir. Pourquoi dites-vous à tout le monde que je suis un imbécile ? Je ne suis pas plus bête qu'un autre. »

Alors, Clemenceau : « Où est l'autre ? »

Jacques Chirac ne quitte plus Nicolas Sarkozy des yeux. Il suit de près tous ses faits et gestes, notamment son travail auprès de la communauté musulmane de France que le ministre de l'Intérieur entend organiser. Depuis deux décennies, la plupart de ses prédécesseurs, de Joxe à Chevènement, s'y sont essayés. Sans succès.

Sarkozy a décidé de procéder autrement que les autres. Pour monter son Conseil français du culte musulman (CFCM), il tend la main à l'Union des organisations islamiques de France (UOIF), qui fédère un réseau de trois cents associations d'inspiration intégriste. Tollé général. Le ministre de l'Intérieur aurait-il perdu la tête en laissant l'islam de France passer sous le contrôle des fondamentalistes ?

---

1. Cité dans *Vacheries, dictionnaire des insolences*, de Jean Rivoire, Le Cherche Midi, 1992.

Comme le note l'un de ses biographes[1], « il parie que le radicalisme est soluble dans le pouvoir et les honneurs ». Jusqu'à présent, la République choisissait ses interlocuteurs dans l'islam modéré en ostracisant tous ceux qui, comme l'UOIF, avaient des penchants intégristes. Sarkozy est convaincu qu'il ramènera tous les musulmans dans la communauté nationale en mettant fin aux anathèmes.

Pour lui manifester son soutien, Chirac n'attendra pas que la stratégie de Sarkozy se révèle payante, avec la montée en puissance des musulmans républicains, sous la houlette de Dalil Boubakeur, recteur de la mosquée de Paris. Après une apparition et un discours très remarqués du ministre de l'Intérieur au vingtième rassemblement de l'UOIF, au Bourget, en 2003, le chef de l'État l'a ainsi chaudement félicité : « Tu as fait ce que tu devais faire. »

S'il n'hésite jamais à dire ses désaccords avec Sarkozy, par exemple sur la discrimination positive, le chef de l'État ne combat que le rival ou le candidat à l'Élysée. Jamais le ministre de l'Intérieur qui, au demeurant, le reconnaît bien volontiers[2] : « Chirac me fiche une paix royale. La plupart du temps, il découvre ce que je fais dans la presse. En vérité, c'est quelqu'un qui veut du résultat et un engagement total. Si tu as les deux, pas de problème. Sinon, tu peux t'attendre à tout. »

De là à imaginer que Chirac n'est pas obsédé par Sarkozy, il y a un pas qu'on ne saurait évidemment franchir. Au contraire, le président le marque souvent à la culotte. Le 5 janvier 2004, par exemple, il appelle ainsi son ministre pour lui dire : « J'ai appris que tu partais bientôt aux États-Unis. Dans le contexte actuel, ça pose un problème.

— Y a pas de date ni de projet, répond Sarkozy.

— Bonne nouvelle. Mes hommages à ta femme. »

---

1. *Sarko Star*, de Michaël Darmon, Le Seuil, 2004.
2. Entretien avec l'auteur, le 14 octobre 2003.

Une autre fois, il téléphone à son ministre pour le complimenter sur sa visite en Égypte : « Fantastique, le succès que ç'a été. As-tu prévu d'autres voyages de ce genre ?

— Non.

— C'est très bien. Il ne faut pas en faire trop, tu sais. Et puis la prochaine fois que tu vas à l'étranger, essaie de me prévenir avant. »

Avec Sarkozy, le président n'oublie jamais de se méfier, donnant ainsi raison à la maxime de La Rochefoucauld : « Notre défiance justifie la tromperie d'autrui... »

60

Pour quelques pelletées de terre

« Rien ne s'arrange mais tout se tasse. »
Marcel Achard

Ce n'est pas un échec, c'est un tsunami. Aux élections régionales du 24 mars 2004, la droite perd toutes les régions sauf une : l'Alsace. La vague socialiste est telle qu'elle emporte même des bastions comme le Poitou-Charentes, présidé par Jean-Pierre Raffarin, ou les Pays-de-la-Loire, présidé par François Fillon.

Un « 21 avril à l'envers », diagnostique François Fillon. À juste titre. Le scrutin traduit là colère et le désarroi du pays devant la politique du gouvernement. C'est ce que les chiracologues avertis comme Catherine Pégard appellent la « malédiction des deux ans ». Aux affaires, Jacques Chirac n'a jamais tenu plus de deux ans : 1974-1976, 1986-1988, 1995-1997 et, maintenant, 2002-2004.

À cette débandade, on peut donner, outre la « malédiction des deux ans », plusieurs explications : la mauvaise gestion de la canicule d'août 2003 qui a fait 15 000 morts, la radiation de 200 000 chômeurs des listes de l'Unedic ou encore les mouvements de protestation des chercheurs et des intermittents du spectacle. Mais avant même le fiasco, Chirac en subodorait déjà la raison : la France se ronge les sangs.

Il avait donc demandé aux siens de rayer de leurs discours le mot si effrayant de « réforme ». Ils n'étaient autorisés qu'à parler de « changement » ou de « modernisation », et encore, pas trop, afin de ne pas terrifier le bon peuple.

Total : une débâcle historique, comme si les Français avaient eu peur de ce que préparait la main droite pendant que la main gauche les caressait dans le sens du poil.

Que faire ? Le premier réflexe de Chirac est de trouver des boucs émissaires, comme Jean-Jacques Aillagon, le ministre de la Culture, coupable de n'avoir pas cédé sur le dossier des intermittents du spectacle, avant de tout verrouiller. Donc, pas question pour le moment de se séparer de Raffarin. Hormis Sarkozy, le président n'a, de toute façon, pas de solution de rechange au Premier ministre et n'entend pas être relégué à l'« inauguration des chrysanthèmes ». « Encore que je ne suis même pas sûr, s'amuse-t-il, que Nicolas me laisserait les chrysanthèmes. » Il a fini par se résoudre à tourner la page Juppé. Ça lui fend peut-être le cœur, mais à la guerre comme à la guerre. Il doit inventer quelqu'un d'autre.

Quand les chevaux sont trop fourbus ou juste bons pour l'équarrissage, il faut en changer et en seller des frais. Depuis que la justice a mis Juppé hors-jeu, après sa condamnation en première instance dans l'affaire des emplois fictifs du RPR, Chirac n'a plus personne pour l'aider à contenir la montée en puissance de Sarkozy.

Réflexe de vieux monarque. Alors que l'ennemi est aux portes et que la terre tremble sous les remparts, il ne songe toujours qu'à se débarrasser de son rival. C'est même son idée fixe. La grille de lecture d'une grande partie de ses décisions.

Pour mener la guerre contre Nicolas Sarkozy, il y aurait bien Hervé Gaymard ou Michèle Alliot-Marie, mais non, l'un est trop tendre et l'autre, trop raide. Il ne reste donc que l'ébouriffant ministre des Affaires étrangères.

Va pour Villepin. Chirac décide de retirer à Sarkozy le ministère de l'Intérieur qui lui a trop bien réussi pour le refiler à l'ancien secrétaire général de l'Élysée. Il connaît ses défauts et le prévient qu'il sera, lui, en stage d'apprentissage. « Écoutez les gens, lui dit-il en substance, voyez les parlementaires, partez à la rencontre de la France. Préparez-vous. »

Il y a un problème. Le 29 mars, au lendemain du fiasco des régionales, quand le chef de l'État propose le ministère des Finances à Sarkozy, ce dernier se rebiffe. Il veut rester place Beauvau. En fin d'après-midi, lors d'un second coup de téléphone, Chirac insiste et argumente : « Tu ne peux pas refuser de t'occuper de ce qui est important pour les Français. Tu as remis de l'ordre à l'Intérieur. Tu dois maintenant en mettre aux Finances. »

Sarkozy a vu la manœuvre mais finit par se laisser faire. Il a un grand projet : prendre le contrôle de l'UMP dont Juppé va abandonner la présidence. Sa stratégie pourrait être contrariée s'il quittait dès maintenant le gouvernement, engageant ainsi les hostilités et ouvrant un processus qu'il ne maîtriserait pas. Donc, il prendra Bercy.

Quelques mois avant la déroute des régionales, le chef de l'État lui avait demandé, sur un ton détaché mais avec un regard mauvais : « Est-il vrai que tu veux prendre la présidence de l'UMP ?

— Ça ne m'intéresse pas follement.

— Ça tombe bien, figure-toi. Tu t'es fait une très bonne image, place Beauvau.

— Je n'irai que si on m'emmerde, dit alors Sarkozy.

— Qu'entends-tu par là ?

— Eh bien, tout ce qu'on est en train de me faire en ce moment. »

Un mois avant les régionales, nouveau dialogue sur le même thème. « Je ne veux pas d'un accord entre Raffarin et toi pour la présidence de l'UMP, dit Chirac à Sarkozy. Si tu es son numéro deux, tu le boufferas.

« — En ce cas, je serai numéro un. »

Après quoi, faussement coulant, le chef de l'État entreprend d'amadouer Sarkozy : « Ne t'en fais pas. Si tu es le meilleur en 2007, je te soutiendrai.

— Si je ne suis pas le meilleur, je ne comprends pas pourquoi vous ne me soutiendriez pas. Ce qui aurait été gentil, c'eût été de me dire : "Je t'aiderai à être le meilleur." »

Tel est le ton. Ces deux-là ne sont pas prêts à se réconcilier. En partant à la conquête de l'UMP et de son magot financier, Sarkozy se pose en héritier incontournable. Pour Chirac, c'est intolérable : on n'attend même pas qu'il soit mort pour le recouvrir de pelletées de terre. Il a un espoir, que son ministre s'autodétruise, et prédit volontiers qu'il ne tiendra pas la distance. Trop « fébrile » et trop « agité ». Il en parle, chose curieuse, avec les mêmes adjectifs que Giscard naguère à son égard.

« Ton pire ennemi, c'est toi-même, dira-t-il à Sarkozy.

— Être aussi mauvais que vous le pensez et faire cette carrière, franchement, c'est inespéré.

— Ne sois pas insolent.

— Ce n'est pas de l'insolence, c'est de la franchise. »

Il y a, c'est vrai, quelque chose d'effronté chez Sarkozy. Notamment quand il laisse tomber, pour clore une conversation avec Chirac : « Finalement, c'est moi, le chiraquien. Je fais ce que vous avez fait toute votre vie : y penser tout le temps... »

61

Le cri du corbeau

> « Le corbeau, honteux et confus
> Jura, mais un peu tard, qu'on ne l'y prendrait plus. »
> La Fontaine

Quand il arrive au ministère de l'Intérieur, Dominique de Villepin ouvre tout de suite la chasse au Sarkozy. L'auteur du *Cri de la gargouille*[1] ne rate jamais une occasion de débiner la politique de son prédécesseur. Il parle volontiers, en petit comité, de « poudre aux yeux ». Mais les questions de sécurité ne sont pas son fort. Il leur préfère, et de loin, les affaires internationales. Quand vous l'interrogez sur l'actualité policière, il trouve toujours le moyen d'en venir par des voies détournées, comme l'Irak et le terrorisme, à la politique étrangère. Tous les chemins mènent à Bagdad.

Cet homme si épris de lui-même croit encore, comme le disait Talleyrand de Chateaubriand, qu'il devient sourd quand il n'entend plus parler de lui. Il garde toujours aussi quelque chose de baroque et d'exalté. Mais enfin, il s'applique à démonter la machine laissée par son successeur tout en essayant, bien sûr, de lui rafler son fonds de commerce. À la manœuvre, il fait le poids et apparaît vite

---

1. *Le Cri de la gargouille*, Albin Michel, 2002.

comme l'une des personnalités clés de l'État-Chirac. S'il n'a pas, comme Nicolas Sarkozy, la capacité de mettre sa propre action en scène, il assure assez bien, avec un doigté qu'on ne lui connaissait pas. Son nouveau directeur de cabinet, Pierre Mongin, y est sans doute pour quelque chose. Un préfet de haute volée qui a fait ses armes à Matignon, au temps d'Édouard Balladur. Les sarkozystes le surnomment « le syndrome de Stockholm », du nom de l'affection qui, dans certains cas, amènent les otages à tomber amoureux de leurs ravisseurs...

C'est dans ce contexte qu'éclate l'affaire Clearstream. Au printemps 2004, le juge Renaud Van Ruymbeke reçoit une lettre anonyme. Encore une. Il en commence la lecture par acquit de conscience quand il comprend qu'elle dénonce, numéros de comptes bancaires à la clé, un gigantesque système de blanchiment d'argent sale. Tout tourne autour de Clearstream, la banque des banques, dont le siège est au Luxembourg. Une chambre de compensation qui, au lieu de transférer physiquement l'argent entre les banques, ne règle que les soldes des échanges. Résultat : on ne peut pas suivre le cheminement des sommes. Anonymat garanti. Sûrs qu'on ne trouvera jamais la trace de leurs versements illicites, des particuliers se sont mis ainsi à utiliser Clearstream comme une « blanchisseuse ».

La lettre anonyme accuse plusieurs personnalités du monde des affaires d'avoir perçu, via Clearstream, des fonds occultes, liés notamment à la vente par Thomson CSF, en 1991, de six frégates à Taïwan, dossier qu'ont eu en charge, ce qui tombe à pic, le juge Renaud Van Ruymbeke et sa collègue Dominique de Talancé. Parmi les cibles, Philippe Delmas, vice-président d'Airbus. Le 7 mai 2004 il est mis en garde à vue mais, après maintes vérifications, aucun élément n'est retenu contre lui. Pas la moindre trace de commission illicite ni de compte bancaire au Luxembourg.

Au cours de son audition, Philippe Delmas émet l'hypothèse que cette affaire serait une manipulation liée à la guerre qui oppose alors Philippe Camus, le patron d'EADS, la maison mère, à Noël Forgeard, le président d'Airbus que Jacques Chirac a décidé de promouvoir à la tête de l'ensemble. Le chef de l'État a la manie de vouloir changer, quand bon lui semble, les patrons des grandes entreprises. Il a ses têtes. Et en l'espèce, il estime qu'il a son mot à dire : EADS vit en partie sur les commandes publiques d'armement et Forgeard fut l'un de ses proches collaborateurs. L'Élysée a ainsi déstabilisé ce fleuron de l'industrie française : dans le monde impitoyable de la défense et de l'aéronautique, tous les coups sont permis, surtout les plus tordus.

Quand les juges reçoivent la deuxième lettre anonyme, leurs derniers doutes sont levés, il s'agit bien d'une grossière manipulation. Tout le bottin des affaires, de la politique et de la presse est cité et, bien sûr, Nicolas Sarkozy, faussement dissimulé sous les pseudonymes transparents de Paul de Nagy et de Stéphane Bocsa, tirés de son patronyme complet : Nicolas, Paul, Stéphane Sarközy de Nagy-Bocsa.

Si Sarkozy avait ouvert des comptes au Luxembourg, pourquoi diable aurait-il pris des pseudonymes aussi voyants ? À l'évidence, quelque chose cloche. Villepin, pourtant, saute de joie. Bonne pioche. Il prévient tout de suite Jean-Pierre Raffarin : « Ça y est, on le tient ! » Il alerte aussi la bonne presse : « Sarkozy, c'est fini. Si les journaux font leur travail, et s'ils ont des couilles, il ne survivra pas à cette affaire-là. » Dans la foulée, il commande un rapport à la Direction de la surveillance du territoire (DST).

Qu'importe si tout ça sent le montage à plein nez : calomniez, calomniez, il en restera toujours quelque chose. D'autant qu'un démenti équivaut souvent, dans ce genre d'affaires, à une confirmation. Las ! la machination ne prend pas. Elle a été trop bâclée. Pour un peu, elle se retournerait même contre Villepin.

Une note « Confidentiel Défense » du 23 octobre 2004, signée du grand patron de la DST, Pierre de Bousquet, et adressée au ministre, pose quelques questions troublantes, à propos du « corbeau » : « Aurait-il agi seul ou avec son entourage ? Avec le soutien technique d'une équipe à sa main ? Aurait-il pu être instrumentalisé ? Par qui ? »

Dans d'autres notes « Confidentiel Défense », la DST mentionne des rumeurs mettant en cause Jean-Louis Gergorin. Un des esprits les plus brillants de sa génération, ancien élève de l'ENA et grand expert en géopolitique, qui a ses entrées au Quai d'Orsay où il a longtemps travaillé. Il fut l'un des collaborateurs les plus proches de Jean-Luc Lagardère et reste un conseiller écouté de son fils Arnaud. Il a un ennemi dans la vie, Philippe Delmas. Et inversement.

C'est aussi un grand ami de Dominique de Villepin qu'il a connu quand il dirigeait le Centre d'analyse et de prévision du ministère des Affaires étrangères où ils ont cohabité pendant trois ans. Depuis, ils ne se sont jamais perdus de vue. Ainsi, quand Jean-Louis Gergorin fut décoré de l'Ordre national du mérite par Alain Richard, ancien ministre de la Défense, en avril, au moment où l'affaire Clearstream commençait, ce fut dans le bureau et en présence de Dominique de Villepin, place Beauvau.

Détail troublant. À condition, bien sûr, que Jean-Louis Gergorin ait été l'auteur des lettres, ce qu'il dément avec énergie et qui n'est au demeurant pas prouvé. Convaincu qu'il s'agissait d'un complot ourdi contre lui, Nicolas Sarkozy se croit quand même fondé à demander des comptes à Dominique de Villepin. Le 15 octobre 2004, les deux hommes auront une explication houleuse, place Beauvau.

Depuis, l'enquête n'avance guère. La DST rase les murs, tandis que le juge chargé d'identifier le ou les corbeaux tente, seul, de dénouer cet imbroglio. N'empêche que l'affaire Clearstream n'a pas fini de faire des vagues.

C'est elle qui permet de comprendre, en partie, le retour inopiné de Nicolas Sarkozy au ministère de l'Intérieur, un peu plus tard, après le four du référendum sur l'Europe. N'a-t-il pas déclaré, sibyllin, qu'il avait accepté de retourner place Beauvau afin de déjouer d'« éventuels complots » ?

C'est elle encore qui nourrit la haine froide ou brûlante, c'est selon, qui dresse l'un contre l'autre Nicolas Sarkozy et Dominique de Villepin. Ces deux-là sont désormais condamnés à se battre jusqu'au dernier sang. Ils ne se rateront pas. Les sourires de façade n'y changeront rien.

Une fois, pendant l'été 2005, Jacques Chirac dira à Nicolas Sarkozy : « Allez, arrête de me parler de cette affaire Clearstream. Il faut penser à l'intérêt général.

— Quel intérêt général ?

— C'est une histoire sans importance. Tu perds ton temps. »

Alors, Sarkozy : « Ne me parlez pas comme ça. Un jour, je finirai par retrouver le salopard qui a monté cette affaire et il finira sur un crochet de boucher. »

62

« Jean-Pierre Fera-rien »

« De temps en temps, les hommes tombent sur la vérité.
La plupart se relèvent comme si de rien n'était. »
Winston Churchill

Le 23 juillet 2004, Jérôme Monod est venu voir Jean-Pierre Raffarin. C'est un vieil ami de Jacques Chirac, la loyauté faite homme. Toujours l'ironie aux lèvres, le contraire d'un courtisan. Il n'a rien à attendre du chef de l'État : sa carrière est derrière lui.

Ce jour-là, le conseiller du président dit en substance au Premier ministre : « Vous savez comme je suis attaché à Chirac, mais je dois vous mettre en garde, vous êtes trop gentil avec lui. Cessez de le regarder avec des yeux humides et énamourés. Dans votre intérêt et dans le sien, arrêtez de lui demander tout le temps la permission avant de lever le petit doigt. Prenez vos responsabilités ! Virez les ministres qui font des conneries ! »

Jérôme Monod aime le chef de l'État comme un vieux frère. Il partage avec lui ce petit tas de secrets qui nourrit les grandes fraternités. Il a tout fait avec lui, la fondation du RPR puis celle de l'UMP. Il est l'un des rares à savoir que, quand il avait en charge l'industrie aéronautique au cabinet de Georges Pompidou à Matignon, dans les années soixante, Jacques Chirac guignait le secrétariat général de l'aviation civile pour pouvoir jouer, ensuite, la succession de Marcel Dassault qui l'avait à la bonne. D'où l'inimitié du président envers son fils Serge.

Ce sont des choses qu'il faut savoir, pour comprendre Chirac. Monod les sait toutes ou presque. Il n'ignore donc rien de ses faiblesses. S'il célèbre volontiers ses qualités d'homme d'État dans le domaine international, il semble plus perplexe, en revanche, en matière économique ou sociale. Chose curieuse, il fait, sur le plan intérieur, une analyse du chiraquisme qui rejoint, à certains égards, celle de Sarkozy dont il est la bête noire. Depuis plusieurs mois, il a du tracas pour le président. « Pourvu que tout ça finisse bien ! dit-il. Je n'en suis pas sûr. » C'est qu'à force d'écouter les voix discordantes et de se replier sur son clan, Chirac n'entend plus que ce qu'il veut entendre.

Résultat : le chef de l'État n'y entend rien à rien. Alors qu'il fallait l'adapter, il s'est contenté de congeler le modèle social français, sous le prétexte, fallacieux, que le monde entier en rêverait.

Mais comment le monde envierait-il un système où un Français sur dix n'a pas d'emploi et un sur cinq, pas de formation ? Où l'on a réussi à cumuler la précarité et l'un des taux de chômage les plus élevés des pays développés ? Où l'État, malgré des prélèvements fiscaux massifs, dépense 25 % de plus que ses recettes chaque année ?

C'est une faillite sociale, économique et morale mais, apparemment, elle ne trouble pas la digestion ni la conscience de Jacques Chirac. Par lâcheté autant que par aveuglement, il persiste à suivre une politique qui, depuis plus de vingt ans, mène le pays à la ruine. Au sens propre. De 1995 à 2004, sous sa présidence donc, la France aura battu tous les records d'endettement dans l'Union européenne : il a augmenté de 10,5 points du PIB pour en représenter désormais 66 %.

Certes, la France n'est pas encore au niveau de la Grèce où la dette s'élève à 109 % du PIB, ou de l'Italie (106 %).

Mais le pays se laisse aller. Il est même devenu l'exemple de ce qu'il ne faut pas faire en matière de chômage, de précarité et de finances publiques.

Tout était écrit, pourtant. La prédiction est un genre difficile. Surtout quand elle concerne l'avenir. Mais Nicolas Baverez, avocat d'affaires et historien aronien, avait prophétisé tout cela, dans un article paru dès le 6 septembre 2002, alors que le pouvoir savourait son état de grâce. Un article qui, à l'époque, avait mis la chiraquie en émoi. « À la notable exception de la politique de sécurité, notait Baverez[1], il est désormais clair que le gouvernement Raffarin s'inscrit dans une totale continuité avec la gauche plurielle dirigée par Lionel Jospin, dans la mesure où il ne sait ni où il compte mener la France ni même où il va. Du Smic aux retraites, de la baisse des impôts au budget, des 35 heures au droit du travail, de la redevance aux effectifs de l'Éducation nationale, la valse à trois temps de la réforme avortée continue à tourner en boucle. Premier temps, une annonce martiale, sans aucune explication à l'usage de citoyens d'en bas ou d'en haut. Deuxième temps, une retraite en rase campagne devant les corporatismes. Troisième temps, l'enterrement précipité du projet sous couvert d'arbitrage politique. »

« Sous Raffarin comme sous Jospin, écrit encore Baverez, le mot d'ordre reste identique : la réforme, en parler toujours, ne la faire jamais. Ni socialistes ni libéraux, ajoute-t-il, les dirigeants français sont avant tout menteurs. » Puis, cette conclusion : « En France, depuis un quart de siècle, la politique cultive l'art de rendre impossible ce qui est indispensable. »

Pour titrer son article, Baverez a trouvé un surnom au Premier ministre : « Jean-Pierre Fera-rien ». Ce n'est guère plus aimable que celui qu'utilise Villepin : « Raffa-rien ».

-----

1. *Le Point*, le 6 septembre 2002.

Il est vrai que le chef du gouvernement semble avoir été prédestiné pour devenir le bouc émissaire du chiraquisme. Il a le dos large, et prend tout sur lui, avec un sourire entendu.

La faute à Raffarin ? Le bilan de son gouvernement n'est pas négligeable, loin de là. Il a fait avancer plusieurs dossiers, notamment la décentralisation ou les retraites. Il a renforcé la République laïque en faisant interdire par la loi les signes religieux à l'école. Mais il n'a pas fait bouger des lignes, obsédé qu'il était par l'idée de ne pas déplaire au chef de l'État. Il l'aimait trop pour le servir bien.

Quelques jours après le coup de semonce des élections régionales, en mars 2004, François Fillon tente de raisonner le chef de l'État : « Je pense que tu te trompes. Si on a été battus, ça n'est pas parce qu'on a fait des réformes trop dures mais parce qu'on n'a plus de ligne et qu'on donne l'impression de gouverner au jour le jour. »

Il parle en connaissance de cause. C'est un homme de terrain qui a toujours de la terre sarthoise à la semelle de ses chaussures. Ministre des Affaires sociales, il a bouclé sans casse le dossier des retraites avant d'écoper de l'Éducation nationale. Le chef de l'État lui jette un regard glaçant avant de lui servir son discours traditionnel sur la fracture sociale et la fragilité du pays : « N'oublie pas. Les syndicats peuvent tout bloquer à chaque instant.

— Mais eux aussi sont traversés par des doutes. »

Non, rien ni personne ne le fera changer. Là est peut-être la grande faille de Jacques Chirac. La girouette qui se prenait pour le vent a de plus en plus tendance à se bloquer, l'âge aidant. La machine est rouillée. Quand il a une idée, on ne peut plus la lui enlever de la tête. Denis Jeambar, son meilleur pourfendeur, a tout dit quand il écrit dans un pamphlet : « On l'a vu versatile, influençable, il n'a creusé qu'un seul sillon, incapable de s'adapter aux mutations considérables que le monde a connues au cours des dernières années [1]. »

Sa raideur peut même devenir comique, comme le montre cette vieille histoire que raconte le même Fillon : « Un jour, lors d'un bureau politique du mouvement, Chirac fait le procès de l'état de l'armée, laissée par Mitterrand, avant d'ajouter que les choses allaient s'arranger avec l'arrivée du porte-avions *Charles de Gaulle*. J'interviens : "Il y a un problème, Jacques. Le *Charles de Gaulle* a été construit à l'économie. Il aura une vitesse de croisière de 27 nœuds alors que nos autres porte-avions vont à 32 nœuds." Chirac me coupe : "C'est faux. C'est moi qui ai commandé le *Charles de Gaulle*. Je sais qu'il ira à 32 nœuds." En sortant, je vérifie que j'avais raison. Le lendemain, alors que nous nous retrouvons dans une autre réunion, je lui passe donc un petit mot pour le lui dire. Il se lève, disparaît un moment et, quand il revient, me jette un papier où est écrit : "J'ai téléphoné à l'amiral qui commande le programme de construction du *Charles de Gaulle*. Il me confirme qu'il ira à 32 nœuds." Là, je ne comprends plus. Dès que je peux, je téléphone à l'amiral Louzeau, le chef d'état-major de la Marine. Il me certifie que la vitesse du *Charles de Gaulle* sera limitée à 27 nœuds en raison du manque de puissance de ses chaudières. Ce que je fais, alors ? Eh bien, j'insiste. L'après-midi, retrouvant Chirac dans l'hémicycle du Palais-Bourbon, je lui écris une petite lettre : "Tu vas trouver que je suis insolent mais voilà, j'ai téléphoné au chef d'état-major de la Marine. Il dit comme moi : 27 nœuds." On aurait pu en rester là. Ce serait mal connaître Chirac. Un moment plus tard, on se croise. Il me prend par le bras et me dit : "Écoute, le *Charles de Gaulle* ira à 32 nœuds, je le sais, je le maintiens, il n'y a aucun doute là-dessus. Ne crois jamais les chefs d'état-major. Ce sont tous des menteurs." »

---

1. *Accusé Chirac, levez-vous !*, de Denis Jeambar, Le Seuil, 2005.

Des histoires comme celle-là, à en pleurer ou à en rire, il y en a beaucoup. Elle est déjà ancienne mais Chirac n'a pas changé aujourd'hui. On peut même dire que ça ne s'est pas arrangé. Cet homme s'arc-boute toujours sur des vérités dont il ne démord plus, même quand il s'avère que ce sont des mensonges. Il y a, chez lui, quelque chose de crispé, voire de pétrifié, qui s'est aggravé, l'âge aidant. C'est un psychorigide contrarié qui a fini par se convaincre que la France ne supporterait aucune grande réforme, au grand dam de la gauche qui aurait aimé que la droite les réalisât avant son retour au pouvoir.

Telle est la grande hypocrisie nationale. À la gauche qui dit : « On ne peut pas le dire », la droite répond, en écho : « On ne peut pas le faire. » Les politiciens de tous bords se livrent à une surenchère d'immobilisme, si l'on ose dire, alors qu'ils connaissent les solutions. Une moisson de rapports, commandés par les uns et les autres, les ont identifiées : la baisse des dépenses publiques, la transformation du système éducatif, le rétablissement d'un vrai dialogue social et la réforme du marché du travail. Ce sont les personnes qu'il faut protéger et non les emplois que l'on a tendance, en France, à subventionner, au mépris de toute rationalité économique.

La classe politique n'a pas compris que, l'évolution du monde aidant, les emplois sont condamnés à naître puis à mourir. La seule chose qui devrait compter, c'est l'individu qui est derrière. Mais le modèle soi-disant social de la France l'a passé pour profits et pertes. Les effets pervers de la politique de l'emploi menée alternativement par la droite et la gauche n'ont réussi qu'à fabriquer plus de précarité et plus de pauvreté.

C'est le système RTT + CDD, les deux faces d'une même réalité, qui enferme les jeunes dans le chômage et les pauvres dans l'exclusion, en produisant de moins en moins de richesse par rapport à nos partenaires. Dans le même temps, pourtant, les profits des grandes entreprises explosent et leurs patrons se goinfrent en ajoutant sans cesse des zéros à leurs rémunérations.

Mais bon, Chirac n'y trouve rien à redire. Plutôt que d'avoir à affronter des manifestations de rue, il préfère laisser en l'état ce modèle social qu'il a, il est vrai, enfanté avec Mitterrand et Jospin. Ils s'y sont, en effet, mis à trois, pour les résultats que l'on sait.

Son extrême prudence n'empêche cependant pas Chirac d'être continuellement mis en accusation pour un libéralisme qu'il ne pratique pas et qui, de toute façon, le révulse. « Libéral, moi ? s'amuse Raffarin. Mais si vous regardez mon bilan, je suis beaucoup plus à gauche que le travailliste Blair ou que le social-démocrate Schröder. Je ne vois pas pourquoi les socialistes français me cherchent des poux dans la tête. »

Soit. Mais on serait bien en peine de définir la politique de Chirac, en matière économique et sociale. Après tant de rôles de composition, voici venu le temps de la décomposition. Il est devenu le gardien du cimetière social français

63

Sortie de route

« Le petit chat est mort. »
Molière

C'est le 29 mai 2005 que Chirac est mort politiquement, et pour de bon, cette fois, sans espoir de résurrection. Après l'échec de son référendum, il a encore deux ans à tirer. Ils seront sa croix. Ce cadavre bougera encore, par habitude, mais le cœur n'y sera plus.

Le voici, soudain, au fond du néant avant même la fin de son mandat. Du jour au lendemain, il a été relégué aux oubliettes, vieux fantôme déguisé en président, croque-mort du déclin français, zéro pensant, puisque c'est ainsi que le voient les Français, désormais.

Par 54,68 % des suffrages, ils ont rejeté le projet de Constitution européenne qui leur était présenté, après une campagne électorale qui a mis au jour la crise que traverse le pays. À son âge, on ne se relève pas d'un tel camouflet et Chirac le sait. Il suffit de voir son visage défloré, le soir, à la télévision, quand il ânonne une allocution où il prend acte de la « décision souveraine » du peuple français. Il a pris dix ans d'un coup. Ses yeux ne sont plus en face des trous et sa voix semble provenir d'outre-tombe. Sa cravate est presque noire. Il est en deuil de lui-même.

On peut certes gloser sur le projet de Constitution mis au point par une convention multipartite, sous la présidence de Valéry Giscard d'Estaing : c'est en effet un texte long et compliqué, mais le traité de Maastricht, que les Français avaient adopté, ne l'était pas moins. On peut mêmement épiloguer à perte de vue sur la mauvaise campagne menée par le chef de l'État et tous les partisans du oui : au lieu d'expliquer clairement les enjeux, ils sont toujours restés sur la défensive, même quand, à propos de la circulaire Bolkestein, les « nonistes », saisis d'un accès de xénophobie, ont brandi la menace du « plombier polonais » qui allait prendre l'emploi de leurs collègues français.

Il n'en reste pas moins vrai que les résultats du référendum ont révélé, surtout, à quel point le pays allait mal. Serge July dénonce ainsi, dans *Libération*[1] : « un désastre général et une épidémie de populisme qui emportent tout sur leur passage, la construction européenne, l'élargissement, les élites, la régulation du libéralisme, le réformisme, l'internationalisme, même la générosité ». Pour faire « ce chef-d'œuvre masochiste », conclut-il, il fallait, « outre les habituels souverainistes, une classe politique élevée par des autruches, portée aux mensonges depuis de nombreuses années, des incompétents notoires à la manœuvre dont un président en exercice, et des cyniques en acier trempé dont un ancien Premier ministre socialiste ».

Laurent Fabius et les socialistes qui ont appelé à voter non avaient bien vu le filon : les chocottes. La France a fait la preuve, ce 29 mai, qu'elle avait trop peur de l'avenir pour être à la hauteur. Pour Jacques Chirac, c'est la confirmation qu'il avait raison de se méfier des grands mots et, par exemple, d'interdire à son Premier ministre de parler de « rigueur », substantif qui, ô horreur, signifie notamment, selon le *Larousse* : « Refus de tout laxisme dans le respect des impératifs économiques, budgétaires, etc. »

---

1. Le 30 mai 2005.

Jacques Chirac correspond à la définition que Winston Churchill a donnée de l'homme politique : « Être capable de dire à l'avance ce qui va arriver demain, la semaine prochaine, le mois prochain et l'année prochaine. Et être capable, après, d'expliquer pourquoi rien de tout cela ne s'est produit. » Le discours n'a donc, pour lui, aucune importance. C'est un instrument de conquête ou de séduction. Pas de vérité ni de pédagogie.

C'est à croire que les électeurs ne sont pas pour lui des grandes personnes, tant il les infantilise. Chaque mot est calculé, chaque virgule aussi. Comme Mitterrand qui, lui aussi, détestait le mot « rigueur », Chirac est un poseur d'emplâtres et un prince de la dissimulation. Un pipeauteur.

Mais ce n'est pas parce qu'il cherche à les embrouiller, comme l'ensemble de la classe politique, gauche en tête, que le chef de l'État parvient à rassurer les Français. Dans son essai *Le Malheur français*[1], l'historien Jacques Julliard a défini ainsi les quatre propositions qui, à ses yeux, résumaient l'état d'esprit des partisans du non : « À bas le monde extérieur ! À bas l'abolition du statu quo ! À bas tout ce qui est en haut ! À bas le gouvernement, vive l'État ! » C'est bien la frousse qui a guidé les pas de beaucoup de « nonistes ». Une frousse alimentée par la logomachie défensive et bénisseuse du président comme de la plupart des dirigeants politiques qui faisaient campagne pour le oui.

Que faire, après cette avoinée ? Il l'a vue arriver depuis longtemps. En nommant Jean-Pierre Raffarin à Matignon, Jacques Chirac lui avait dit que son bail durerait jusqu'à l'été 2005. Après ça, il appellerait un nouveau Premier ministre afin de préparer la prochaine élection présidentielle. Pour son propre compte ou pour celui du chef de l'État, on aviserait.

---

1. *Le Malheur français*, Flammarion, 2005.

Mais ces derniers temps, dès que les sondages ont commencé à pronostiquer le non, il a fait comprendre à Jean-Pierre Raffarin qu'il pourrait accélérer les échéances. En cas d'échec du référendum, seul un changement de Premier ministre permettrait de décompresser l'atmosphère.

Trois semaines avant le scrutin, Giscard, qui était dans tous ses états, avait appelé Chirac pour lui dire : « Il semble que vous allez perdre le référendum. Ce sera une catastrophe pour l'Europe. Avez-vous envie de faire un grand coup politique ?

— Je ne comprends pas. Dites-moi.

— Oui, un grand coup. Vous annoncez demain que vous changez le gouvernement et que vous reportez le référendum à l'automne ou plus tard encore.

— C'est impossible, s'étrangle Chirac.

— Considérez que le pire, c'est de perdre le référendum. Quand on va dans le mur, mieux vaut faire volte-face avant. »

De leur conversation, Giscard avait tiré la conclusion que Chirac était « sans ressort ». Le président n'en menait pas large, en effet. Il pressentait déjà qu'il aurait du mal à se remettre d'une nouvelle défaite. Surtout d'une défaite sur l'Europe. Pour se consoler, il aurait pu tourner dans sa tête la célèbre phrase de Cervantès : « Nul chemin n'est mauvais qui touche à la fin, sauf celui qui mène au gibet. » Il avait déjà Sancho Pança à ses côtés, en la personne de Raffarin. Sauf qu'il n'était plus don Quichotte si seulement il le fut jamais. Il avait maintenant le regard des bêtes qui savent l'abattoir.

Le 29 mai au soir, après qu'ils ont commenté l'ampleur du désastre, Chirac annonce à Raffarin qu'il devra démissionner le lendemain. Le président garde le plan qu'il a eu tout le temps de mûrir, ces derniers jours : c'est Michèle Alliot-Marie qui ira à Matignon.

Un bourreau de travail. Avec ça, l'art et la manière. Elle est prête. C'est une femme qui a réussi partout où elle est passée. Localement, dans le parti et, enfin, au ministère de la Défense où, selon Chirac, elle fait des étincelles. Un détail qui ne trompe pas . sa notice est l'une des plus longues du *Who's who* (72 lignes).

Alors, va pour Michèle Alliot-Marie.

Avant que Raffarin ne prenne congé, Chirac laisse toutefois tomber : « J'hésite quand même encore un peu avec Villepin. »

Raffarin confirme qu'à ses yeux Alliot-Marie est un meilleur choix. C'est une « professionnelle ». Avec elle, le président ne prendra aucun risque.

Mais la nuit sera longue. Villepin fera le siège du président comme il le fait déjà depuis plusieurs jours. Il a entre les mains des rapports soi-disant alarmants des Renseignements généraux. Le mécontentement populaire est à son paroxysme. Il risque d'exploser après la déroute du référendum. Il faut donc un homme à poigne pour Matignon.

Chirac a envoyé le ministre de l'Intérieur, en fin de semaine, pour une sorte d'examen de passage devant Juppé. Officiellement, Villepin a été reçu. Avec mention. Mais Juppé doute néanmoins que son ancien directeur de cabinet soit en mesure de changer la donne, pour le président. Il a, ce soir-là, une illumination.

64

Le jour où Villepin s'est « nommé »

> « Ou cet homme est mort, ou ma montre est arrêtée. »
> Groucho Marx

Le lundi matin, au lendemain du fiasco référendaire, Alain Juppé appelle Jacques Chirac. Il est 8 h 30. Ils ont tous deux la « gueule de bois », après cette soirée de cauchemar où le chiraquisme semble s'être délité d'un coup.

« Au point où on en est, dit Juppé au président, je crois que vous devriez appeler Sarko à Matignon. Il a le parti et un soutien parlementaire fort. Est-ce qu'il ne faut pas tenter le coup en lui demandant de s'engager à ne pas vous humilier ?

— Vous savez comment il est. Il ne tiendra cet engagement que dix jours, et encore. »

À croire qu'il y a du complot dans l'air. Jérôme Monod, l'alter ego, est aussi sur la même ligne. Convaincu qu'il n'y a que Nicolas Sarkozy qui pourra sauver les meubles, il a déjà dit au chef de l'État :

« La meilleure solution, c'est Sarkozy. Il faut passer un pacte avec lui. Il doit mettre les formes avec toi et, en échange, tu lui promets de ne pas te représenter et de te prononcer pour lui, le moment venu.

Chirac : Je n'ai pas confiance. Il est fou.

Monod : Non, il n'est pas fou. Juste maniaco-dépressif. »

Que les deux hommes dont il est sûr de la fidélité disent la même chose au même moment, c'est troublant. Le chef de l'État est ébranlé. Il commence à envisager de nommer Sarkozy à Matignon. Enfin, il essaie. En le mettant en avant, ne risquerait-il pas de s'enterrer vivant ?

Sitôt qu'il a terminé sa conversation avec le chef de l'État, Juppé appelle Sarkozy et lui dit : « Si tu veux jouer ta carte, c'est le moment. Mais il faut que tu rassures Chirac. Tu ne peux pas vouloir t'installer à Matignon et, en même temps, créer un climat de défiance en expliquant à la terre entière que le président est un vieux con carbonisé. »

Message reçu. Sarkozy qui doit bientôt voir Chirac, affichera, pour la circonstance, son sourire des grands jours. Ce n'est certes pas son intérêt politique d'aller s'enferrer à Matignon à deux ans de l'élection présidentielle. Mais cet homme ne mène jamais des stratégies alambiquées, à tiroirs ou à triple détente. Il prend toujours ce qui est à prendre.

Matignon, de surcroît, tomberait à pic. Depuis que sa femme s'est éclipsée, quelques jours auparavant, il a besoin de se changer les idées. Sans compter que la présidence de l'UMP lui pèse. Après qu'il l'eut conquise, à l'automne 2004, Chirac lui avait demandé de quitter le ministère des Finances, au prétexte qu'elle n'est pas compatible avec des responsabilités gouvernementales. « Jurisprudence » inventée tout exprès pour lui : elle ne s'appliqua pas pour Juppé quand il était Premier ministre.

Tandis que Sarkozy médite, Villepin poursuit sa campagne sur le thème : « L'heure est grave, je suis le seul qui, le seul que, etc... » Il pose même ses conditions. Il veut tout. Autrement dit, pas question de cohabiter avec Sarkozy. À Juppé qui lui dit son souhait de remettre le président de l'UMP dans le jeu, à Matignon ou dans un grand ministère, il répond, tranchant : « Si je suis Premier ministre, Sarkozy ne peut accepter que l'Intérieur et, pour moi, c'est inenvisageable. »

Chirac hésite. Au milieu de toutes ces exhortations et objurgations, sa tentation est grande d'envoyer tout le monde dinguer. Pourquoi pas Jean-Louis Borloo, par exemple ? Il a un beau parcours. Il a réveillé Valenciennes, ville dont il fut maire de 1989 à 2002, et qui reste une belle vitrine de son savoir-faire. Il fait figure de Paganini du social, le genre de profil bien utile par les temps qui courent. Il a, au surplus, un partisan de poids à l'Élysée : Maurice Gourdault-Montagne, le conseiller diplomatique de l'Élysée, d'une fidélité à toute épreuve, que l'on peut déjà considérer comme le dernier des chiraquiens.

Après avoir reçu Borloo, Chirac se dira fasciné par son argumentaire social. Mais bon, il ne le connaît pas, ou à peine, et il préfère, à tout prendre, quelqu'un avec qui il a des habitudes. Retour à la case départ : ce sera Villepin et Alliot-Marie. Avec, cette fois, une préférence pour Villepin qui se démène comme un diable avec ses airs de cocher sur une diligence emballée.

Et Sarkozy ? Quand Chirac le reçoit, le lundi matin, pour un entretien qui durera une heure et demie, il lui jette tout à trac : « Tu es la meilleure solution pour Matignon, tout à fait le Premier ministre qu'il me faut. Mais voilà, je n'ai pas le droit de te nommer. Tu es le seul d'entre nous qui peut gagner la prochaine élection présidentielle et, en t'exposant ainsi, je te mettrais en danger. »

Du Chirac tout cru. On ne sait jamais, dans ce genre de cas, s'il tient son discours pour embobiner ou pour humilier. Les deux, peut-être.

« Le plus vraisemblable, dit le président, c'est que je ne serai pas candidat. Dans cette hypothèse, tu auras besoin de moi.

— Pas sûr, objecte Sarkozy.

— Pourquoi ?

— La France a guillotiné un roi et une reine alors que rien ne l'y obligeait. Elle n'aime pas les héritiers. Si vous vous prononciez pour moi, je ne suis pas sûr que ça serait mis à mon crédit. Je ne dis pas ça pour être insolent mais parce que je crois que notre pays a toujours voté pour le changement, même s'il pouvait s'agir, dans certains cas, de changement dans la continuité.

— N'importe comment, insiste Chirac, si tu es le meilleur, je t'aiderai.

— Mais si je suis le meilleur, pourquoi ne pas me nommer à Matignon ? »

La réponse est évidente : parce que le chef de l'État entend encore avoir son mot à dire. Les deux hommes ont en effet des différends importants. Sur le modèle social français que Sarkozy entend remettre en ordre de marche. Ou encore sur l'adhésion de la Turquie à l'Union européenne, que le chef de l'État a plus ou moins patronnée.

Conscient de tout cela, Sarkozy concède qu'il serait prêt à revenir au ministère de l'Intérieur où il a été « heureux ». Le chef de l'État semble soulagé, tout d'un coup :

« Il faut que tu voies Dominique.

— Je ne le verrai qu'après vous avoir entendu dire à la télévision : "J'ai demandé à Nicolas Sarkozy d'être ministre d'État et il a accepté." »

Façon de dire qu'il veut être nommé par Chirac et non par Villepin. C'est du président qu'il entend tirer sa légitimité, pas de l'homme qui a pour mission, entre autres, de le détruire.

Reste l'épineuse question de la présidence de l'UMP que Chirac jugeait incompatible, il n'y a pas si longtemps, avec un poste ministériel.

« Qu'est-ce qu'on fait ? demande le président.

— Je garde la présidence, répond Sarkozy.

— Pourquoi ?

— Parce que j'ai pris la présidence de l'UMP contre vous. Si vous me l'aviez donnée, j'aurais accepté de vous la rendre. Mais là, après tout ce qui s'est passé, vous comprendrez que je ne puisse la mutualiser dans votre discussion.

— Tu vas m'humilier.

— On verra. »

C'est ainsi que Sarkozy s'est retrouvé numéro deux du gouvernement Villepin que Chirac annonce, le 31 mai 2005, dans une allocution où il sonne la « mobilisation nationale » pour l'emploi, « dans le respect du modèle français » qu'il entend, avec « détermination », « faire vivre et progresser ». On dirait un pot-pourri de ses vieux discours. Mauvais présage.

Nicolas Sarkozy se met, pour quelques jours, en immersion profonde. Il ne prend aucun de ses amis au téléphone. Ni Balladur, ni Giscard, ni Méhaignerie. Il sait ce que tous vont lui dire. Qu'il a commis une lourde erreur en rejoignant le navire au moment où il coule. Qu'il risque d'être emporté, avec les autres, dans la vague qui monte contre le président.

Le nouveau ministre d'État est pourtant sûr de son calcul : « Les Français n'aiment pas les chicayas. Je voulais apaiser les choses. En retournant au gouvernement, je me retrouvais dans l'œil du cyclone et l'œil du cyclone, c'est, comme chacun sait, l'endroit le plus paisible. Pourquoi aurais-je dû diviser l'UMP ? C'eût été me diviser moi-même. Pourquoi aurait-il fallu essayer de mettre le président en difficulté ? Il l'était déjà assez. J'ai voulu faire un geste d'unité. À mes amis qui étaient tous furieux, j'ai répondu : "Écoutez, c'est moi qui paierai les factures [1]." »

Dominique de Villepin, lui, s'active. Il fait son gouvernement au Kärcher. S'il consent à laisser un pré carré à Nicolas Sarkozy au ministère de l'Intérieur, comme le veut le pacte passé avec le président, le nouveau Premier ministre a décidé de couper toutes les têtes qui dépassaient. Celles des « juppéistes », surtout.

---

1. Entretien avec l'auteur, le 14 juillet 2005.

Ils n'étaient pourtant pas beaucoup, dans l'équipe sortante : trois. C'était déjà trop. Dominique de Villepin a donc inscrit sur sa liste noire les noms de Marc-Philippe Daubresse, ministre du Logement, Éric Woerth, secrétaire d'État à la Réforme de l'État, et Xavier Darcos, ministre de la Coopération et, surtout, homme lige d'Alain Juppé en Aquitaine.

Pourquoi cette vindicte ? Parce que Villepin est le nouvel héritier. Il entend donc effacer le précédent en coupant ses relais pour lui compliquer la tâche si jamais il revenait en grâce. Qu'importe si c'est Alain Juppé qui lui a mis le pied à l'étrier quand il en a fait son directeur de cabinet, en 1993. La gratitude retarde toujours la marche vers le pouvoir et, en politique, les premiers à abattre sont les rivaux les plus proches.

Le cas de Xavier Darcos est particulièrement édifiant. Il a toujours joué le jeu de Dominique de Villepin. Cet ancien inspecteur général de l'Éducation nationale, grand spécialiste de Mérimée, lui a même écrit une note, à sa demande, dans les jours qui ont précédé sa nomination à Matignon. Mais il n'a jamais caché qu'il était un féal d'Alain Juppé.

Alors, ouste, du balai ! « Quand Villepin m'a viré du gouvernement, raconte Darcos, je n'avais pas vu le coup venir et je lui ai demandé si c'était une blague. Il m'a répondu : "C'est le moment de montrer si tu as des couilles ou pas." Avec lui, on se croirait toujours dans un film de guerre, façon *Platoon*. Mais ce n'est qu'un bravache de salon[1]. »

Le chef de l'État n'en pense pas moins, mais il a laissé faire. Plût à lui, ni Barnier ni Fillon ni Darcos n'auraient été débarqués. « Je ne reviens pas sur le passé, dira-t-il au dernier, mais je dois avouer que je le déplore. »

---

1. Entretien avec l'auteur, le 4 octobre 2005.

C'est qu'après s'être « nommé » à Matignon pour reprendre le mot de Giscard, Villepin a « nommé », dans la foulée, un gouvernement à sa main et le nouveau Premier ministre le reconnaîtra ensuite devant ses proches, en se rengorgeant : « C'était physique. J'ai violé Chirac. »

65

L'édredon magnifique

« Gouverner, c'est faire croire. »
Machiavel

Depuis que Villepin a rencontré Villepin, ils ne se sont plus quittés. Ils s'adorent. Ils sont même en état d'admiration mutuelle. Apparemment c'est communicatif. Encore sarkozystes il n'y a pas si longtemps, les médias encensent le nouveau Premier ministre comme ils encensaient naguère Balladur, qu'ils avaient programmé pour l'Élysée, avec le succès que l'on sait.

Édouard Balladur est revenu. Il s'appelle Dominique de Villepin. Un prince de la dissimulation qu'il a mise au service d'une inexorable ambition. Un conservateur aux aguets qui, contrairement à l'ancien Premier ministre, a l'intelligence de sublimer ses prudences derrière un langage militaire. Le genre de sous-officier qui vous demande de rester tranquillement au camp sur le ton qu'il emploierait pour vous ordonner de partir à l'assaut.

On peut tout dire à son propos. Qu'il incarne la politique de l'édredon magnifique ou qu'il sert aux Français la même gélatine que ses prédécesseurs, mais dans un beau plat. Qu'il ne connaît rien de la France, hormis les palais officiels où il pérore depuis douze ans, quand Juppé l'appela auprès de lui, au Quai d'Orsay. Qu'il est prêt à tout pour accomplir son « destin national ». Y compris à signer, comme Balladur en son temps, des chèques sur l'avenir, qui creuseront davantage encore la dette de l'État...

N'empêche. Pendant les premiers mois de son gouvernement, Villepin a fait preuve d'une habileté et d'un professionnalisme peu communs. De ce point de vue, c'est même un « sans-faute ». On attendait Cyrano. On a eu droit à un avatar de Raffarin, moins bonasse et plus maigre, qui, de surcroît, parle bien et présente bien. Il plaît à la droite du 16e arrondissement, à une majorité de femmes et à une partie de la gauche. Après un moment d'effroi, les conservateurs de tous bords qui dominent le pays, ont été soulagés. Ce Premier ministre serait comme les autres. Il ne dérangerait personne.

Avec Villepin, l'immobilisme martial est en marche, rien ne l'arrêtera. Un immobilisme radical-socialiste avec une rhétorique gaullienne. Le chef du gouvernement a été à bonne école, auprès de Chirac. La politique est son métier et la bourde n'est pas son fort.

Tout ce qu'il dit, depuis son avènement, vient tout droit d'une sorte de *Petit Chirac illustré*. Le 1er juin 2005, il déclare ainsi : « Nous n'avons pas tout tenté contre le chômage. Il n'y a pas de fatalité, c'est le grand combat. Cette bataille, je vais la mener personnellement. » Des déclarations comme celle-là, voilà dix ans que Chirac en fait avec les mêmes mots éculés, comme celui de « mobilisation » qu'il utilisera de nouveau, deux jours plus tard, quand il dira, lors du Conseil des ministres, à la nouvelle équipe : « Vous êtes un gouvernement pour l'emploi. »

Comme son maître, il donne volontiers dans le comique involontaire, par exemple, quand il dit : « Le pétrole est une ressource inépuisable qui va se faire de plus en plus rare. » Comme Chirac encore, il se garde sans cesse à droite et à gauche.

Les premières décisions de Villepin consistent à retirer la loi Fillon sur l'école, texte pourtant anodin, et d'annoncer des retouches à la seconde loi Perben sur la justice. Le déminage est l'une des mamelles du villepinisme. L'autre est le bon sens. Et du bon sens, il y en a beaucoup dans le discours de politique générale que prononce le nouveau Premier ministre devant l'Assemblée nationale, le 8 juin.

Pas de grandes phrases. Ni d'effets de manche. On dira que c'est un discours de secrétaire d'État à l'Emploi et que le Premier ministre reste dans la droite ligne de son prédécesseur : pas de réforme, rien que des mesurettes. Il n'empêche qu'inspiré par Jean-Louis Borloo, le ministre des Affaires sociales, Villepin ouvre au moins trois pistes : le développement des services d'aide à la personne, avec la généralisation des chèques-emploi ; la création, pour les petites entreprises seulement, du « contrat de nouvelle embauche » d'une durée de deux ans, qui devrait favoriser l'accès à l'emploi en facilitant le licenciement ; de nouvelles incitations pour que les chômeurs ne refusent pas les offres d'emploi qui leur sont faites.

N'était l'heureuse politique du « chèque-emploi », on peut dire que la France ne sort pas de son statu quo qui l'a amenée à tant dépenser, et en vain, pour l'emploi. Pour changer vraiment la donne, il eût fallu opérer un virage à 180 degrés. Villepin n'a pas osé, même s'il a fait, ensuite, un grand pas dans le sens de la fluidité avec son « contrat première embauche ».

Résultat : sa politique créera certes des emplois, grâce aux aides et à des allègements de charges, mais sans doute pas une relance durable. Pour ce faire, il eût fallu en finir pour de bon avec le malthusianisme qui, combiné à toutes sortes de subventions, n'a réussi qu'à fabriquer, en France, plus de chômage et de précarité. Tant il est vrai que nous sommes le pays des records, dans le monde industrialisé. Record des dépenses pour l'emploi, record des lois protectrices de l'emploi et record du... chômage de longue durée.

Sans doute Dominique de Villepin aurait-il pu s'inspirer du système danois dit de « flex-sécurité » où les entreprises peuvent licencier comme elles veulent, tandis que les salariés sur le carreau sont pris en charge par l'assurance chômage qui leur garantit 90 % de leurs revenus – avec un plafonnement – pendant quatre ans. Mais c'eût été une longue bataille à laquelle il aurait fallu préparer les esprits, dans un pays qui semble se complaire dans le chômage endémique et son double, la précarité.

Même s'il en a la posture et le ventre, Villepin n'est pas un réformateur. C'est un enfant de Chirac qui, après avoir participé à l'aventure présidentielle, aux premières loges, pendant dix ans, a fini par devenir une sorte de double du chef de l'État. Il n'a certes pas sa passion du concret ni son goût des autres. Mais il croit, comme lui, que la France est un pays traumatisé qui doit garder le lit et à qui, après l'avoir bordée, il faut chanter des berceuses pour qu'elle s'endorme. Sinon, elle a tôt fait de chercher noise à ses gouvernants.

Il peut dire pis que pendre de Chirac, avec cette cruauté si particulière des gens de maison. Surtout quand le président ne se plie pas à ses volontés. Mais il a toujours admiré chez lui son « sang-froid ». Cette façon de « tout avaler, les tensions, les bosses, les obstacles. » Cette « capacité aussi à dominer ses pulsions et à ne jamais se regarder ». Pour Villepin, le chef de l'État a « quelque chose de marmoréen ». L'œil froid, l'air impénétrable, les maxillaires butées. Sauf qu'il n'écrit pas pour le marbre des stèles.

Villepin, lui, y prétend. Il se veut même artiste. Il produit en équipe et à la chaîne des livres qui sont comme des feux d'artifice mouillés, malgré les efforts de ses thuriféraires. Il s'est constitué en un temps record un collection dodue d'œuvres contemporaines (Matta, Zao Wou Ki, etc.). Il songe à sa trace et y travaille d'arrache-pied en cultivant, comme Napoléon ou Mitterrand, la compagnie des écrivains ou des chroniqueurs. Ils pourront nourrir, le moment venu, la postérité du prince. Bonne pioche pour eux. C'est une pluie de décorations qui va leur tomber dessus. Sans parler des nominations.

Certes, il a une vraie culture et l'amour des mots. Mais on n'est pas toujours sûr qu'il sache vraiment ce qu'il y a dans ses propres livres. Il est vrai qu'il a trop à faire. Il a, au surplus, tendance à confondre la littérature et le micro-cosme médiatico-mondain où il s'est constitué, en quelques années, une cour qui ne tiendrait sans doute pas dans la chambre du roi du château de Versailles.

À la longue, il a fini par acquérir la confiance de grands écrivains, comme François Nourissier, ou d'authentiques philosophes, comme Régis Debray. Mais on peut se demander, comme Aude Lancelin dans un savoureux article du *Nouvel Observateur*[1] si Dominique Galouzeau de Villepin n'a pas « une stratégie personnelle d'agrégation d'images ».

Au surplus, ses choix artistiques ou littéraires sont souvent les fruits de petits calculs ou de grandes stratégies. On a peine à croire que ce soit un hasard s'il est devenu, comme Jacques Chirac, un fou d'arts premiers, notamment africains. Ou bien s'il met plus haut que tout, dans son panthéon personnel, René Char et Saint-John Perse, poètes officiels de la République chiraquienne, que certains considèrent, à tort ou à raison, comme les écrivains préférés de ceux qui ne lisent jamais de livres. Coïncidence : ces passions sont apparues en 1995, quand Villepin a été nommé secrétaire général de l'Élysée.

Que la poésie soit portée si haut sous les ors de la chiraquie, c'est tout à fait compréhensible, si l'on en croit l'essayiste Philippe Muray, cité par Aude Lancelin : « La poésie m'a toujours semblé proche des promesses électorales, cette autre rhétorique aux alouettes. Sauf qu'elle n'est jamais exposée à la résistance ou à la sanction du réel,

---

1. « Villepin en toutes lettres » par Aude Lancelin, le 14 juillet 2005.

ce qui lui permet de demeurer éternellement une forme de démagogie parmi d'autres. »

Passons. Les engouements africains ou poétiques de Villepin sont trop calqués sur ceux de Chirac pour n'être pas suspects. D'autant qu'il fait, dans le même temps, le grand écart en se montrant toujours friand des notes salaces des Renseignements généraux sur la vie privée de la classe politique. Imagine-t-on Rimbaud dévorant des fiches de police ?

Sans parler du scandale Clearstream, il aura beau dire et démentir, on ne peut que s'interroger sur son goût de la chose policière. Par exemple, sur la façon dont il a géré l'affaire Ambiel, après que le conseiller et ami de Raffarin fut interpellé en compagnie d'une jeune prostituée de l'Est. « La nuit, dira Raffarin avec un sourire entendu[1], il y a toujours des ministres, des patrons ou des gens haut placés qui ont des problèmes avec la police. Dans ces cas-là, Sarkozy me prévenait à 8 heures du matin et ça ne sortait pas. Villepin m'a téléphoné à 13 heures et ça a fuité. »

Cet homme qui a célébré « Fouché l'obscur » dans son livre *Les Cent jours ou l'esprit de sacrifice*[2] reste avant tout un Mozart de la manipulation, tout miel par-devant et sans pitié par-derrière. Il aime avant tout avoir barre sur les hommes. Les tenir. Les manœuvrer. Il n'a qu'une passion, lui-même, et une religion, le pouvoir. En arrivant à Matignon, il a donc une seule obsession. Elle s'appelle Sarkozy.

---

1. Entretien avec l'auteur, le 15 décembre 2005.
2. *Les Cent Jours ou l'esprit de sacrifice*, Perrin, 2001.

66

La guerre des fils

> « Plutôt que de manger des vers, ma foi,
> je préfère encore que les vers me mangent. »
> Karinthy Frigyes

Chirac a-t-il donné à Villepin la mission d'en finir avec Sarkozy ? C'est en tout cas celle que le nouveau Premier ministre s'est fixée. Il a une ambition et une stratégie dont il n'a jamais fait mystère : « La France a envie qu'on la prenne. Ça la démange dans le bassin. Celui qui l'emportera à la prochaine élection, ce ne sera pas un permanent de la politique, mais un saisonnier, un chenapan, un maraudeur [1]. » Il s'y voit déjà...

Il ne supporte pas que Sarkozy ait revêtu les habits du favori pour la prochaine élection présidentielle. Il pronostique, depuis plusieurs mois, la chute incessamment sous peu de celui qu'il appelle, selon les jours, le « nain » ou le « nabot ». Parfois, il propose aux démocrates de rallier son drapeau contre le danger que fait courir à la France le président de l'UMP : « C'est un fasciste, un fasciste à la française, prêt à tout pour arriver à ses fins. »

Parfois, mais seulement dans les bons jours, il compare Sarkozy au général Boulanger : « Un allumeur, un

---

1. Entretien avec l'auteur, le 17 mars 2004.

382

baratineur de soirée dansante, mais il serait bien incapable de faire un enfant à la France. Il n'a rien dans le pantalon. »

Rarement on aura vu, dans la politique française, un tel flot, pardon, un tel déluge de haine et de violence. À côté, l'aversion qui dresse l'un contre l'autre Chirac et Sarkozy relève de la querelle enfantine.

Aux journées parlementaires de l'UMP à Évian, Sarkozy fait un tabac auprès des élus. Villepin qui a été mollement applaudi se sent humilié et le dit plus tard dans la soirée au ministre de l'Intérieur : « Plus jamais ça. » Alors, Sarkozy : « Ça fait trente ans que je me bats. Pour me déloger, il faudra y aller à l'arme blanche. »

Nicolas Sarkozy qui, bien sûr, sait les tombereaux d'insultes déversés contre lui par le Premier ministre en privé, ne prend généralement pas la peine de répondre. Tout juste balance-t-il, généralement en public, lui, quelques vannes sibyllines. Il feint de considérer que cet homme n'est pas à son niveau.

Pour lui, le nouveau Premier ministre est une sorte d'imposteur : « Il parle du peuple sans être jamais monté en seconde classe. Du terrain sans jamais avoir été élu. » À ses yeux, surtout, « Villepin, c'est Chirac. » Les coups portés par le chef de gouvernement, Sarkozy ne les rend donc qu'au président.

Le 14 juillet 2005, quand Sarkozy compare Chirac à « Louis XVI » en train de jouer au « serrurier » pendant que la révolte gronde, il commet une faute politique. On ne piétine pas un roi mourant. Mais il s'agit sans doute aussi pour lui de réagir aux agressions permanentes que lui inflige le Premier ministre. Il juge, à tort, que l'autre est toujours en service commandé. C'est donc le président qui prend.

Or, Dominique de Villepin ne roule plus que pour son propre destin, désormais. Le président n'a qu'à bien se tenir. Le premier à avoir annoncé l'émancipation du chef du gouvernement est Nicolas Domenach, l'un des meilleurs connaisseurs de la chose chiraquienne. Dans *Marianne* [1], il a révélé comment, un jour, « Dominique de Villepin s'est arrêté de parler, en plein conseil des ministres [...] parce que Jacques Chirac ne l'écoutait pas et bavardait avec son voisin, en l'occurrence... Nicolas Sarkozy. » Comme l'esclave libéré de ses chaînes, Villepin est sans pitié pour son ancien maître qu'il a transformé en président honoraire mais qu'il prend néanmoins soin de ménager, à tout hasard : Chirac peut encore servir. Pas dupe, le chef de l'État n'a au demeurant pas pour lui l'affection qu'il éprouvait pour Juppé ou Raffarin, mais il pense que le nouveau Premier ministre est, comme son prédécesseur, sur la bonne ligne. Celle du « ninisme » : pas de vague, pas d'histoire.

Deux ou trois semaines seulement après l'accession de Villepin à Matignon, le chef de l'État laisse tomber, avec l'autorité de la prescience : « Villepin ne sera pas un bon candidat de premier tour, mais un bon candidat de second tour. Sarkozy sera un très bon candidat de premier tour mais un médiocre candidat de second tour. »

C'est dire s'il se sent exclu du jeu. À peine le nouveau gouvernement est-il en place que Chirac imagine déjà la suite sans lui. Sa lucidité aidant, il en devient encore plus pathétique. Une espèce de roi en exil, rue du Faubourg-Saint-Honoré. L'Élysée n'est plus qu'une maison morte où errent quelques ombres qui rasent les murs, tandis que le chien de Claude, Scott, un labrador, fait des siennes. Un jour, il renverse Dominique Bussereau, le ministre de l'Agriculture, et attaque son pantalon avant d'emporter son dossier cartonné. Une autre fois, il prend la chaussure d'une secrétaire et s'en va la boulotter au fond du parc, dans un buisson.

Prière de trouver ça farce. Le garde qui s'est plaint sera aussitôt muté. Telles sont les servitudes des fins de règne ·

---

1. *Marianne*, le 21 janvier 2006.

rien n'a plus trop d'importance et, même s'il fait semblant, Chirac a lâché les commandes.

Ce n'est plus à l'Élysée que ça se passe, mais entre Matignon et la place Beauvau. Entre deux bordées d'invectives ou de sarcasmes, Nicolas Sarkozy et Dominique de Villepin gardent les bonnes manières. Mais c'est bien un combat à mort qu'ils mènent l'un contre l'autre, pour la succession de Jacques Chirac.

Pour mieux les comprendre, il faut écouter Jean-Pierre Raffarin. L'ancien Premier ministre est doté d'une subtilité peu ordinaire. Son impartialité ne peut non plus être mise en question parce que, en tout cas, au moment où il parle à l'auteur[1], il n'a d'actions ni chez l'un ni chez l'autre.

De Sarkozy, Raffarin dit : « Cet homme fait tout ce qu'il dit et ne fait que ce qu'il veut. Avec lui, c'est toujours l'épreuve de force. Ce n'est pas un sournois, mais un ruminant. Il ne réagit jamais dans l'instant. Il faut lui laisser le temps de digérer l'idée que vous lui avez soumise pour qu'il la sculpte à sa façon et se la réapproprie. »

De Villepin, Raffarin fait un portrait tout différent : « C'est un calculateur, contemplateur du scénario qu'il construit. Il prétend toujours défendre une cause qui le dépasse. Il est fatigant pour ça, parce qu'il faut écouter la cause. Avec lui, avant de prendre une décision, on doit passer un temps fou sur le décor, ça n'en finit pas. Il est dans l'apparence. Il veut être celui qui a marqué la réunion. S'il partait en pèlerinage à Saint-Jacques de Compostelle, je crois qu'il n'arriverait jamais à bon port. »

Conclusion de Raffarin : « Sarkozy est attaché à une destination, Villepin à un parcours. »

Entre Sarkozy, le fils prodigue, et Villepin, le fils officiel, Chirac a déjà choisi en son for intérieur : Juppé, qui garde toujours son statut de fils préféré. À défaut, il se contentera de Villepin.

_____

1. Entretien avec l'auteur, le 15 décembre 2005.

Juppé reviendra sans doute un jour. Dans quel état, Dieu sait, au terme d'un exil en Amérique du Nord où il a enseigné, après ses ennuis judiciaires. Il a pris goût à son nouveau métier. Mais il finira probablement par se réinstaller dans le paysage avant de laisser tomber son verdict.

Qui Juppé choisira-t-il ? Politiquement, il est à mi-chemin entre les deux. Humainement, c'est autre chose. Fidèle à son personnage, Villepin l'a mortifié en le laissant tomber pendant sa tourmente judiciaire. Il n'a même pas pris la peine de l'appeler au téléphone pour lui laisser ces petits messages d'amitié qui, dans ces moments-là, font chaud au cœur. Pas le temps.

Sarkozy, lui, a toujours été là chaque fois que Juppé subissait un nouveau coup du sort. Il fut ainsi le seul à l'appeler, en 2004, après avoir pris sa succession à la présidence de l'UMP. Il est vrai qu'il ne peut oublier qu'il y a une dizaine d'années, alors qu'il n'était qu'un renégat de la Chiraquie, l'ancien Premier ministre avait tenté, à deux reprises, de le réintroduire dans le jeu. La première fois, en 1996, comme ministre des Finances. La deuxième fois, comme secrétaire général du RPR. Chaque fois, Chirac s'y était opposé.

Juppé reste en tout cas l'homme qui peut faire le lien entre les deux hommes. Il n'est plus le Connétable. Il est devenu le Commandeur.

67

Crépuscule

« On ne meurt jamais que de n'avoir pas vécu ni aimé. »
Angelo Rinaldi

Même au paradis, il serait insupportable de vivre seul. À l'Élysée, c'est encore pire. Le chef de l'État tue ses soirées en regardant la télévision, mais sans enfiler les bières ou les punchs comme avant, régime oblige. « La mort ? s'inquiétait Jean Paulhan. Pourvu que je vive jusque-là... »

Vit-il encore ? L'ennui, quand on vieillit longtemps, c'est qu'il vaut mieux ne pas regarder trop souvent par-dessus son épaule si l'on ne veut être, soudain, saisi de mélancolie. Tout se dépeuple derrière soi. On n'a pas intérêt à demander des nouvelles des vieux amis, car ils sont morts dans bien des cas, et on n'a plus personne ou presque à qui parler des bonheurs ou des chagrins passés.

C'est son cas. Jacques Chirac avait deux meilleurs amis. Le premier, Michel François-Poncet, est mort. Un joyeux drille avec qui il avait souvent fait la fête quand ils étaient à Sciences po. Malgré sa légendaire nonchalance, il était devenu l'un des grands banquiers de la place. Le chef de l'État n'a pu assister à son enterrement. Il avait autre chose à faire.

Le second ami, Jacques Friedmann, est encore vivant. Mais il lui a manqué. Un inspecteur des Finances, ironique et subtil, qu'il a connu lui aussi à Sciences po et qui a vécu la plus grande partie de sa carrière dans son sillage. C'était son alter ego. Aujourd'hui, il est mort dans sa tête : quand il avait fallu choisir entre Balladur et lui, en 1995, il s'était défilé.

Le déclin est, pour l'homme d'État, une épreuve de vérité. La plupart des amis partent longtemps avant qu'il n'ait expiré son dernier souffle. Les amis qui voulaient des places. Les amis qui, au fond, le haïssaient. Alors que son règne arrive à son couchant, Jacques Chirac n'a plus grand monde autour de lui. On peut compter ses amis sur les doigts d'une seule main, et encore, une main à trois doigts suffirait.

Jérôme Monod, le dernier des fidèles, qui a commis l'erreur d'accepter de travailler à ses côtés, à l'Élysée, où il subit les vexations de Claude qui ne souffre pas l'ascendant qu'il a encore sur son père.

François Pinault, l'ami des bons et des mauvais jours, qui entretient avec le président une camaraderie que rien n'entamera jamais. Même s'il exerce sur lui cette impitoyable lucidité qu'autorisent les vieux compagnonnages, surtout quand ils ne sont pas politiques.

Line Renaud, qui est entrée dans sa vie, il y a longtemps, comme un ouragan, le cœur sur la main, la main sur le cœur, pour n'en plus ressortir et ne se déplace jamais sans ce grand rire rabelaisien qui la précède. Une « mamma » qui a fini par faire partie de la famille.

Après ces trois-là, c'est le désert. Pour preuve, les invités des dîners d'anniversaire que lui organise Claude chaque année. On n'y retrouve que des chanteurs, des acteurs ou des comiques qu'il n'aura jamais fait que croiser, un verre à la main : Johnny Hallyday, Muriel Robin, Patrick Sébastien ou Michèle Laroque. Des amis de passage ou d'un soir.

N'était le petit Martin dont il empile les dessins sur son bureau de l'Élysée, Jacques Chirac serait un handicapé de la famille et de l'amitié. Pour la première, il peut plaider coupable. Pour la seconde aussi. À quelques exceptions près, il a toujours plus pris qu'il n'a donné, réduisant, comme tous les gens de pouvoir, l'amitié à la définition de Montesquieu : « Un contrat par lequel nous nous engageons à rendre de petits services à quelqu'un afin qu'il nous en rende de grands. »

L'Élysée n'est plus qu'un grand palais vide où le président vit comme un mort, retranché de tout. Comme de Gaulle, Pompidou ou Mitterrand à leur couchant, il ne reçoit plus personne ou presque. Il n'a jamais aimé le système des audiences à la chaîne qu'il a si longtemps pratiqué. Il les accorde désormais au compte-gouttes à quelques habitués, triés sur le volet par Claude qui barre de l'agenda présidentiel tous les fâcheux, solliciteurs ou mauvais esprits.

Chaque entrevue est un martyre. Chaque sortie à l'extérieur aussi. Chirac se sait ausculté par tout le monde et peine, malgré tous ses artifices, à dissimuler le mélange de langueur et de tristesse qui, depuis le soir du 2 septembre 2005, a envahi son cerveau. Il cherche ses mots. Il ne se sépare plus de ses pense-bêtes.

Ce soir-là, alors qu'il travaille à son bureau, le chef de l'État éprouve, soudain, une forte migraine et constate qu'il a pratiquement perdu la vision d'un œil. Il n'est pas du genre à s'affoler mais prévient quand même Claude, la « chambellanne » et Jack Dorol, le chef du service médical de l'Élysée.

Ils décident que le chef de l'État doit partir d'urgence subir des examens à l'hôpital du Val-de-Grâce. Claude Chirac est aux cent coups. Mais elle ne perd pas le nord : contrairement à l'habitude, la voiture présidentielle ne sera pas accompagnée par un détachement de gendarmerie, discrétion oblige.

Après que les médecins du Val-de-Grâce ont diagnostiqué un accident vasculaire cérébral, ils demandent au président de prolonger son séjour pour une semaine, afin de procéder à des examens complémentaires. Ils se font du mauvais sang : ce genre de symptôme est souvent le signe avant-coureur d'un infarctus cérébral. À partir de ce soir-là, Chirac ne sera plus jamais Chirac.

Passons sur le culte du secret qui a conduit Claude à dissimuler l'information aux Français, y compris au Premier ministre, jusqu'au lendemain matin : les Chirac restent d'indécrottables cachottiers. Passons aussi sur les séquelles laissées par le « petit accident vasculaire » du président, pour reprendre la terminologie du service de santé des armées : elles sont bénignes et ne se traduisent que par de légers troubles de mémoire qui l'empêcheront, par exemple, de retrouver le nom d'une vieille connaissance. Rien de grave. Chirac sait sauver les apparences.

Ce qui a changé, c'est que le président a enfin compris, à près de 73 ans, qu'il n'était pas immortel et qu'il ne pourrait pas toujours forcer le destin. Jusqu'à présent, il aimait dire en rigolant qu'il était une « insulte à la médecine ». Gros mangeur, grand buveur et pétant le feu. Depuis le temps qu'il tirait sur la bête, elle ne s'était pas encore vengée de tout ce qu'il lui avait fait avaler. C'est fait. D'où la mélancolie qui, désormais, tourne dans sa tête et alourdit sa démarche. Il semblait naguère monté sur des ressorts ; il a des boulets aux pieds. Il préparait toujours la prochaine élection ; il sait qu'elle se jouera sans lui.

Dans son *Dictionnaire incorrect*[1], Jean-François Kahn a donné plusieurs définitions, souvent drôles, de Jacques Chirac. Par exemple : « Personne ne sait où il est : lui non plus. » Ou encore : « Beaucoup de gens l'aiment, nul ne l'admire : vrai démocrate ! » L'une des plus pertinentes est

---

1. *Dictionnaire incorrect*, de Jean-François Kahn, Plon, 2005.

celle-ci : « Depuis Lazare, personne n'avait aussi spectaculairement ressuscité. »

Chirac-Lazare a toujours dit qu'il n'avait pas peur de la mort qu'il a, au demeurant, souvent fréquentée, notamment pendant la guerre d'Algérie. Mais pour être mort, il faut mourir pour de bon. C'est ça qui le tue, le regard faussement compatissant des autres. Leur façon de l'autopsier vivant. Déjà, il avait été vexé quand, quelque temps auparavant, la rumeur avait couru qu'il était malade parce que, après s'être fait brûler une verrue, il portait un pansement à l'index. Ou quand la presse avait spéculé sur sa surdité après que *Paris-Match*[1] eut publié une photo du profil présidentiel où apparaissait clairement une prothèse auditive. Jean-François Copé, le porte-parole du gouvernement, fut sommé de démentir, contre toute évidence, que le chef de l'État avait été appareillé. Autant dire que Claude Chirac était passée par là.

Longtemps, Chirac a cru qu'il pourrait toujours dominer les éléments. Il s'attribuait même volontiers des dons de sorcier. Un jour, par exemple, il apprend que la femme de Xavier Darcos, un de ses fidèles, qui deviendra ministre de la Coopération, souffre d'un cancer du sang. Le chef de l'État demande à la voir « seule pendant un quart d'heure avec son bébé ». Après la rencontre, il dira à Darcos : « Je tiens de mon père un don qui me permet de savoir si les gens sont en bonne santé, rien qu'en leur serrant la main. Ta femme est sauvée. »

C'est tout Chirac : croyant, fataliste et rustique. Passablement superstitieux aussi. Il a passé sa vie à se démener sans compter pour les malades, à se ruer au chevet des agonisants ou à embrasser le front des morts. Son tour est arrivé. Il l'attend tristement, les jambes flageolantes, non de peur mais de fatigue, au terme d'une si longue marche.

---

1. Le 27 novembre 2003.

On le verrait bien dire, comme une de ses anciennes fréquentations, François Nourissier, dans *Bratislava*[1] : « Patience, sentinelle ! La guerre est perdue, mais il faut continuer de guetter l'ennemie. »

Et après ? « Je suis catholique comme mon père, dit-il[2]. Je crois donc à l'immortalité de l'âme, ce qui explique sans doute que je n'ai pas d'angoisses métaphysiques quand je pense à la mort. On la compare souvent à un naufrage. Quand son heure arrivera, je souhaite juste que ce naufrage se fasse le plus rapidement possible, sans trop de souffrance ni, surtout, de déchéance. »

S'il croit à l'immortalité, pense-t-il à la postérité ? « Restons modeste, répond-il. Ceux qui laissent quelque chose, ce sont les grands artistes, les grands penseurs ou les grands scientifiques. Rarement les hommes politiques. Il y a bien de Gaulle, l'exception, mais tout ce qu'on peut apporter, nous autres les successeurs, comme petite contribution, c'est un peu de tolérance et de respect de l'autre : la France en a bien besoin. »

Il ne croit cependant pas à la vanité de la politique : « Chacune de nos actions finit par avoir une conséquence sur l'ensemble de l'humanité. C'est l'histoire du battement d'aile de papillon... »

Encore faut-il battre les ailes...

---

1. *Bratislava*, Grasset, 1990.
2. Entretien avec l'auteur, le 1er octobre 2004.

68

Au-dessus du volcan

« On les aura ! »
Philippe Pétain

Le mercredi, au Conseil des ministres, ses collègues remarquent, pendant plusieurs semaines, que Nicolas Sarkozy n'arrête pas de consulter son portable. Il semble attendre un SMS. Sans doute de Cécilia, sa femme, qui a pris du recul, comme on dit, quelque temps auparavant.

Nicolas Sarkozy a beaucoup maigri. Il supporte mal cette rupture. Il entretenait une relation fusionnelle avec Cécilia qui était, de toute évidence, la femme de sa vie. À la surprise quasi-générale, il montre que l'amour est, pour lui, « la plus importante des affaires », comme disait Stendhal.

La plupart des ministres sont frappés par cette « humanité » qu'ils n'imaginaient pas chez lui et qui n'empêche toutefois pas Nicolas Sarkozy de vaquer, le visage assombri, à ses occupations. Dominique de Villepin, lui, se tord de rire. Le nouveau chef de gouvernement a ciselé une formule dont il est sans doute très fier, puisqu'il la répète à tout-va : « Un type qui ne peut pas garder sa femme ne peut pas garder la France. »

Dans la foulée, Villepin s'étonne que la presse soit si prudente quand elle parle de la rupture entre les Sarkozy :

« Les journalistes français n'ont pas de couilles. Dans n'importe quel autre pays, ça ne se passerait pas comme ça, on raconterait cette histoire en donnant tous les détails. Les Français ont le droit de savoir ! » Mais cette discrétion n'est-elle pas à l'honneur de la presse française ? Dans son ensemble, elle estime, pour reprendre la formule de Claude Angeli, l'un des piliers du *Canard enchaîné*, que « le journalisme s'arrête à la porte de la chambre à coucher ». À moins d'aller voir ce qui se déroule sous les draps, et encore, qui peut être sûr de percer les secrets de l'amour ?

Le journalisme est en droit de raconter un amour ou un désamour quand la messe est dite. Il n'a pas à rapporter l'histoire quand elle est en cours, ce qui l'amène alors à en devenir aussi l'un des acteurs. Même si l'éthique française lui a bien profité personnellement, Villepin n'en démord pas, qui ne cesse de vitupérer : « Les journalistes français n'ont rien dans la culotte. »

De là à imaginer que la rupture – provisoire – entre les Sarkozy ait pu être provoquée par une manipulation d'État, il n'y a qu'un pas qu'on ne franchira pas, faute de preuves. Mais la rumeur a couru que le départ de Cécilia avait été déclenché par une note blanche, c'est-à-dire sans signature, des Renseignements généraux, parvenue miraculeusement sur son bureau et détaillant de prétendus écarts de son mari. C'est dire l'atmosphère glauque qui règne dans la République chiraquienne à son couchant.

Reste que Jacques Chirac n'a jamais rien dit sur cette affaire. Parler de la vie privée des autres n'est pas son genre. Il a assez à faire avec la sienne. Si le sujet est abordé devant lui, il dira même avec l'air d'avoir sucé un citron : « On a toujours tort de mêler les choses privées au débat politique. Je ne trouve pas ça convenable. »

Mais Villepin est un guerrier et, pour lui, la politique n'est que la continuation de la guerre par d'autres moyens. S'il perçoit une faille chez l'ennemi, il tapera dessus jusqu'à ce qu'elle saigne. Tout est bon. À l'université d'été de l'UMP, après que Sarkozy eut prétexté une grippe pour ne pas avoir à courir avec lui, il prend un bain de mer très médiatisé dans l'Atlantique. Comme le dira drôlement Alain Duhamel, « c'est la sortie de l'eau la plus spectaculaire et la plus préparée depuis celle d'Ursula Andress dans *James Bond contre Docteur No*[1]. » Du grand art – de communication s'entend.

D'autres fois, quand les deux hommes sont à la même tribune et que crépitent les applaudissements, Villepin prend la main de Sarkozy et la lève avec la sienne pour mieux souligner qu'il est plus grand que lui. Un vieux truc de routier de la politique. Le Premier ministre est bien décidé à ne rien lui épargner.

Chirac aussi. Quand, par exemple, il demande à Tony Blair, comme « un service personnel », de ne pas recevoir Sarkozy. Le ministre de l'Intérieur est comme le canard d'une histoire de l'autre siècle, racontée par l'humoriste Robert Lamoureux. On a beau lui tirer dessus, les balles ne l'atteignent jamais : « Le canard est toujours vivant. »

En faisant subir continuellement à Sarkozy un harcèlement moral et politique, Villepin s'impose peu à peu comme son concurrent. Même si le ministre de l'Intérieur feint de l'ignorer, le chef du gouvernement marque des points. Ce n'est plus seulement le mannequin péremptoire du commencement, c'est aussi un Machiavel qui a du ressort, du coffre et de l'estomac.

Face à Sarkozy, il se pose ainsi en rassembleur et défend « le modèle social français qu'il ne faut pas mettre à la poubelle ». Au ministre de l'Intérieur qui a invoqué la nécessité d'une rupture, il ose même répondre sans rire, à l'Assemblée nationale, que les ruptures, « ça se termine toujours dans le sang ». En somme, plus chiraquien que Chirac, il exalte le statu quo. Il ne sait pas le feu qui couve, au même moment, dans les banlieues.

----

1. *Le Point*, le 5 janvier 2006.

« Le modèle-social-que-le-monde-entier-nous-envie » a pris un rude coup, le 27 octobre 2005. Il n'est pas mort, non, la vue ne reviendra pas en un jour à une classe politique qui, depuis des décennies, refuse de regarder la réalité en face. Mais la réalité s'est vengée avec les émeutes qui, les jours suivants, ont frappé les banlieues françaises rappelant, les morts en moins, ce qui s'était passé naguère dans les ghettos américains. Après ça, la gauche et la droite devront cesser de se glorifier d'un système qui, à cette occasion, est apparu dans sa vérité : en décomposition, sur fond de chômage et de malheur social.

Tout a commencé avec la mort de deux adolescents de Clichy-sous-Bois qui, s'estimant à tort ou à raison poursuivis par la police, s'étaient réfugiés dans un transformateur où ils ont été électrocutés. En somme, un tragique fait divers. Il n'en a pas fallu plus pour mettre les banlieues à feu mais non à sang.

Les premiers jours, Villepin a laissé son ministre de l'Intérieur seul au front en espérant qu'il s'enferrerait. Il est vrai que Sarkozy n'a pas la cote chez les jeunes qui brûlent des voitures, des maternelles ou des bibliothèques. Le 25 octobre, soit l'avant-veille de la première émeute, il avait été interpellé, lors d'une visite d'Argenteuil, par une immigrée : « M. Sarkozy, débarrassez-nous de ces racailles, on n'en peut plus, on a peur. » À quoi, il avait répondu : « Oui, madame, faites-nous confiance, on va vous débarrasser de ces racailles. » Propos qui faisait écho à une de ses déclarations précédentes, le 20 juin, à La Courneuve : « Dès demain, on va nettoyer au Kärcher la cité des 4000. »

Mâle rhétorique à laquelle le chef du gouvernement a tôt fait d'imputer l'explosion des banlieues. C'est pourquoi il interdit au « premier flic de France » de participer à la séance des questions orales au gouvernement, le mercredi, au Palais-Bourbon. Contre lui, il faut aussi donner son ami Azouz Begag, ministre délégué à l'Égalité des chances. Le chef de l'État lui-même s'en mêle en laissant tomber après l'exposé de Nicolas Sarkozy au Conseil des ministres du 2 novembre : « L'absence de dialogue et l'escalade de l'irrespect mèneraient à une situation dangereuse. »

La faute à Sarkozy, la crise des banlieues ? Le piège paraît s'être refermé sur lui quand Villepin est confronté le même jour, après une septième nuit de violences dans les banlieues, à une « jacquerie » des députés de l'UMP, dont certains, comme Pierre Cardo, dénoncent son « silence assourdissant ». Les élus soupçonnent le Premier ministre d'attendre le premier mort pour limoger Sarkozy. À la tête de la révolte, Philippe Briand, maire de Saint-Cyr-sur-Loire et chiraquien de toujours, qui réclame la solidarité gouvernementale derrière le ministre de l'Intérieur.

Après avoir passé un mauvais moment devant le groupe parlementaire au Palais-Bourbon et manifesté son agacement ou son mépris par un grand geste du bras, Villepin changera de pied, preuve qu'il sait, lui aussi, suivre les vents.

Certes, il continuera, comme Chirac, à réfuter systématiquement toutes les propositions de Sarkozy. Sur la discrimination positive ou sur le droit de vote des immigrés aux élections locales. C'est un réflexe conditionné. Mais il a compris que la droite ne lui pardonnerait pas de jouer l'échec dans les banlieues pour se débarrasser de son rival. Fin de la récréation : le chef du gouvernement et le ministre de l'Intérieur parleront désormais le même langage. En tout cas, pendant quelques jours.

Totalement absent depuis le début de la crise des banlieues, Chirac finit à son tour par réapparaître, évanescent et lunetté, avec une allocution télévisée de haute tenue, le 14 novembre, où il parle de crise de « sens », de « repères » et d'« identité ». « Nous ne construirons rien, dit-il, sans le respect [ni] sans combattre le poison pour la société que sont les discriminations. » En somme, un éditorial. Il y annonce quelques mesurettes, comme la création d'un service civil volontaire, mais se garde bien de tirer de cette épreuve nationale les conclusions qui s'imposent. Pour les connaître, il faudra se reporter au *Monde* où, quelques jours plus tard, Jean-Marie Colombani, son directeur, dressera le bilan sans appel de près d'un quart de siècle de politiques ineptes [1].

Tout y passe : l'arrogance du discours officiel qui n'a plus le droit, après les émeutes, de parler de la supériorité du « modèle français » par rapport aux Anglo-Saxons ; la stupidité de la politique de l'emploi : « ce n'est pas en diminuant l'offre de travail que l'on peut avancer, mais au contraire en la dopant » ; le scandale de la discrimination dans un pays qui s'oppose à l'action « positive » et accepte que ses élites soient « uniformément masculines, blanches et fermées » ; la nocivité de l'immobilisme à la française : « la France refuse de s'adapter au nom de la préservation du statut de ceux qui en ont un. »

Moyennant quoi, le tandem Chirac-Villepin a repris, sitôt le calme rétabli, le cours de sa politique. On ne sait trop comment la qualifier. Pierre Rosanvallon, professeur au Collège de France, a parlé de l'idéologie de la « radical-nostalgie ». Mais ne s'agit-il pas plutôt d'une sorte de « gaullo-pétainisme » ? D'un côté, la posture du Général et de l'autre, le défaitisme du Maréchal. Les deux en un. Résultat : l'atonie virile comme mode de gouvernement. Plus le pouvoir recule, plus son discours devient grandiloquent.

« Je n'ai rien à perdre à tout tenter, déclare sérieusement le Premier ministre [2]. Mes résultats ne peuvent être pires que ceux de mes prédécesseurs. » Il donne le change et peut encore réserver des surprises.

---

1. Le 29 novembre 2005.
2. *Figaro Magazine*, entretien avec Sylvie Pierre-Brossolette, le 28 janvier 2006.

En attendant, qu'importe si l'économie ne fabrique toujours pas, ou peu, de vrais emplois . on en est revenu au bon vieux temps de l'emploi aidé qui, avec les radiations de faux chômeurs, les retraites des baby-boomers et l'arrivée des classes creuses, devrait faire baisser la courbe du chômage.

Qu'importe si les Français sont en train de perdre la course à la productivité et à la compétitivité : 872 heures travaillées par an et par habitant aux États-Unis, 792 en Grande-Bretagne et... 597 en France. Mais il ne faut pas le dire, ça troublerait le sommeil du pays.

Qu'importe si l'endettement du pays ne cesse de croître pour s'élever désormais à 1 100 milliards d'euros auxquels il faut ajouter de 800 à 900 milliards d'engagements sur les retraites. Villepin a promis, le farceur, de ramener le ratio d'endettement sous la barre des 60 % du PIB à l'horizon de la prochaine législature, donc en 2012. Autrement dit, comme tous ses prédécesseurs, il a repassé la patate chaude à ses successeurs.

Qu'importe si le gouvernement n'arrive pas à contrôler ses dépenses publiques afin de redonner à l'État une marge de manœuvre, Villepin a promis de commencer à réduire le nombre de fonctionnaires en 2007... quand il ne sera plus à Matignon. Voici venu le temps de la gouvernance d'anticipation, comme les romans du même nom.

La France est-elle à la ramasse ? Villepin est sans doute fondé à fustiger, comme il l'a fait le 10 janvier 2006, les « déclinologues » qui se délectent des déboires du pays avec une jouissance un peu morbide. *Marianne*, le journal de Jean-François Kahn, a raison, la même semaine, de plaider pour « l'optimisme » et « la renaissance » en brocardant la « gauche de papa » et le « néopétainisme de droite ».

Mais enfin, la France n'est pas sur la bonne pente. Si l'on s'en tient à un critère imparable, le PIB par habitant en dollars courants, elle était, en 1970, au 11e rang parmi les pays de l'OCDE. Elle a reculé d'une case en 1981 et d'une autre en 1984. En 2004, elle était tombée au 16e rang. Lui sont ainsi passés devant, en trois décennies, le Japon, la Grande-Bretagne, l'Irlande ou l'Autriche.

La France est, de surcroît, de plus en plus « injuste », pour reprendre le titre du livre de l'universitaire canadien Timothy Smith[1]. Sa politique sociale sert les intérêts de tous sauf, comme il le démontre bien, ceux des exclus, des femmes et des jeunes. Surtout quand ils sont d'origine immigrée. Pour masquer son incurie, la classe politique a trouvé le bouc émissaire, la mondialisation à laquelle Jacques Chirac a consacré tant de discours plus ou moins insipides (163 de 1995 à 2000). Mais le chef de l'État n'est-il pas responsable, au même titre que François Mitterrand et Lionel Jospin, de la ségrégation économique, sociale et raciale qui s'est développée dans le pays ?

Alors que s'égrènent les notes du glas des fins de règne, le destin de Jacques Chirac peut rappeler le sort d'Albert Lebrun, le dernier président de la IIIe République, tel que le voyait le général de Gaulle : « Au fond, comme chef d'État, deux choses lui avaient manqué : qu'il fût un chef, qu'il y eût un État. »

À quelques détails près. Le moindre n'est pas qu'à défaut d'avoir été le réformateur qui s'imposait, Jacques Chirac fait désormais figure de conscience. Peut-être pas morale mais au moins nationale. Au fil des ans, il est devenu une vieille habitude, comme le veilleur de nuit de la maison de retraite qui vient procéder, de son pas fatigué, à l'extinction des feux.

1. *La France injuste*, de Timothy Smith, éditions Autrement, 2006.

Épilogue

Avec tous ses kilos perdus, il ressemble de nouveau au jeune homme qu'il était, le grand échalas à lunettes aux airs d'oiseau de proie. Sauf qu'il a une moitié de siècle en plus sur ses épaules et que des lambeaux de peau pendent sous son menton comme du linge à sécher. Sauf, surtout, qu'il ne cesse de se ménager. Il quitte précipitamment les déjeuners pour aller « piquer un roupillon » et même s'il a encore de l'allant marche souvent à pas comptés, comme un futur petit vieux.

Il y a quelque chose de crépusculaire en lui qui était, il n'y a pas si longtemps, la joie de vivre en personne. Parfois, il semble comme anéanti par sa propre déchéance. C'est peut-être pourquoi il va plus souvent à la messe qui est toujours pour lui « un moment de bonheur où l'on rentre un peu en soi pour essayer de se retrouver ».

À soixante-treize ans, Jacques Chirac ne s'est pas retrouvé. Il eût déjà fallu qu'il se fût trouvé. Il a passé sa vie à se fuir, comme quelqu'un qui, dans son enfance, aurait subi un grand traumatisme psychologique. C'est au demeurant la thèse de Valéry Giscard d'Estaing qui, pour l'avoir beaucoup fréquenté, imagine qu'il a pu se passer quelque chose dans le cercle de famille à trois que ce fils unique formait avec une mère toute dévouée et un père très coureur. Si tel fut le cas, c'est encore un secret avec lequel il mourra.

Cet homme est « très gardé », pour reprendre une formule de Lionel Jospin. Il ne s'ouvre ni ne se donne. Toutes les femmes de sa vie ont vu son visage se fermer, son regard se glacer et ses derniers poils se hérisser quand elles lui posaient des questions personnelles. Sur son enfance, par exemple. Il fait peur, alors, comme il fait peur à ses amis politiques quand, au cours d'un entretien détendu, il darde soudain sur eux, après une phrase qui lui a déplu, des yeux d'acier, tranchants comme des couteaux. Tant il est vrai qu'il a beaucoup tué en quarante ans de carrière politique. Longue est la liste de ses victimes qu'il n'a néanmoins jamais prises en traître et qui, en outre, se sont parfois assassinées elles-mêmes : Jacques Chaban-Delmas, Jean Charbonnel, Jean-Jacques Servan-Schreiber, Marie-France Garaud, Valéry Giscard d'Estaing, Charles Pasqua, François Léotard, Alain Madelin, Édouard Balladur et Philippe Seguin. Sur son tableau de chasse, ils sont dix, comme les dix petits nègres. Sans parler de tous ses lieutenants pressés comme des citrons et jetés comme des pelures quand il n'en avait plus l'usage.

Hormis Nicolas Sarkozy et François Bayrou, il est toujours parvenu à ses fins. Mais la main n'est plus si sûre, alors qu'il arrive à son couchant. Elle tremble. Quand elle ne se laisse pas forcer par celle de Dominique de Villepin, un homme qui, comme Fouché jadis, sait créer, autour du prince, une « terreur factice » ou supposée de « dangers imaginaires [1] » pour parvenir à ses fins en écartant qui bon lui semble. Jacques Chirac ne fait plus peur, désormais.

Le jour où il acceptera de se retourner pour regarder derrière lui, il apercevra des monceaux de cadavres, à perte de vue. Telle est la fatalité du survivant. Encore que celui-là n'est pas du genre à faire de quartier. À la guerre, il aurait laissé ses blessés derrière lui. Il ne se serait pas non plus

---

1. Chateaubriand à propos de Fouché, dans *Les Mémoires d'outre-tombe*, tome II, livre 23e, chapitre 20.

embarrassé de prisonniers. S'il a une morale personnelle, c'est bien celle du darwinisme : que le plus fort l'emporte, surtout si c'est lui. Après ça, pas de pitié. Jadis, il aimait citer un proverbe qu'il disait oriental mais qui était sans doute de son invention : « Rien ne sert de blesser le chat dont on veut se débarrasser, il faut le tuer. » Cet exécuteur professionnel laissera cependant derrière lui une droite en état de marche, avec au moins trois héritiers : Alain Juppé, Nicolas Sarkozy et Dominique de Villepin. Ce n'est pas rien.

Pour le reste, que restera-t-il de lui ? Quelques grands discours. Celui du Vel d'Hiv où, après cinquante ans d'amnésie officielle, il reconnaissait les fautes de l'État français pendant l'occupation nazie. Celui du 17 décembre 2003 où il a défendu le principe d'une « laïcité ouverte et généreuse » dans une France qui assume sa « diversité », principe qui, à ses yeux, « n'est pas négociable ». Deux textes fondateurs qui ont posé des bornes et marqué leur temps. Ils continueront à parler aux Français longtemps après qu'il aura tiré son rideau.

Sur le plan des valeurs, il a tenu son rang et bien rempli la fonction symbolique de président. Mais hormis plusieurs adresses au peuple et une diplomatie dégourdie, il est clair que Chirac n'aura pas laissé un héritage substantiel aux générations futures. Pas de grand monument, bien sûr, mais pas non plus de réforme digne de ce nom, n'était l'avancée décentralisatrice que lui a imposée Raffarin. En dépit de ses postures, il a veillé, surtout, à ne jamais troubler l'air du temps. Si l'on excepte sa position en faveur de l'entrée de la Turquie dans l'Union européenne, il s'est même contenté, pour l'essentiel, de suivre la pente des Français.

Un homme qui le connaît bien, Jean-François Lamour, ministre de la Jeunesse et des Sports, dit que Jacques Chirac aime « la transgression, voire la provocation ». Sans doute, mais en privé. Sur le plan international, il a pu être inspiré et même prophétique. Depuis des décennies, par exemple, il est obsédé par le développement économique de la Chine où il est l'une des personnalités étrangères les plus populaires. Il est mêmement convaincu de la déstructuration sinon du déclin de l'empire américain. Concernant la politique française, en revanche, il fut un accompagnateur, parfois un escamoteur. Jamais un innovateur ni un dérangeur. L'économiste Jacques Rueff disait aux gouvernants : « Soyez socialistes, soyez libéraux, mais ne soyez pas menteurs. » Comme François Mitterrand dont il fut le grand continuateur, Jacques Chirac aura été les trois en même temps. Si un politicien français a pratiqué « le culte de l'opinion publique », pour reprendre l'expression d'Alain Minc [1], ce fut bien lui. Il a été un pilier de cette église. Une sorte de cagot de la pensée dominante. Y compris quand il a combattu fièrement l'intervention américaine en Irak, en 2003 : les Français aussi y étaient hostiles, dans leur grande majorité.

Si sa filiation fut gaullienne, il reste, la nonchalance en moins, un avatar d'Aristide Briand. La même fausse naïveté. Le même sentimentalisme républicain. Le même idéalisme roué mais de bon aloi. De cet homme de gauche qui, avec le « Tigre », a surplombé les trois premières décennies du XXᵉ siècle, Georges Clemenceau disait : « Il ne sait rien mais comprend tout. » De Jacques Chirac, il eût dit sans doute : « Il ne fait rien mais comprend tout. »

Prince du lieu commun et « monstre de souplesse », à en croire Maurice Barrès, Aristide Briand a toujours été un bénisseur qui jouait l'apaisement, fût-il rapporteur de la loi de 1905, instituant la séparation de l'Église et de l'État. Après la guerre de 14-18, il a œuvré pour la réconciliation avec l'Allemagne avant de recevoir le prix Nobel de la paix. Ce ne fut pas un homme médiocre, même s'il attirait sur lui les quolibets de toutes sortes, comme ceux de Léon Bloy, le traitant de « sans-culotte qui a perdu son pantalon ».

---

1. *Le crépuscule des petits dieux*, Grasset, 2006.

Jacques Chirac non plus n'est pas médiocre. S'il ne semble pas nobélisable, c'est parce que, contrairement à Aristide Briand, il n'a pas su attacher son nom à une grande cause. Il s'est dispersé dans l'humanitaire et la compassion en donnant l'impression, là aussi, de surfer sur la vague. Ce fut le cas, notamment, quand il a proposé la taxe sur les billets d'avion pour financer les achats de médicaments dans les pays pauvres. Une mesure gadget et populaire, autant dire chiraquienne.

Reste qu'en matière d'aide au développement, la France a encore beaucoup à faire, qui ne dépense sur ce plan que 0,4 % de son PIB. Mais bon, ce n'est pas le sujet. Chirac a toujours eu un faible pour les symboles et les effets d'annonce. C'est ainsi qu'il faut interpréter aussi l'introduction du principe de précaution dans la Constitution. Si les Français redemandent de la sécurité, pourquoi ne pas leur en donner en paroles ?

Il est leur chef, donc, il les suit : ç'aura été sa devise. Il a donc fini par incarner une société rétive au risque qui prétend soigner ses maux et trouver le salut grâce aux cellules de soutien psychologique, la nouvelle religion. Il s'est mis à l'unisson des Français qui, à en croire un sondage du *Figaro*[1], mettent plus bas que tout, parmi les qualités demandées à un président, le franc-parler (35 %), le courage (32 %) ou la conviction (25 %). Au tribunal de l'Histoire, l'héritier du « ninisme » bénéficiera de circonstances atténuantes. À l'heure des comptes, il ne faudra pas exonérer la gauche, la droite et la presse qui, à quelques exceptions près, ont célébré pendant des années le soi-disant modèle social français. Un « modèle » qui a conduit les Français à signer, pour sauvegarder certains acquis, des traites sur l'avenir en endettant leur descendance.

Avec l'autorité de l'autosatisfaction, tout le monde s'y est mis, à commencer par les socialistes, pour enfanter cette

---

1. *Le Figaro*, le 30 janvier 2006.

tragédie française, sur fond de chômage, d'exclusion et d'illettrisme, avec son million d'enfants pauvres et ses banlieues à la dérive. Sans parler du décrochage économique : la richesse nationale par habitant était 15 % plus élevée en France qu'en Grande-Bretagne, il y a dix ans ; elle est tombée à 5 % de moins. Chirac ne saurait être le seul accusé de ce procès en impéritie qu'il faudra bien instruire un jour.

En attendant, à force d'avoir été abusée par les uns et les autres, la France souffre désormais d'acédie, affection de l'âme que saint Thomas d'Aquin définissait ainsi : « Une tristesse qui produit dans l'esprit une dépression telle qu'il n'a plus envie de faire quoi que ce soit, à la manière de ces choses qui, mordues par l'acide, deviennent toutes froides. Et c'est pourquoi l'acédie produit un certain dégoût de l'action. »

Français jusqu'à la moelle des os, le président est lui aussi atteint d'acédie. L'aveuglement n'étant pas son fort, il ne se fait aucune illusion sur lui-même. D'où ses troubles psychosomatiques. Moins cynique qu'on le croit, il est parfois si rempli de nausée qu'il lui faut se lever, en pleine nuit, pour aller vomir, oui, mais quoi ? Une certaine haine de soi ? Claude Chirac se souvient de son effarement devant un costume qu'il avait reçu en cadeau d'anniversaire : « Mais je ne pourrai jamais le porter, il est trop beau pour moi ! » Tout semble trop beau pour lui, désormais. Sauf ses vacances mortelles dans des hôtels cinq étoiles avec Bernadette. Il s'est donc retranché de la vie, avec son souffle au cœur, et puni dans la solitude de l'Élysée : emmuré dans son palais, il y tue le temps qui, à la longue, s'est vengé en l'enterrant vivant.

Il est comme la France, dont il incarne si bien la tragédie. Il en a vu d'autres. Il sortira donc un jour de son sépulcre. Chirac est le genre d'homme que la mort attrape vivant et debout. Il n'a certes plus l'âge des résurrections. Mais ces gens-là ne meurent jamais vraiment.

Index

Table des matières

Cet ouvrage a été imprimé par la
SOCIÉTÉ NOUVELLE FIRMIN-DIDOT
Mesnil-sur-l'Estrée
pour le compte des Éditions Flammarion
en mars 2006

Imprimé en France
Dépôt légal : mars 2006
N° d'édition : FF 894806 – N° d'impression : 78869